Adorno et l'Antiquité

Ouverture philosophique

Collection dirigée par Aline Caillet, Dominique Chateau, Jean-Marc Lachaud et Bruno Péquignot

Une collection d'ouvrages qui se propose d'accueillir des travaux originaux sans exclusive d'écoles ou de thématiques.

Il s'agit de favoriser la confrontation de recherches et des réflexions, qu'elles soient le fait de philosophes « professionnels » ou non. On n'y confondra donc pas la philosophie avec une discipline académique ; elle est réputée être le fait de tous ceux qu'habite la passion de penser, qu'ils soient professeurs de philosophie, spécialistes des sciences humaines, sociales ou naturelles, ou... polisseurs de verres de lunettes astronomiques.

Dernières parutions

Arno MÜNSTER, *Espérance, rêve, utopie dans la pensée d'Ernst Bloch (six conférences)*, 2015.
Guy-François DELAPORTE, *Seconds analytiques d'Aristote, Commentaire de Thomas d'Aquin,* 2015.
Antoine MARCEL, *Eveil bouddhique et corporéité,* 2015.
Jean-Claude CHIROLLET, *Penser la photographie numérique. La mutation digitale des images,* 2015.
François URVOY, *La racine de la liberté*, 2014.
Philippe BAYER, *La critique radicale de l'argent et du capital chez le Dernier-Marx*, 2014.
Pascal BOUVIER, *Court traité d'ontologie*, 2014.
Pascal GAUDET, *Le problème kantien de l'éthique,* 2014.
Gilles GUIGUES, *Recueillement de Socrate. Sur l'âme, source et principe d'existence*, 2014.
Mylène DUFOUR, Aristote, *La Physique, Livre VI. Tome 2 : Commentaire*, 2014.
Mylène DUFOUR, Aristote, *La Physique, Livre VI. Tome 1 : Introduction et traduction*, 2014.
Donald Geoffrey CHARLTON, *La pensée positiviste sous le Second empire*, 2014.
Jean-Serge MASSAMBA-MAKOUMBOU, *Philosophie et spécificité africaine dans la* Revue philosophique de Kinshasa, 2014.
Hélène de GUNZBOURG, *Naître mère, Essai philosophique d'une sage-femme*, 2014.
Jacques STEIWER, *Une brève Histoire de l'Esprit*, 2014.
Jean-Marc LACHAUD, *Walter Benjamin. Esthétique et politique de l'émancipation*, 2014.

Jacqueline Marre

Adorno et l'Antiquité

D'Ulysse à Médée

L'Harmattan

5-7, rue de l'Ecole-Polytechnique, 75005 Paris

http://www.harmattan.fr
diffusion.harmattan@wanadoo.fr
harmattan1@wanadoo.fr

ISBN : 978-2-343-04936-6
EAN : 9782343049366

A ma mère

Exergue :

« Les hommes attendent que ce monde sans issue soit mis à feu
par une totalité qu'ils constituent eux-mêmes
et sur laquelle ils ne peuvent rien. »

MAX HORKHEIMER, THEODOR W.ADORNO,
La dialectique de la Raison.

SOMMAIRE

REFERENCES ET ABREVIATIONS

Les références aux textes sont données dans le cours du travail, voici les correspondances des abréviations :

— DR : M. Horkheimer et Th. Adorno, *La dialectique de la Raison, fragments philosophiques*, traduit par Eliane Kaufholz, TEL, Gallimard, 1983, première parution New York 1944, nouvelle édition Francfort, 1969, trad. française Gallimard 1974, rééd. col. TEL, 1983.

— DN : Adorno, *Dialectique Négative*, trad. par le groupe de traduction du Collège de philosophie, G. Coffin et alii, Payot, col. Critique de la politique, 1978.

— MM : Adorno, *Minima Moralia, Réflexions sur la vie mutilée*, traduit par E. Kaufholz et J.R. Ladmiral, Payot, Critique de la politique, 1991 – 1ère éd. en Allemagne, Suhrkamp Verlag, 1951, 1ère éd. trad. française 1980.

– MC : Adorno, *Modèles Critiques*, traduit par M. Jimenez et E. Kaufholz, Payot, Critique de la Politique, 1984.

— VF : *De Vienne à Francfort, la querelle allemande des sciences sociales*, Theodor W. Adorno – Karl R. Popper, Ralf Dahrendorf – Jürgen Habermas, Hans Albert-Harald Pilot, traduit par C. Bastyns et alii, édition Complexe, 1979.

— Les textes d'Adorno sur Aristote sont tirés de *Métaphysique, concept et problèmes,* traduit par C. David, Payot, critique de la Politique, 2006.

— Adorno, *Trois études sur Hegel*, traduit par le séminaire de traduction du Collège de philosophie, E. Blondel et alii, Payot, Critique de la politique, 1979.

— NT : Le texte de Nietzsche, *La Naissance de la tragédie*, est cité en référence à la traduction de M. Haar, P. Lacoue-Labarthe et J.L.

Nancy, Nietzsche, *Œuvres philosophiques complètes I, La naissance de la tragédie*, NRF Gallimard, 2008.

— ODBA : Benjamin, *Origine du drame baroque allemand* traduction Sybille Muller, Champs Flammarion, 2000

— Pour Euripide, j'ai utilisé la traduction de Marie Delcourt, in Tragiques grecs, Euripide, *Théâtre complet*, bibliothèque de la Pléiade, NRF, 2004, 1ère éd. 1962.

— Pour Sénèque, la traduction de Florence Dupont, Sénèque *Théâtre complet*, volume II, Imprimerie Nationale, Le spectateur français, 1996.

Le terme **raison** est utilisé dans *La dialectique de la Raison* tantôt avec une majuscule, tantôt sans. Eliane Kaufholz, la traductrice du livre en français, indique que la majuscule signifie « pensée en progrès » ou « philosophie du progrès » : « *Le concept d'Aufklärung signifie, au sens étroit du terme, "philosophie des Lumières" et s'applique donc à la philosophie du XVIIIème siècle. Mais les auteurs lui donnent ici le sens plus large de "pensée en progrès", de "philosophie du progrès", ce progrès étant celui de la raison par opposition à l'irrationalisme, source d'obscurantisme. Nous adopterons généralement le terme de Raison chaque fois que les auteurs parlent d'Aufklärung dans un sens dépassant celui des Lumières (c'est-à-dire la pensée particulière au XVIIIème siècle.)* » Note de la page 16 de *la dialectique de la Raison.*

POUR COMMENCER…

Ce travail est le résultat d'une longue méditation ralentie et attentive, autour de la pensée de Theodor Wiesengrund Adorno (1903-1969). Autour, à côté de, à propos de, sur, avec, pour, à l'aide de…, et dans le plaisir de la dette. Il ne s'agit pas d'un commentaire, bien que je m'y essaye quelquefois ; ni d'une apologie, bien que ce soit aussi mon intention. Il y a volontairement des digressions, des références dont le texte ne parle pas du tout, des interprétations sauvages. C'est une lecture émue, reconnaissante et libre, une lecture à risques de certains fragments de *La dialectique de la Raison*, et en particulier de celui qui concerne l'Odyssée. Son originalité est que j'y ajoute une série de nouvelles digressions, sur la Médée d'Euripide et celle de Sénèque dont ni Horkheimer ni Adorno ne parlent dans leur livre.

La pensée de *La dialectique de la Raison* est difficile, intempestive, passionnante. Je l'ai volontairement orientée vers les travaux futurs de Theodor W. Adorno philosophe, car il me semble que les concepts de ralenti intellectuel, attention flottante, immersion minutieuse, distance libre, micrologie, dislocation, affinité, constellations, associations libres, négations déterminées, qui seront précisés dans les dernières œuvres sont déjà en travail dans ce texte.

La philosophie d'Adorno ne donne pas de pistes directes pour agir : elle ne prétend pas fonder une nouvelle internationale, ni proposer des règles de méthodes ; ce serait même le contraire, tant elle est hostile à toute forme de système et d'universalisme abstrait. Tant aussi l'auteur se dit abîmé par le monde dans lequel il vit. Tant il prétend ne pas pouvoir dépasser son temps. Mais il situe le travail philosophique dans une perspective qui le rapproche à la fois de la poésie, de la politique et de la psychanalyse, dans une rage affichée et entretenue contre le monde tel qu'il se présente : un monde souffrant, où la loi dominante est celle du rapport de forces, où survivre c'est apprendre à renoncer, ou bien à casser et tuer, où la logique du tiers exclu empêche la réflexion sur les médiations, les mouvements dialectiques, et le travail particulier du négatif. Evidemment, dans ce monde viril et guerrier, si spontanément l'on se met du côté des vaincus plutôt que du côté des vainqueurs, la pensée d'Adorno devient non seulement fascinante, mais déterminante : c'est que les concepts qu'il invente et dont il se sert permettent de lire les textes de la philosophie avec tendresse minutieuse, mais aussi brutalité amoureuse, avec engagement colérique et déception mélancolique, relevant les contradictions, les apories, les forces émancipatrices ou les soumissions religieuses : tout le contraire d'une lecture conquérante et en surplomb.

Ce livre est donc à la fois une invitation à lire Adorno aujourd'hui, et à le pratiquer comme une boîte à outils.

La dialectique de la Raison, *Dialektik der Aufklärung*, sous-titre *fragments philosophiques,* dit qu'il faut aller jusque vers l'*Odyssée* pour comprendre les hésitations, complexités, contradictions, qui sont celles de l'émancipation quand elle s'oriente vers de plus grandes rationalités. Réflexion rusée contre mythe et destin, astuces techniques contre soumission terrifiée aux forces dominantes, celles de la nature et celles de la société, l'image d'Ulysse dans le récit de ses aventures au retour vers Ithaque exprime toutes les contradictions des Lumières bourgeoises : progrès vers la connaissance et la liberté, mais confirmation que la guerre est partout.

Pour ceux dont les souvenirs de la lecture de l'*Odyssée* sont trop lointains ou inexistants, voici un très bref résumé. Texte fameux transcrit au VIème siècle avant Jésus Christ, à partir de récits chantés depuis au moins le VIIIème siècle, qui auraient été organisés par Homère, (nom commun d'une école d'aèdes ou écrivain solitaire ?), l'*Odyssée* raconte l'épopée du retour d'Ulysse,— Odusseos —, le héros du cheval de Troie, à Ithaque. Pendant dix ans, après avoir vaincu les Troyens, son bateau va naviguer dans les eaux imaginées de la Méditerranée. Le texte d'Homère est divisé en quatre grandes parties : d'abord le voyage de Télémaque, le fils d'Ulysse, à la recherche d'informations sur le naufrage ou le non-naufrage de son père. En effet à Ithaque Pénélope attend son mari, – un disparu n'est pas un mort –, et les prétendants au remariage occupent le palais en dilapidant sa fortune. En fait, Ulysse est retenu dans l'île de la nymphe Calypso qui voudrait bien le prendre pour époux. Mais il pleure tous les jours sa patrie perdue. Sur l'intervention d'Athéna, qui l'a toujours secouru, Zeus consent à exiger de Calypso qu'elle permette à Ulysse de repartir. Le radeau échoue sur les berges de Phéacie, Ulysse rencontre la fille du roi, Nausicaa, est invité à la table du maître des lieux, et c'est à ce moment que se situent les épisodes les plus fameux : Ulysse va raconter comment il a triomphé des multiples monstres qu'il a rencontrés et comment peu à peu aussi ses matelots ont disparu. Seul survivant, il ne rêve que de retourner à Ithaque. Le roi Alkinoos propose de le faire reconduire. Ulysse déposé par le navire phéacien dans une grotte du rivage d'Ithaque se déguise en mendiant, apprend ce qui s'est passé en son absence puis arrive au palais. Au terme de plusieurs autres épisodes, il se fait reconnaître par Pénélope, retrouve Télémaque, revenu lui aussi. Dans une fureur terrible il assassine les prétendants et les traîtres infidèles, servantes et bergers, dans des raffinements de cruauté assez spectaculaires. La guerre civile menace. Athéna apparaît et impose la paix.

La *digression 1* du premier chapitre de *la dialectique de la Raison* s'intéresse surtout aux épisodes fantastiques racontés par Ulysse en personne à la cour de Phéacie (des chants IX à XII de l'*Odyssée*) et aussi à ceux qui racontent la vengeance d'Ulysse à son retour à Ithaque. Elle se réfère aux aventures les plus connues du récit, preuve que Adorno et Horkheimer ne veulent pas s'adresser pas à des spécialistes, mais représenter des allégories montrant la complexité dialectique des figures de ce qu'on croit être la marche progressive de l'esprit vers la liberté.

L'ordre de ces épisodes est le suivant : l'arrivée chez les Lotophages, mangeurs de lotus, drogue et fleur de l'oubli ; Ulysse est contraint de ramener de force les matelots au bateau, car ils voudraient rester dans ce pays d'illusions et de mort. Puis l'*Odyssée* raconte le séjour au pays des Cyclopes, où le géant Polyphème enferme dans sa grotte les navigateurs, en mange quelques-uns, promet à Ulysse après lui avoir demandé son nom, de le manger en dernier, parce qu'il lui a offert un vin délicieux. Ulysse enivre le géant, lui crève l'œil, se cache avec son équipage sous les toisons du bélier et des brebis ; ainsi quand Polyphème fait sortir le troupeau, les survivants s'échappent. Polyphème furieux appelle ses compagnons et accuse « Personne » de l'avoir aveuglé. (« Personne », se dit en grec « outis » ou « oudeis », et Ulysse « Odusseos ». « Oudeis », c'est ainsi qu'il s'était dénommé devant le géant.) Le navire ensuite aborde chez Circé, la déesse lascive qui transforme les hommes en pourceaux. Ulysse, avant de s'approcher de son intimité, lui fait jurer « le serment olympien » qui les gardera l'un et l'autre de s'abandonner tout à fait au plaisir. Circé vaincue accepte alors de libérer les matelots. Puis, sur ses conseils, Ulysse dirige le bateau vers les rivages du pays des morts, où il doit interroger le devin Tirésias pour connaître mieux les embûches du retour. Il y rencontre sa mère, ainsi que de nombreux héros de la guerre de Troie. Grâce à son sang froid, sans se laisser aller aux émotions, il peut reprendre la navigation. Nouvelle étape : le passage entre les monstres rocheux, Charybde et Scylla. L'un symbolise le tout ou rien, – ou bien le bateau passe indemne, ou bien tout le monde meurt –, l'autre les sacrifices nécessaires pour se sortir d'une situation périlleuse : la vie de quelques matelots payera la survie de tous.

La dialectique de la Raison va sans arrêt mettre en relation l'héroïsme et la capacité d'émancipation réelle de ces aventures avec le retour d'Ulysse à Ithaque, où il se bat non plus contre des mythes, mais contre des rivaux bien réels qui rêvent de s'approprier sa femme et ses domaines. Alors sa fureur n'a pas de limites, et son image d'un coup est désacralisée ; que valent sa volonté, sa maîtrise, ses ruses, quand elles sont dirigées vers une vengeance implacable ? Adorno voit dans le personnage d'Ulysse l'incarnation de la dialectique d'une raison du même coup émancipatrice et guerrière. Autant puissance de progrès que de maintien des cruautés passées. La domination de la nature induit la domination de soi, et celle-ci est dirigée vers des objectifs belliqueux : un affrontement permanent avec ce qu'on croit être hostile, dangereux et mortel, à tort et à raison. Dialectique, dit le livre, au sens de contradiction, d'aller-retour, entre l'émancipation et la servitude, entre l'effort pour dominer ce qui nous domine, et l'enfermement dans la croyance qu'il n'y a pas d'autre alternative que le rapport de forces.

Dialectique aussi par absence de ponts et de médiations, entre le goût de ce qui est ludique, gratuit, poétique et libre, d'un côté, et les nécessités de la survie, du travail, du pouvoir de l'autre. Ulysse refuse destin et sacrifice ; il se bat contre les mythes qui prônent la docilité et la mort ; il triomphe des embûches mortelles promises par Poséidon, et même si c'est grâce à Athéna qu'il peut s'échapper du séjour chez Calypso, qui le voulait pour époux et lui proposait l'immortalité, c'est à son seul courage et à sa seule intelligence qu'il doit de rester vivant. Mais pour cela il choisit d'humilier et de vaincre une part essentielle de lui-même, parce qu'il accepte d'emblée l'idée qu'il n'y a dans le monde que du rapport de forces, et qu'on ne peut agir que dans ce cadre. La ruse et la maîtrise de soi donnent à l'émancipation un goût amer qui peut reconduire aux dominations qu'on voulait supprimer. Ulysse n'est pas l'ancêtre des Lumières, par ses contradictions il « est » les Lumières.

Adorno est un penseur matérialiste et non violent. Matérialisme signifie ici dislocation de tous les dogmatismes, de toutes les sacralisations, de tous les mythes quand ils sont structurés autour des figures de destins tout puissants. Non-violence, c'est la nécessité de faire s'exprimer la souffrance : pas dans l'esprit de vengeance, mais d'une réconciliation tout à la fois espérée et impossible, une réconciliation qui refuserait des alternatives duelles et cruelles (ou Charybde, ou Scylla) pour les remplacer par des négations (ni Charybde ni Scylla). Non-violence encore dans l'exigence de critique sans qu'il y ait destruction. Les ambitions de *la dialectique de la Raison* seront de critiquer et de sauver. Critiquer les Lumières, mais sauver en elles ce qu'il y a de résistance et d'espoir. « *Penser contre soi-même sans se sacrifier* » sera le credo de ce matérialisme non violent que le philosophe oppose aux pensées du progrès instituées et retournées contre elles-mêmes.

C'est pourquoi j'ai voulu, dans le sillage de ces perspectives, ajouter une autre figure à celle d'Ulysse, la face claire des Lumières, qu'Adorno et Horkheimer vont assombrir. Médée en serait la face noire. J'essaie de le démontrer dans ce livre. Il s'agira aussi de savoir si on peut la sauver. La sauver de son identité meurtrière, de l'infanticide, du terrorisme.

Médée, pour accompagner Ulysse ? Ici encore, quelques rappels.

D'abord son nom : Médée. Racine *med* indo-européenne. Celle qui soigne, celle qui juge avec discernement, qui sait prendre les bonnes décisions. Divinité agraire, présidant aux moissons, petite-fille du Soleil et de l'Océan, devenue aussi femme de l'air puisqu'épouse d'un voyageur et d'un conquérant. La terre, l'eau, l'air et le feu, Médée peut unir les quatre éléments, une totalité devenue sans issue quand le désespoir l'a saisie. Divinité étrangère, peu à peu supplantée par le panthéon religieux du peuple grec.

Les aventures de Médée et Jason étaient aussi connues dans la grande antiquité grecque que celles d'Ulysse ou de la guerre de Troie. Jason, pilote du navire Argô, dont une poutre sait parler, est envoyé par un oncle félon pour récupérer la toison d'or en Colchide, où un terrible dragon la veille nuit et jour. Après de nombreux épisodes, dont celui des Lemniennes, ces femmes tueuses de maris qui vont accueillir les navigateurs et repeupler l'île, l'équipage arrive auprès du roi Aiétès, dont la violence et la ruse augurent très vite d'un échec certain. Alors Jason implore Héra et Athéna, lesquelles vont envoyer Cypris-Aphrodite pour que Médée, fille d'Aiétès, tombe amoureuse et puisse aider l'étranger. C'est ce qui se passe. Le roi impose au héros des épreuves impossibles à surmonter naturellement. Grâce aux ruses et sorcelleries de Médée, Jason triomphe. En dépit d'Aiétès le fourbe qui veut le massacrer, il s'empare de la toison, et s'enfuit avec la fille du roi. Aiétès fou de rage se lance à leur poursuite. Les amants tuent Apsyrtos, le petit frère de Médée, pour retarder les Colchidiens. Fin de l'épisode. Au retour à Iolcos, Jason apprend que Pélias ne cédera pas le pouvoir. Médée encore une fois va le secourir. Elle propose aux filles du tyran de rajeunir leur vieux père, en le coupant en morceaux et en le faisant bouillir dans un chaudron rempli d'herbes magiques. Témoignant de sa bonne foi, elle effectue l'opération à l'aide d'un vieux mouton qu'elle transforme en petit agneau sautillant. Les filles sont séduites, mais le père assassiné ne retrouve à son tour ni sa jeunesse ni sa vie ! Ce que peut Médée, personne d'autre qu'elle ne le peut. Le couple, poursuivi par Acaste, le fils de Pélias, est contraint de s'enfuir. Au bout d'une longue errance, il demande l'hospitalité au roi de Corinthe, Créon, qui accepte. On connaît mieux la suite, elle fait l'objet des tragédies que nous connaissons, celle d'Euripide et celle de Sénèque. Créon propose sa fille en mariage à Jason. Médée est répudiée, forcée de s'exiler. Folle de rage, elle ne pense plus qu'à se venger. Euripide alors invente un épisode qui va faire le tour du monde : l'infanticide. Médée folle d'amour va tuer le roi, la princesse, et ses propres enfants. Elle s'envolera après avoir mis le feu au palais, dans le char envoyé par le Soleil son grand-père, à destination d'Athènes qui accueillera la meurtrière dans une hospitalité quasiment inconditionnelle.

Pourquoi avoir choisi Médée, pour accompagner la lecture de *la dialectique de la Raison* à propos de l'Odyssée ? Pour essayer de pratiquer les forces conceptuelles de dislocation, affinité, constellation, mises en travail dans le livre, sur quelqu'un d'autre qu'Ulysse, quelqu'un qui est d'abord son contemporain puis son successeur.

Dislocation. Le chemin de la dislocation n'est pas celui de l'expulsion. On peut disloquer pour relocaliser, ou pour remettre du mouvement. A la fois sauvage et savante, innocente et technicienne, amoureuse et monstrueuse, sorcière et ensorcelée, animale et divine, maternelle et meurtrière, étrangère et toute-puissante, victime et bourreau, Médée n'en finit pas de décliner ses visages contradictoires. La « disloquer » cela veut dire travailler ses contradictions, mais en définissant autrement ce terme. La contradiction en général revendique une logique de l'exclusion. Ici il faut dire : oui Médée est à la fois sorcière et ensorcelée, sauvage et savante, magicienne et rationnelle, dans l'amour de ses enfants et dans la haine, et même chose à l'égard de Jason. Oui Jason est conquérant et nomade, vainqueur et vaincu, coupable et piégé… Tout cela ensemble et dans le même mouvement. Des contradictions qui montrent que ce qui est abîmé, soumis, exclu, n'a pas disparu, et qu'il y a sans arrêt des retournements entre vainqueur et vaincu. On le voit très bien en comparant les tragédies d'Euripide et Sénèque. Médée pratique la dislocation, rompt les articulations de la vie, mais ce n'est sans doute pas pour les fluidifier. Par amour pour Jason tuer le petit frère, tuer l'oncle, tuer le beau-père, tuer les garçons… ; tuer aussi la mariée. Inverser les valeurs, faire de la vengeance une justice souveraine, transformer sa détresse de femme soumise et exilée en triomphe terrifiant de destructions totales. Torture d'enfant pour se venger de trop de malheur social. Torture d'enfant vue du côté du tortionnaire. Amour déçu, dépit, vengeance, désespoir, quels mots pour dire ce malheur ? Tuer froidement ou follement ? Etre pris dans un calcul où le meurtre est un moyen ? Faire du crime au contraire un aboutissement ? Le sacrifice des enfants est-il destiné à dénoncer ce monde, qui exige le sacrifice des dominés pour maintenir le pouvoir des dominants ? Le dénoncer, ou le conserver, et même l'accomplir ? Ulysse triomphe des forces de la nature, Médée se transforme en nature pour se venger des oppressions qu'elle subit. Cette dialectique sans relève ne se dirige pas vers des continents plus pacifiques ou plus progressistes ; elle est négative, mais il y a manière et manière de l'interpréter. Que voudrait dire alors disloquer Médée, la remettre en mouvement ?

Le chemin de la dislocation s'accompagne d'autres formes de recherches : celles des constellations. Neuf étoiles dessinent désormais, à partir d'Euripide, la figure de Médée, sous trois figures. Celle de la femme : jeune et amoureuse, épouse, soumise et révoltée, mère enfin dans la relation ambivalente à ses enfants. Celle de l'intellectuelle agissante ensuite : savante dans la maîtrise des mots et des incantations, magicienne, guérisseuse ; elle connaît la nature, s'en sert pour se donner une puissance démiurgique ; capable de renverser l'ordre du temps, Médée technicienne résonne dans les textes de Sénèque comme promesse de nos angoisses contemporaines devant les faiblesses de la science et de la technique. Celle de l'étrangère enfin : voyageuse, exilée, différente. La monstruosité de Médée est associée à son étrangeté, c'est une barbare, quelqu'un qui ne parle pas naturellement la langue des civilisés, qui peut tour à tour être transformée en tigresse, lionne, ou divinité étrangère. Dans tous les cas hostile. On ne la comprend pas, on ne veut pas la comprendre, on en a peur. Constellations aussi pour Jason : amant séducteur, mari infidèle, père soucieux de transmission, sa virilité se traduit dans ces trois images. Colosse au pied d'argile, on le verra sans trop d'exagération nomade cosmopolite, pilleur mafieux, avide autant de pouvoir politique que de pouvoir économique et financier.

Constellations et dislocations amènent au troisième concept adornien : celui d'affinité. Communautés de désirs, de pensées, analogies sans ressemblances permettent une lecture « flottante », comme dirait Freud en évoquant l'écoute psychanalytique, une lecture associative et tout autant rigoureuse. Penser par affinités, c'est penser par connexions, liaisons et déliaisons, dans un espèce de ralenti intellectuel qui se refuse aux séparations dogmatiques, par exemple entre rationalité et imaginaire, ou entre mythe et théorie. Aujourd'hui ce qui apparaît rétrospectivement c'est la conjonction dans le mot Médée du désespoir et de l'immaîtrisable. On ne sait pas ce que peut un désespéré. De la Médée primitive, celle qui, déesse agraire était invoquée pour assurer le rythme des saisons et la fécondité des terres, à celle de Sénèque, femme folle et criminelle, les analogies existent, les affinités sont prégnantes. De la liberté, de la jouissance, de la terreur, de l'explosion, de la souffrance. Derrière la Médée cruelle et toute-puissante de Sénèque, il y a la Médée désespérée d'Euripide, dont le désarroi et le goût du pouvoir vont se rencontrer dans une folie tortionnaire qui se croit salvatrice. Médée tue ses enfants et ne se suicide pas, c'est avec cette femme-là qu'on rencontre des correspondances. Sous le masque identitaire d'une Médée meurtrière, sorcière et étrangère, chercher les identifications possibles avec nos amours déçus, abandonnés, indignés devant les indignités subies.

Jason aussi travaille dans ces affinités. Du jeune homme impétueux exigeant légitimement sa part de puissance, jusqu'au fuyard malheureux demandeur d'asile à Corinthe, en passant par la conquête de la Toison, le retour à Iolcos, le meurtre de Pélias, l'analogie est grande avec l'histoire de nos conquêtes contemporaines, nos colonisations, expropriations, délocalisations, et nomadismes commerciaux. Affinité aussi avec le décor de l'Odyssée : victoires d'Ulysse sur les puissances naturelles et « non civilisées », même logique de guerre et d'exclusion : ou bien tu me tues, ou bien je m'échappe, je te domine et tu te soumets désormais à mes façons de voir le monde.

Comment, non pas les réconcilier avec eux-mêmes, non pas les apaiser, mais prendre acte de leurs figures, de leurs existences autant mythiques que métaphysiques ? Une existence sans consolation possible, mais dans une exigence indéfinie de justice vis-à-vis de tout ce qu'ils ont renié, opprimé, violenté, eux compris. Qui mieux que la légende de Jason et Médée alors pourrait tenir compagnie à Ulysse ? Car le cours du temps aujourd'hui est orienté vers les analyses de genre, du rapport à l'étranger, des politiques de domination, des dangers que la destruction massive de la nature fait peser sur la vie et les populations.

Dans son premier grand chapitre, le livre d'Adorno et Horkheimer propose une sorte de psychanalyse des théories de la connaissance : mise en coupe réglée du nominalisme et du positivisme comme philosophies d'une pensée scientifique prétendument neutre, dont la violence cachée autorise des formes de destruction massive de la nature, en dehors et à l'intérieur de soi. Cette critique des pratiques théoriques va s'associer avec celle des pratiques morales et politiques d'un Occident s'affichant maître du monde. Critiquer sans détruire, critique-sauvetage, pour ne pas répéter le cycle de la répétition. Critiquer et sauver les Lumières, au nom de tout ce qu'elles permettent encore d'espérer.

Ulysse, Médée, les Lumières, Adorno. Voilà les thèmes de ce livre. Déclinés au nom d'un matérialisme particulier, dialectique, négatif et non violent, qui permettrait d'espérer dans des utopies, présentes et inaccessibles, de réconciliation.

CHAPITRE 1
LE TEMPS DE LA DIALECTIQUE DE LA RAISON

Ecrire et résister

Le livre *La dialectique de la Raison*, écrit à deux mains par Théodor Adorno et Max Horkheimer, paraît à New York en 1944, dans une petite édition. Le titre en est *Fragments philosophiques*. En 1947, une version remaniée est publiée à Amsterdam avec son titre définitif. La traduction française par Eliane Kaufholz date de 1974, est éditée par Gallimard sous le titre *La dialectique de la Raison,* sous-titre : *Fragments philosophiques*. La traductrice s'explique sur l'usage qu'elle fait de la majuscule dans le mot Raison. C'est, dit-elle, l'amplification du sens de *Aufklärung* : Lumières de la raison, en tant que progrès de la rationalité vers la connaissance et la maîtrise technique de la nature. Dans le cours de ce travail, j'utiliserai les mot Aufklärer et Aufklärung, dans ce sens extra-historique : *Lumières de la raison*, enlightenment, progrès vers la connaissance scientifique des lois de la nature, éducation à la liberté, contre l'ignorance, la crédulité aveugle et la soumission aux pouvoirs établis. Le but du livre de Horkheimer et Adorno est de montrer la dialectique contradictoire qui joue à l'intérieur même de ce concept d'Aufklärung. Plus les Lumières s'obstinent à séparer la rationalité du mythe, plus elles peuvent reconduire à sa violence et à ses terreurs.

Caractère impératif de l'écriture à deux, pour une époque traumatique, rencontres quasi quotidiennes depuis 1942, le travail est mûri depuis longtemps, et précisé dès l'exil de la famille Adorno aux U.S.A, en 1938, où Horkheimer est déjà installé. « *C'est ma conviction que c'est plutôt ensemble qu'on aura la force de regarder l'horreur dans les yeux, sans perdre par-dessus le marché le reste de raison universelle qui a trouvé refuge auprès de nous »,* écrivait déjà Adorno à Horkheimer en1936[1]. Utopie de l'universalité de la raison réfugiée dans une maison où Gretel tape soir après soir des analyses fulgurantes sur la question des rapports entre raison, connaissance et vérité, sur la critique du positivisme, la perception et la réalité, le sujet et l'objet, la nature et la technique, la condition des juifs et les formes contemporaines de l'antisémitisme, l'art, le langage et la magie, la femme, l'enfant et l'animal… Ces discussions passionnées mêlent philosophie, psychologie et sociologie.

Ces *Fragments philosophiques* veulent donner une image des traumatismes de l'époque ; ils se partagent en quatre grandes études. La première est composée de trois chapitres. Le premier est la *« base théorique des autres. »* Il *« tente de faire comprendre l'intrication de la rationalité et de la réalité sociale, ainsi que l'intrication de la nature et de la domination de la nature, qui en est inséparable »*[2] Les deux autres sont des « *digressions* ». Une sur Homère et l'Odyssée, *Ulysse ou mythe et Raison* (*Aufklärung*), la deuxième sur Sade, *Juliette ou Raison* (toujours au sens d'*Aufklärung*) *et morale*. Les autres études sont : « *La production industrielle des biens culturels », « Raison et mystification des masses »,* puis « *Eléments de l'antisémitisme. Limites de la Raison »,* enfin une série de « *Notes et esquisses »*, traitant aussi bien de *la bêtise*, de *l'homme et l'animal*, de *la division du travail,* que de *l'importance du corps*, ou de *la théorie des revenants*, ou de *l'isolement par la communication*,… Les analyses sont fulgurantes. Pensée volontairement articulée sans système, à l'unisson d'un ensemble de règles de conduite réflexive, conceptualisées beaucoup plus tard par Adorno : négations déterminées, mise en constellations, mimesis, affinité, dislocation, micrologie, qui se déclinent selon des parcours intempestifs et des « *immersions minutieuses* ». En opposition radicale avec les prétentions au système, la continuité démonstrative, le discours qui va des principes aux conséquences, les formes classiques de la rationalité,

---

1 Cité par Stefan Müller-Doohm, *Adorno, une biographie*, trad. B. Lortholary, NRF, Gallimard, 2004, p 227.

2 Max Horkheimer, Théodor W. Adorno, *La Dialectique de la Raison, Fragments philosophiques,* trad. Eliane Kaufholz, Paris éd. Gallimard, 1974, rééd. Coll. Tel, 1983, p 18.

l'adéquation, l'identité, les deux auteurs proposent des éblouissements qu'il faut peu à peu décoder, pour permettre de s'affranchir des désespoirs résignés d'une raison qui s'adapte dangereusement aux violences perpétrées dans une terreur généralisée.

Un livre – témoignage, un livre d'époque. L'hypothèse en est que les plus récentes catastrophes n'ont pas été rendues possibles seulement par la fascination envers de nouveaux mythes (nationalistes, racistes, païens, naturalistes...), mais que cette fascination elle-même est liée à la régression de la Raison, entendue au sens de rationalité tournée vers les progrès des connaissances, sa relation devenue servile aux puissances de domination, ses impulsions autodestructrices.

Dans ces *Fragments*, il s'agit d'une histoire rêvée de la culture. La façon dont l'Occident a construit la connaissance, sacralisé le concept de progrès dans la conquête et la maîtrise de l'environnement, n'a pas eu comme conséquence de libérer les hommes de la peur, mais de produire de la terreur, historiquement déterminée par les prouesses de l'intelligence et de la technique et dont le résultat est d'absolutiser la fascination et la sidération. « *La Raison est la radicalisation de la terreur mythique* » note la page 33. Le projet des auteurs est de reconduire au mythe, à ce qu'il y a de plus terrible en lui, les croyances en une rationalité triomphante et souveraine. Pour être sans nul doute force émancipatrice, la raison, capacité de donner du sens, de comprendre, d'expliquer, d'organiser et d'agir n'en est pas moins devenue aussi force oppressive, dans la mesure où elle a constitué un monde architectonique cohérent, logique, où les puissances de la singularité sont subordonnées à celles de la totalité et où fragilité et vulnérabilité sont déniées, reniées, cruellement répudiées en dépit de leur insistante réalité. Doublement oppressive quand il s'agit de dominer la nature, puisqu'en construisant un monde techniquement maîtrisé on construit en même temps l'image d'un sujet volontaire, viril, efficace, et sans affect. Oblitération du sensible qui conduit à un retour violent du refoulé.

« Face à ce qui s'abat maintenant sur l'Europe et peut-être sur le monde entier, (...) notre travail présent est essentiellement destiné à transmettre à

travers la nuit qui va venir une sorte de bouteille à la mer », écrit Horkheimer[3]. Appel au secours devant l'extension des idéologies racistes et fascistes. Dans le livre il s'agit moins du nazisme que de la société américaine et des nouveaux modes de vie qui expriment des formes aussi terrifiantes de l'esclavage de la pensée critique. On ne doit pas chercher dans l'histoire allemande seule les origines et les explications de la destruction. Le productivisme bourgeois dans ses dernières formes, financières, marchandes et industrielles, est convoqué pour interpréter ce qui se passe, pour faire comprendre comment Hitler, auquel Adorno en 1934 ne donnait aucune chance de conservation du pouvoir, – *« ce mélange de King-Kong et de coiffeur de banlieue »* disait-il[4] –, a pu amener le monde à des cruautés aussi nouvelles. Comment a-t-on pu ne pas vouloir voir ? La mondialisation des puissances industrielles et économiques a rabattu l'imagination de ceux qui en subissent les injustices croissantes sur des illusions de maîtrise, de progrès, mystificatrices, mutilantes et haineuses. *« Le progrès devient régression. Le fait que l'usine aseptisée et tout ce qui en fait partie (Volkswagen et palais des sports) liquident brutalement la métaphysique, pourrait être indifférent, mais qu'ils deviennent eux-mêmes une métaphysique, un rideau idéologique derrière lequel se concentre le désastre réel, n'est pas indifférent. C'est de cette idée que nous partons dans nos fragments. »* (p18). Le fascisme est l'ontologie de cette nouvelle idéologie. Bouteille à la mer, appel tragique et silencieux à la résistance, quand le monde entier est en feu.

Le concept de domination

Tout le livre est orienté vers la mise en dialectique de deux concepts : celui de progrès, celui de domination.

Montrer d'abord qu'il s'agit, dans la croyance au progrès, d'un mythe finaliste, celui d'un avenir toujours meilleur, au sens de plus performant, plus conquérant et dominateur ; mythique, il est hallucinatoire ; mais ce concept est aussi un principe régulateur d'autocritique, qui peut aller vers l'émancipation. Dans tous ces fragments, la critique du monde moderne est aussi la garantie de

---

[3] Cité par Stefan Müller-Doohm, *Adorno, une biographie,* trad. par Bernard Lortholary, NRF Gallimard, 2004, p 265.

[4] cité p. 181.

l'effort de « sauvetage » de ses utopies. « *Ce qui est en cause,* écrit l'introduction, *ce n'est pas la conservation du passé, mais la réalisation des espoirs du passé.* » (DR p.17) *La dialectique de la Raison* est une bouteille à la mer, au sens où elle prétend dénoncer le mythe du progrès au nom même de l'espoir d'émancipation qui en est à la source.

Les structures historiquement déterminées de la Raison, – considérée comme moteur des avancées vers la connaissance de la nature –, sont en relation dialectique avec celle des sociétés. Toutes les sociétés sont dévorées par le culte de la domination, parce que toutes les sociétés y ont vu un moyen de survivre. Il va donc s'agir, pour chacune, et en particulier la nôtre, d'en déconstruire les formes spécifiques.

Une des difficultés, dans la lecture de *La dialectique de la Raison*, est d'imaginer à quel point des formes de pensée qui paraissent neutres ou objectives, ou même universelles, sont en réalité liées à des conduites de domination pratique, technique ou éthique, – soit qu'elles les cachent, les justifient ou les cautionnent –, et ont des répercussions sur les caractères et conduites individuels. La domination, disent les auteurs, s'exprime dans la pratique et la construction des langues, dans la façon scientifique de chercher à connaître, tout autant que dans les mutilations internes de nos consciences. La langue de l'objectivité est une langue de sacrifice parce qu'elle institue le sujet connaissant comme maître, décisionnaire de ce qu'il faut savoir pour pouvoir agir et transformer. « *Le penser objectivant implique l'arbitraire de la finalité subjective qui est étrangère à la chose elle-même, elle oublie cette chose et lui inflige de ce fait la violence qu'elle devra subir plus tard dans la pratique. Le réalisme inconditionnel de l'humanité civilisée, qui culmine dans le fascisme, est un cas particulier de folie paranoïaque dépeuplant la nature et, pour finir, les peuples eux-mêmes.* » (DR p 201) Texte radical, qui cherche la domination là où elle semble le plus éloignée des rapports de forces, l'espace de la science moderne. Texte de l'excès, qui compare le savant et l'ingénieur au chasseur de la préhistoire : *« Chaque fois que les énergies intellectuelles sont concentrées intentionnellement sur le monde extérieur, c'est à dire chaque fois que nous sommes poussés à persécuter, à fixer, à saisir (fonctions qui, parties du stade primitif de la victoire sur les animaux, pour aboutir aux méthodes scientifiques de la domination de la nature, ont été soumises à une intellectualisation progressive) nous ignorons souvent le processus subjectif dans la schématisation et nous posons le système comme la chose elle-même.* » Texte qui réduit l'objectif lumineux de connaissance au souci exclusif de survie propre à enfermer le monde extérieur dans les boîtes rigides et préformées de ses modèles d'identité et de pouvoir.

Au niveau de la mutilation des caractères revient le souvenir de Nietzsche : « *Il y a toute une série de degrés dans ce désir secret de domination, et leur nomenclature complète équivaudrait presque à une histoire de la culture, depuis la première barbarie encore grimaçante jusqu'aux grimaces du raffinement excessif et de l'idéalité morbide.* » Il cite, dans l'ordre et le désordre, la terreur, l'épouvante, *« l'étonnement angoissé », mais aussi « l'émerveillement, puis l'envie, puis l'admiration, puis l'exaltation puis la joie, puis la gaieté, puis le rire, puis la dérision, puis la raillerie, puis les huées, puis la distribution de coups, puis la mise à la torture »* et il ajoutait : *« Pardon pour ces excès, dans une méditation sur tout ce qui a pu rendre possible sur terre les excès spirituels du désir de puissance.* »[5] Le désir toujours frustré de dominer entretient aussi savamment la soumission et la servilité. Et dans un monde dominé par la domination la langue est d'abord celle de la haine.

Ce concept de domination concerne donc aussi bien la structure des connaissances que celles des organisations pratiques. Ces structures, comme toutes choses, sont historiques et sociales, donc temporelles et finies. Mais elles ne sont pas pour autant relatives, puisque, en tant que système, elles induisent leur reproduction dans une forme paradoxale de transmission des oppressions. Plus les différents individus sont réduits effectivement à n'être que des fonctions de la réalité sociale, et plus l'on va ériger en principe l'idéal d'une humanité souveraine et maîtresse de son destin. L'idéalisme en philosophie, avec tout ce que cela comporte de hiérarchisations et de séparations, la profonde conviction que notre liberté passe par la maîtrise de la nature et de nos pulsions, que l'humanité progresse vers davantage de dignité, sont des moyens imparables pour faire circuler l'illusion de l'autonomie et du droit sacré à la conscience de soi. Les *Fragments philosophiques* de *La dialectique de la Raison* traitent de ce rideau idéologique qui fait

---

[5] Nietzsche, *Aurore*, Idées-Gallimard, Paris, 1974, trad. Julien Hervier, livre II, §113.

aujourd'hui office de nouvelle métaphysique, et qui dénie à l'individu concret, vivant et résistant une valeur essentielle dans la fabrication du monde.

Les sciences et les techniques dominent la nature, la volonté domine les pulsions, l'homme domine la femme, etc. Les références au patriarcat sont légion dans le livre. Nature est analogique avec femme, enfant, animal et tout aussi bien imagination, désir, spontanéité, c'est-à-dire tout ce qui est soumis à autorité et cadré en termes de rapports de forces.

A la fois matrice, ennemie et dominée, la nature est à l'image des rapports sociaux. Nature ne s'oppose pas à culture : elle est le nom de ce qui est dominé, humilié, objectivé dans la culture et dans l'histoire. Mais tout aussi bien aussi le nom ancien de la puissance physique. Rien n'est dans notre perception de la nature isolé de notre existence dans la civilisation. Et donc tant que nous percevrons les relations de l'homme avec l'homme en termes d'oppression et de domination, tant qu'effectivement le tissu social sera pris dans les filets de ce rapport de forces, la « nature » sera tantôt adorée tantôt reniée. La critique de la « domination de la nature » ne prétend donc pas donner à la « nature » une virginité, une vitalité, une innocence dont on l'aurait dépossédée et qu'il faudrait restaurer, en réhabilitant d'autant les détresses et fragilités des individus. La « nature » n'est pas le contradictoire de la « technique », puisque les deux termes n'ont de sens que l'un par l'autre ; et pour les désensorceler, il faut passer par une contestation politique des modes pratiques et idéologiques de nos vies quotidiennes.

Notre civilisation savante a de quoi nous émanciper des terreurs de la magie, mais il faut prendre la mesure des nouvelles terreurs qu'elle est capable de produire… Terreurs devant les désordres imprévisibles des manipulations géophysiques, mais terreurs aussi devant les usages possibles de soi : nature intime, – pulsion, imagination, monde qualitatif des sensations, rapport à l'animal que nous sommes –, qui subit le joug de la mesure et de la raison, méprisée, refoulée, humiliée ; sacrifice des spontanéités au nom des impératifs du travail. Comme pour toutes les revendications d'émancipation, la recherche du plaisir et de la satisfaction de pulsions qui auraient été bridées se fera dans des formes aliénées et elles-mêmes soumises à ce principe de domination. Ce qui conforte bien sûr leur condamnation...

« *Domination* » est donc compris de façon générale comme une réponse toujours particulière de l'esprit face à la peur de la « *nature* ». Adorno et Horkheimer vont affirmer que ces ripostes construisent des figures originales d'identité subjective. Pour nous, héritiers des Lumières, cela a été : domination des formes logiques de la connaissance sur les formes poétiques ; d'un mode de langue soi-disant neutre et objectif, sur des modes qui rechercheraient affinité et mimesis ; de tout ce qui est technique, efficace, insensible sur ce qui est spontané, ludique et sans pouvoir. Domination de l'autochtone sur l'étranger, de l'identité à soi sur la reconnaissance de l'altérité. Ces dominations impliquent de profondes mutilations et pour ceux-là mêmes qui en pratiquent l'exercice : mutilation et même liquidation de ce qui est le plus individuel, résignations, haine de ce qui est enviable et différent, transformations du désir en consommations vulgaires et stéréotypées ; autodestruction qui répond à une ambition effrénée de pouvoir, renoncement, sacrifice, culpabilité, nostalgie incontrôlée. Dans la 14ème leçon du cours sur Aristote, en 1965, au moment où il rédige *Dialectique Négative* Adorno se laisse aller à un lyrisme peu habituel : les formes actuelles de conservation de soi sont des formes autodestructrices. Elles sont malheureusement aujourd'hui subordonnées au « *principe universel du profit* ». Alors *« ce qui est objectivement devenu absolument indifférent..., à savoir l'individu, ne possède en même temps rien d'autre que cette indifférence absolue ; ce qu'il doit savoir en tant qu'être privé de sens lui est imposé de l'extérieur comme le sens de son existence. »* Et il conclut : *« Il faut avoir conscience qu'une vie qui n'est plus qu'un moyen en vue de son autoconservation est, par là même, ensorcelée et fétichisée comme fin. »* [6] Cruelle atomisation des subjectivités, confusions majeures autour de la question de la valeur du moi, telles sont les formes actuellement antinomiques et indépassables des expériences encore possibles dans un contexte défini par l'exacerbation de la domination quand elle a pris la forme du fascisme. La liquidation

[6] Adorno *Métaphysique, concepts et problèmes*, trad. Christophe David, Payot, coll. critique de la politique, Paris, 2006, p164.

moderne des individus, travailleurs, citoyens, consciences intimes, par les moyens décuplés de la propagande et du progrès technique, n'est pas étonnante en soi. Le travail du philosophe est de dénoncer cette entreprise en restaurant pour chacun le goût du sauvetage. Sans concession.

Deux auteurs pour lancer une « *bouteille à la mer* ». Deux auteurs, à la fois sociologues, artistes, philosophes, pour travailler la philosophie dans le sens d'une réévaluation des concepts : en particulier celui de vérité, qui ne sera plus définie comme adéquation à la réalité, mais comme résistance à l'oppression. Pas de plaisir de penser, affirme le livre, sans distance, imagination théorique, « *intransigeance à l'égard de toute réification.* »[7] Pas de critique sans dialectique, ici nommée, comme le dira aussi Adorno bien plus tard, *« douleur du monde élevée au concept »,* tant il est vrai que le principe de la domination, c'est qu'elle fait tout ce qu'il faut pour faire oublier, négliger, refuser de prendre acte de la « *douleur du monde* ». Pas de dialectique sans travail du négatif, et travail sans relève cette fois. La philosophie dans son histoire a contribué à cette douleur. Pour la sauver, une critique radicale est impérative. Adorno et Horkheimer souhaitent que leurs *fragments philosophiques* soient moins des théories au sens traditionnel du terme que « *des gestes tirés de concepts* ». Larges gestes de révolte et d'espoir. C'est tout le sens du livre.

L'écriture à deux prétend pouvoir « *regarder l'horreur dans les yeux* », l'horreur de tous les fascismes : celui qui mène au nazisme, celui, plus souterrain, qui grève nos démocraties.

Ulysse et son temps

Dans la lettre à Walter Benjamin du 17-12-1934[8] Adorno écrit : *« Je dirais que pour nous le concept d'époque historique est tout simplement inexistant (de même que nous ignorons la décadence et le progrès au sens commun) ; nous connaissons seulement l'âge du monde comme extrapolation du présent pétrifié. »* C'est d'un temps psychique et réticulaire qu'il s'agit

---

[7] Adorno, *Prismes*, trad. Geneviève et Rainer Rochlitz, Payot, coll. critique de la politique, Paris, 1986, p 19.

[8] citée par Gilles Moutot *Essai sur Adorno,* Payot, critique de la politique, Paris, 2010, p 85.

dans le travail du philosophe, un temps capable de désensorceler ce qui est pétrifié, et d'un universel concret fondé sur l'exigence de la liberté. *La dialectique de la Raison* est rédigée de l'intérieur du traumatisme ; le « *présent pétrifié* », médusé, immobilisé dans l'horreur, a besoin de références anhistoriques, légendaires ou littéraires, – Ulysse, Sade –, mais aussi de toute l'histoire de la philosophie et des théories de la connaissance, – nominalisme, réalisme, idéalisme, empirisme, positivisme –, pour faire bouger, on pourrait dire indiscipliner, la subjectivité malade.

La digression 1, *Ulysse, ou mythe et Raison*, a trois ambitions : la première est sans doute de circonstance, les deux autres bien plus ambitieuses. « *Valeur de document* », disent les auteurs de la rédaction en 1944. Mais aussi « *bien plus que cela* » : grâce à l'analyse de cette révolution qu'a représentée la mise par écrit des deux poèmes l'Iliade et l'Odyssée, déconstruire le concept de temps linéaire et chronologique, critiquer et sauver l'humanisme naissant inauguré par le personnage d'Ulysse.

Il y a dans cette première partie un humour vengeur et ravageur sur les récupérations de l'Antiquité gréco-latine par le nazisme du IIIème Reich. Un travail récent, « *Le national-socialisme et l'Antiquité* »[9], montre très précisément comment l'idéologie nazie utilise ce qu'on a appelé le « miracle » grec. Johan Chapoutot y explique comment l'architecture, les jeux de Berlin de 1936, les références éducatives proposées en 1938, offrent en modèle une Antiquité claire, libre, telle Athéna sortant triomphante du crâne de Zeus pour éradiquer la barbarie, pour associer autochtonie et suprématie, pour subordonner la culture à la nature, et fonder le développement de l'intelligence sur l'immanence du sol et du sang. Le nazisme condamne l'universalisme abstrait, propose en lieu et place un humanisme des races, un humanisme de conquête, dans la conviction que l'histoire de toutes les sociétés est l'histoire de la lutte des races. Il faut réenchanter le monde, et le mythe antique est utilisé comme puissance de rassemblement, émotion identificatoire capable d'unir dans la force et l'enthousiasme la diversité de foules anonymes et atomisées. Rosenberg, théoricien de la « *vérité du sang aryen* » et rédacteur du journal officiel du parti, insiste sur « *la*

[9] J. Chapoutot, *Le national-socialisme et l'Antiquité*, PUF, le nœud gordien, 2008.

souveraineté grecque, virilement affranchie de la tyrannie des sens. » [10] *« Le Führer ne veut rien avoir du gothique. Il hait ce qui est sombre et ce mysticisme rampant. Il veut de la clarté, de la lumière, de la beauté. C'est l'idéal de notre temps »*, affirme Goebbels dans son journal[11].

L'éloge dionysiaque de la vie, dans sa fécondité, sa diversité, ses formes hybrides, sa démesure et son immoralisme, est remplacé par la sacralisation d'une excellence biologique raciale impitoyable envers toutes les formes de mélange et de métissage. On cherche à ce que les émotions des masses puissent s'identifier à une forme de l'esprit où nature et humanité soient purifiées de ce qui est laid, infirme et affaibli. Goebbels encore écrit à Furtwangler : *« Nous nous sentons comme des artistes auxquels a été confiée la haute responsabilité de former, à partir de la masse brute, l'image solide et pleine du peuple. La mission de l'art et de l'artiste n'est pas seulement d'unir, elle va bien plus loin. Il est de leur devoir de créer, de donner forme, d'éliminer ce qui est malade et d'ouvrir la voie à ce qui est sain. »* [12] La captation de l'art par ce biologisme racial a quelque chose de sidérant dans ses contradictions et ses absurdités : pourquoi la nature, la terre et le sang, auraient-ils besoin d'un art qui les rendrait plus purs ? Ne peut-elle par elle-même éliminer les faibles et les malades ? Et qui est cette *« masse brute »* pas encore formée, en attente d'un esprit créateur dont on ne sait pas où il puiserait son inspiration, puisque la source de cette inspiration devrait être le « sang » originel qui lui a donné ses forces vives ?

Il est difficile de mesurer le scandale qu'a pu représenter pour des intellectuels nourris à la culture humaniste cette captation. Sidération devant ce projet architectural et démiurgique de construction d'un homme nouveau, dans une esthétique de terreur. Le « miracle » grec est devenu dans l'Allemagne nazie la caution d'une politique raciste et exterminatrice. Par où commencer le « *désensorcellement* » ?

Adorno et Horkheimer vont insister sur la « révolution » introduite par Homère. En inaugurant un récit chronologique,

---

[10] Cité par J. Chapoutot p 74.

[11] id. p 388.

[12] cité par Philippe Lacoue-Labarthe, Jean-Luc Nancy, *le mythe nazi*, éd. De l'Aube, l'aube poche, 1996 p. 52.

l'Odyssée a transformé radicalement les relations de l'individu à lui-même et celles du mythe au pouvoir. L'épopée est, dit Adorno, « *au sens philosophique et historique, la contrepartie du roman* » et dans l'Odyssée « *émergent finalement des traits caractéristiques du roman* » (DR p.58) Ainsi sont lues les deux parties qui encadrent le récit des aventures d'Ulysse : récit de la quête de Télémaque, au début, pour avoir des nouvelles de son père, récit du retour du héros à Ithaque et de sa vengeance, à la fin. Entre les deux, une autre transformation de taille : Ulysse raconte lui-même, à la cour d'Alkinoos où il arrive seul en naufragé, ses propres aventures. Il fait comme si le héros auquel personne ne croit, le héros du « cheval de Troie », légende publique qui contribue au plaisir des mots et des contes communs, devenait vraiment quelqu'un, avec une personnalité propre, qui expérimente dans la ruse et la douleur les moyens de survivre.

Mais il ne s'agit pas de faire une archéologie, ou une généalogie, de la forme roman en littérature. Les auteurs subvertissent avec humour la catégorie d'origine, catégorie de maîtres, disent-ils. L'*Odyssée* est requise pour parler du capitalisme, des Lumières, du positivisme et des fascismes. Ulysse est tour à tour propriétaire terrien, nomade poétique, bourgeois, nominaliste, conforme à l'éthique du protestantisme par ses multiples renoncements, et tout aussi bien émancipé des religions et du destin. Il ne s'agit pas de chercher historiquement des prémisses ou des anticipations de ce que seront les Lumières. Ulysse est les Lumières, au sens où le texte d'Homère tout entier « *apporte un témoignage de la dialectique de l'Aufklärung.* » D'ailleurs, les fascistes allemands l'ont perçu. *« Ils flairent dans la description homérique des rapports féodaux un élément démocratique et classent l'œuvre comme récit de navigateurs et de marchands, condamnant l'épopée ionique, où ils ne voient qu'un discours narratif par trop rationnel et une communication conventionnelle. »* (DR p.59)

Oui, disent les auteurs, l'esprit homérique constitue une nouvelle étape de la pensée, en se distançant de la légende, en organisant les aventures d'Ulysse selon une temporalité très humanisée, dans l'immanence d'un héroïsme soumis à la conscience, à la peur de la mort, habile et rusé pour conserver sa vie. Oui, l'épopée transforme la perception des mythes antiques et les désacralise.

« Dans la mesure où il ne présuppose pas un langage universel, le discours homérique le crée ; en utilisant une forme exotérique de la représentation, il dissout l'ordre hiérarchique de la société là même où il le glorifie ; le chant à la gloire de la colère d'Achille et des aventures d'Ulysse est déjà une stylisation nostalgique de ce qui ne peut plus être chanté, et le héros des aventures apparaît comme le prototype de l'individu bourgeois dont la notion prend son origine dans cette affirmation de soi cohérente à laquelle le héros vagabond fournit son modèle préhistorique. » (DR p. 58) Un modèle préhistorique, ce n'est pas un modèle qui se situe dans l'histoire, mais une modélisation des difficultés de la rationalité pour s'émanciper des cadres sociaux de la domination !

Détachement, éloignement du mythe, isolement, humanité nouvelle, les victoires d'Ulysse sont autant de mise à distance d'un passé malgré tout toujours associé au destin. Oui, on peut voir en Homère un auteur anti-mythologique et « éclairé » ; on peut, et c'est bien ce qu'on a fait, comprendre Ulysse comme le premier « *Aufklärer* » et inscrire dans la transcription de ses aventures le moment extraordinaire de la naissance d'une liberté nouvelle. La mise en abîme des aventures d'Ulysse, poursuivent les auteurs, leur déplacement dans un passé tellement lointain qu'il en est incertain fait naître *« l'apparence de la liberté que la civilisation n'a jamais réussi à étouffer depuis lors. »*(90 DR)

Le cours d'Adorno sur Aristote

Dans le cours sur Aristote de 1965-1966, Adorno reprend les suggestions du livre de 1944, à propos des correspondances entre subjectivité moderne et temporalité linéaire. Il pose les définitions du temps, du mouvement, et de l'unité de la conscience, en constellation autour des concepts de « *Forme* » et de « *Matière* ». Toute une conception du temps, toute une idéologie, dit-il, est liée à la prévalence de la *Forme* sur la *Matière,* de la cause finale sur la cause matérielle. C'est la *Forme*, c'est-à-dire, explique-t-il, l'essence ou la finalité, ou l'unité qui rassemble, qui oriente le présent vers le devenir... *»La théorie du mouvement d'Aristote n'est compréhensible que si l'on présuppose que, dans tout mouvement, ce vers quoi il veut se mouvoir est présent en lui dès le départ et y assure la fonction d'agent de ce même* *mouvement* »[13]. Passé et futur sont ainsi associés dans une chronologie finalisée. « *Voici bien ce qu'est le temps*, écrit Aristote, *le nombre du mouvement par rapport à l'antérieur et au postérieur.* » (Aristote, *Physique* livre III §7). Cette logique arithmétique se condense dans l'unité, celle de la Forme : « *l'un selon le multiple* » (*Seconds analytiques*, livre I, chapitre 11,77a, 8). Unité « selon » la multiplicité, unité dans la diversité, unité de la diversité, traduira Kant après Aristote. Adorno note le parallélisme entre la construction progressive de la conscience comme sujet et celle de l'objet de la physique, – ce que nous appelons aujourd'hui « nature », homogénéité d'une matière dont on peut connaître les lois et les mécanismes pour les utiliser à notre bénéfice, homogénéité d'un temps quantitatif centré sur l'action.

L'autonomie et l'humanisme d'Ulysse sont orientés vers la domination rationnelle de la nature et l'unité de sa personne, déduite de l'opposition à la multiplicité de ses aventures. *« Le soi ne représente pas une opposition rigide à l'aventure, mais sa rigidité lui permet de se former dans cette opposition même. »* (DR p. 62) Pour autant que cette opposition est centrale, elle est aussi dialectique ; les aventures d'Ulysse montrent sa détermination à triompher du mythe, – construction de son identité – ; mais cette conscience naissante n'a de liberté que dans le cadre de l'affrontement à une nature vécue comme toujours dangereuse et toute-puissante. De même le temps orienté vers l'avenir n'a de sens qu'à dénier la valeur du passé, sa force de présence, ce qui le rend aussitôt insistant et dangereux. « *Présent pétrifié* » que celui qui se croit meilleur.

La dialectique de la Raison n'est pas tant un texte de circonstance qu'une œuvre toute métaphysique, où la discussion avec Aristote et Kant, bien que souterraine et jamais offerte à la lecture, propose non pas des alternatives, mais d'étranges éclairages propres à montrer « *l'intrication de la nature et de la domination de la nature* » (DR p. 18), dans un style violent, passionné, insolent, qui prétend critiquer culture et philosophie pour pouvoir les sauver, même après Auschwitz.

---

[13] Adorno, *Métaphysique, concept et problèmes*, trad. C. David, Payot, "Critique de la politique", 2006, p. 130.

Le cours sur Aristote dialectise le traitement aristotélicien de la matière dans ses relations à la forme : il n'y a pas le lent progrès de la matière vers sa mise en forme, il y a des possibilités indéterminées dont certaines seront abandonnées, d'autres réalisées, qui avec le temps formeront de nouvelles figures et de nouvelles indéterminations, etc. Adorno distingue trois formulations du mot matière dans la philosophie d'Aristote : nature, particularité, destin.

– L'autre nom de la matière, c'est la nature, ce qui doit être formé par la rationalité, – le sens, l'unité, la forme –, pour devenir ce vers quoi elle tend. Mais toujours avec des restes. La matière, c'est d'abord ce qui tend vers l'universel de la raison, ce que forme le sujet, une nature à quoi il s'oppose et qui pourtant ne sera jamais réduit. Ainsi en est-il, dit Adorno, des relations causalité-liberté.

– L'individu, le particulier, est à la fois ce qui est le plus concret et ce qui l'est le moins. Ce qui l'est le moins, car il travaille nécessairement en direction de l'universel. La matière est toujours informée, guidée par la forme, et informable, orientée et résistante à la fois. Ce qui l'est le plus, car il y a toujours un reste, quelque chose qui est irréductible comme histoire. La matière est ce qu'il y a de plus concret, de plus unique, puisqu'elle résiste à sa mise en forme, de même que des objets artisanaux produits par des gestes dont le temps fait toujours varier la teneur, sont toujours différents, même si le modèle est le même.

– En tant que résistance et particularité, la matière est le substrat de la nécessité ou de la causalité, anagkè, ici décrite comme destin. Il faut aller vers l'universalité du genre humain, mais par une négation dialectique des causes qui l'empêchent. *« L'anagkè est le concept mythique qui désigne l'entrelacement de tous les vivants dans un destin où ils doivent "expier selon l'ordre du temps", comme il est dit dans la fameuse parole d'Anaximandre »* [14]. Destin, finalité, nécessité, cause, sont entremêlés, pas séparés.

Ainsi sont associés chez Aristote le temps tourné vers sa finalité à venir et le temps d'un passé insistant, un passé qui ne veut plus passer. Associés aussi à une subjectivité faite de projets, de

---

14 Adorno, *Métaphysique* p 119-120.

renoncements, de résistances, d'oublis et de retours intempestifs de ce qui a été oublié.

Ce qui signifie que dans un temps linéaire, le passé a la double fonction d'être ce qui doit être dépassé et ce qui hante le présent. « *Expier selon l'ordre du temps* » : si chaque vivant est destiné à passer, alors il rend irrémédiables le malheur, la faute et la culpabilité ; le passé ne peut être dépassé sans demander son reste, qui est de venger ce qui n'a pu se réaliser. Derrida, à propos de Hamlet parle de « *hantologie* », en place et lieu d'une ontologie, d'une « *logique de la hantise* », des revenants, des pères qui imposent leur conduite à leurs fils, sans que leur propre vie puisse avoir elle aussi droit de cité. Le temps chronologique est hanté par le retour du refoulé, la voix de l'individualité écrasée. Ainsi la relation au passé, si elle est recherche des causes, est le plus souvent de l'ordre de la plaie sacrée qui empêche de toucher à la nouveauté du présent. Comment, de cette dialectique d'un temps chronologique qui n'en finit pas d'enterrer les morts, à force de vouloir s'en distancer de manière exclusive, et de s'y référer de façon identitaire, trouver un temps qui soit nouveau et constructif sans être triomphant, qui soit mémoriel sans être destructeur, qui restitue la pleine mesure du présent sans qu'il y ait de revanche à prendre, de soumission aveugle, ou d'oubli mortifère ? Comment, quand le temps est construit dans une fuite identitaire, réparer ses moments dans des disjonctions sans souveraineté ? Horkheimer et Adorno mettent à jour la dialectique de *l'Odyssée*, pour dénoncer la folle croyance aux progrès de la rationalité, au nom d'un nouvel espoir vital d'émancipation. Maîtrise de soi, éloignement du mythe, mais renoncement à l'enfance des pulsions, restitution de sa pleine puissance à la « nature » dont on s'éloigne, c'est le temps nouveau de l'Odyssée. Ils envisagent un autre usage de l'existence que le temps utilitaire et dominateur de la conscience chronologique : un usage philosophique qui ressemble aux usages esthétique et psychanalytique, où les places mimétiques du passé, du présent et du futur peuvent tendre à autre chose qu'à la répétition du même, où l'héritage retrouve son écart salutaire, fait de proximités sans rancune et sans adoration, par rapport à ce dont il hérite. Hamlet proteste contre le passé en se sentant destiné à lui rendre justice ; mais le réaffirmant tel qu'il croit qu'il a été, il le radicalise et le transforme en tragédie. Le mort domine le vivant, le névrosé reste attaché à ce dont il ne peut plus faire le deuil, précisément parce qu'il le croit vraiment mort. Ulysse abat les figures du destin qui lui promettent la mort, mais c'est avec des renoncements qui ravivent les sacrifices antiques. Quand la Raison se considère comme définitivement, chronologiquement séparée du mythe, elle ne voit plus à quel point il est présent dans la farouche distance qu'elle établit d'avec lui. Or la nécessité de la mort n'est pas le dernier mot, ni ce qui doit être pour que dure l'humanité. Le temps n'est pas seulement linéaire, pas plus dans la connaissance que dans l'expérience ; il se travaille et se vit dans des formes réticulaires, en constellation. Il y a dans toute conscience, dans tout concept, au sens de « geste », qu'il soit spontané ou médiatisé par le travail critique, un brouillage temporel où le présent se montre à la fois dans la répétition du passé, le désire, le redoute et le transforme ; ce passé, proche et lointain, contient ce qui détruit et aussi ce qui sauve. On ne saurait en faire table rase sans renouveler ses violences, on ne saurait vouloir fidèlement en hériter sans mourir soi-même de sa prétendue répétition. En ce sens un temps psychique émancipateur n'est pas seulement logique ou chronologique, en dépit des nécessités de la construction de l'identité. Il est esthétique et sensible, c'est peut-être ainsi qu'on peut nommer l'éternité.

Ulysse dans la *digression 1, Ulysse, ou mythe et Raison*

La « *digression 1* » lit le récit des aventures d'Ulysse en soulignant à la fois son humanisme émancipateur et sa soumission aux forces mythiques du passé. Ce chapitre comporte trois grands moments : celui, d'abord, où sont mis en conjonction mythe, destin et sacrifice. Figures de consciences fascinées par des dominations compactes et des temps cycliques. La temporalité sacrificielle est celle de l'éternel retour, de l'unité d'un présent immémorial. Mais l'*Odyssée* change la donne. Alors Adorno associe les ruses d'Ulysse aux formes nouvelles de communication et de distance prise envers les religions et le pouvoir des prêtres. Nouvelle constellation : ruse, langage, subjectivité, raison. Combat vers l'émancipation. Nos identités « bourgeoises » se sont construites dans la séparation d'avec l'oppression des dominations, et dans le souci de projets de constructions nouvelles. La langue des maîtres change de tête, le temps devient chronologique ; pour s'émanciper il faut nécessairement s'instrumentaliser pour réussir ses projets, donc d'une certaine façon sacrifier le présent à l'avenir. *« Voici la formule de la ruse d'Ulysse : l'esprit instrumental, en se résignant et en se soumettant à la nature lui donne ce qui lui appartient, et, de ce fait même, la berne. »* (DR p.71) Les décisions d'Ulysse, dit-il, sont caractéristiques d'une dialectique qui sauve, mais qui ne transforme pas. C'est un peu comme un enfant qui grandit : je prends les choses comme elles sont, il y a la nature, il y a les forces mythiques, on n'y peut rien. Mais je me détache, je m'éloigne, je m'invente *« esprit instrumental »*, je calcule le moyen de m'en sortir. Par ses stratagèmes Ulysse va « *berner la nature* ». Il s'oppose à la fatalité du destin, de ce qui est plus fort, il construit son identité dans cette opposition, et cette révolution signe une émancipation radicale. *« Le soi*, dit Adorno, *représente l'universalité rationnelle opposée à la fatalité du destin.* » Devenir un sujet, comme Ulysse en est la première figure, c'est vaincre le mythe, mais c'est aussi « *transformer le sacrifice en subjectivité.* » (DR p.69) Car Ulysse ne triomphe du destin qu'en lui reconnaissant puissance et légitimité, il s'adapte, renonce à certains de ses désirs, et c'est ainsi qu'il s'éloigne et conquiert sa liberté.

Ce que disent les deux philosophes, c'est que précisément, oui, Homère décrit dans l'*Odyssée* une raison naissante et émancipatrice, mais que, en même temps, cette raison se prend dans les filets d'un autre mythe : la croyance au caractère inéluctable et bienfaiteur de la domination de l'intelligence. La critique des idoles se transforme en confirmation de l'ordre social établi. Ulysse construit son identité à travers une première constellation : guerre, propriété privée, vengeance. Constellation inséparable d'une autre : ruse, sacrifice et renoncement. A travers une interprétation tout à fait iconoclaste des épisodes majeurs de ses aventures – les Lotophages, Polyphème et les Cyclopes, les Sirènes, Circé, le séjour chez Hadès –, avant de finir par le retour à Ithaque, la figure de Pénélope et le meurtre des servantes infidèles, les deux auteurs insistent sur la difficulté à séparer, pour les temps anciens comme pour les nôtres, civilisation et barbarie, mythe et croyance au progrès, amour de la servitude et amour de la liberté, éloge de l'ordre établi et espoir d'une émancipation possible. Toutes les contradictions de l'humanisme, en somme. Les victoires d'Ulysse font croire à la nécessité de la lutte à mort, de l'exclusion, des dangers permanents de l'altérité, en soi et hors de soi. Noyau de cruauté dont on pourrait constater le caractère indépassable, s'il n'y avait pas sans arrêt, dans les aventures de l'art et des pratiques historiques émancipatrices, cette négation-dénégation qui en transforme les apparences. « *Dans l'histoire l'humain n'a fleuri précisément qu'autour de la barbarie enveloppée d'humanité.* » (DR p.87)

Homère serait donc le nom de celui qui, reprenant la tradition des aventures mythologiques, les démystifie en les situant dans un pays de nulle part, un pays où les dieux grecs ont moins d'importance que les monstres inventés pour justifier les nécessités de la ruse et des techniques des hommes. Homère, poète-chanteur-griot-barde, crée un Ulysse narrateur et maître de récits fantastiques propres à séduire ceux des marins qui vont l'écouter. Dans l'*Odyssée*, il échoue sur le rivage de Phéacie, il est invité à la cour du roi, il assiste au chant de l'aède Démodocos, qui raconte les ruses du cheval de Troie, qui chante les héros de l'Hellade, qui loue ce « polumétos », l'homme aux mille tours, mystérieusement disparu depuis la fin de la guerre. Alors Ulysse pleure et se fait reconnaître. Ainsi, de légende qu'il était, il montre qu'il est vivant, qu'il est homme, qu'il existe, et non plus dans les fantaisies de l'imagination. Il va témoigner. Il se raconte comme un navigateur solitaire et perdu à la recherche de son pays natal ; les forces qu'il rencontre lui sont hostiles, mais pas au sens habituel de l'ennemi humain à combattre. Athéna, déesse de la « *métis* », – habileté, savoir-faire propice aux navigateurs, ne peut plus l'aider. Chacune de ses aventures va devenir une expérimentation des possibilités de son intelligence et de sa ruse. En ce sens, il anticipe cette réforme de l'entendement qui libère de la peur des dieux, et qui construit une subjectivité technicienne et conquérante. L'*Odyssée* inaugure la logique de l'humanisme des libertés naissantes du XVIème siècle. Ulysse est un homme, et rien qu'un homme. Au contraire d'Achille, il va associer gloire et autoconservation. Il invente un nouvel humanisme, l'humanisme de l'homme seul, l'humanisme des Lumières.

Dès Homère donc il y a eu classification et séparation : d'un côté les hommes, qui deviennent des sujets, volontaires, debout face au monde, et de l'autre nature, dieux, ou destin. A partir de cette séparation, disent Adorno et Horkheimer, le principe unifié de toutes les relations ce sera le principe de pouvoir. Ulysse fuit devant le destin. Cette loi de fuite transforme le mythe en épopée, et l'épopée en roman ; elle signe une émancipation certaine, mais ce ne sera qu'une apparence de liberté ; en témoigne dans l'*Odyssée « la froide distance de la narration…* (qui) *représente l'horreur comme si elle avait pour fonction de divertir… »* (DR p.90) Comme exemple, le récit détaillé de la vengeance d'Ulysse à son retour à Ithaque. Il tue les prétendants, torture à mort bouvier et servantes infidèles, sans que le récit pour s'en émouvoir ne trouve autre chose à dire que : « *c'était il y a très longtemps* »… Le combat d'Ulysse pour sa survie n'a pas modifié ses objectifs : il reste le maître sur ses terres. Tout ce chapitre de *La dialectique de la Raison* est consacré à montrer qu'il y a du mythe et de l'aveuglement dans la forme homérique de l'émancipation, même si l'émancipation est incontestable. Dialectique des Lumières. *« Chez Homère, l'épopée et le mythe, la forme et le contenu ne se séparent pas pour s'opposer, mais se confrontent et s'élucident réciproquement. »* (DR p.60) La poétique de l'*Odyssée* ne se comprend pas sans la référence aux monstres meurtriers et sauvages, et sans non plus l'apologie de la victoire de l'individu sur ces monstres de la nature. La langue d'Homère hésite toujours entre la sensibilité farouche des images et la rationalité cruelle des calculs stratégiques. Le mythe revient et poétiquement triomphe, comme un fond de nature qui se plaindrait d'avoir été abandonné, et dont la plainte contaminerait les triomphes de la rationalité froide et calculatrice. Ainsi l'image d'un Ulysse résolument et universellement humain va se complexifier de façon magnifique. Elle installe ce moment où l'impératif de liberté va se réaliser dans un humanisme souverain ; mais elle se transforme aussitôt dans la présentation d'une identité prisonnière des renoncements auxquels elle doit consentir pour pouvoir se libérer. Ulysse partisan de la « juste mesure » et des ruses de l'intelligence devient le paradigme du malaise dans la civilisation, associant répression et domination à la construction d'une subjectivité capable en même temps de s'émanciper et de s'autodétruire. Adorno et Horkheimer proposent d'étudier *« la dialectique du mythe et de la Raison dans l'Odyssée en tant qu'un des premiers documents représentatifs de la civilisation bourgeoise occidentale. Au centre se trouvent les concepts de sacrifice et renoncement, dans lesquels se révèle la différence entre l'unité de la nature mythique et la domination rationnelle de la nature. »* (DR p. 18) *Nature mythique*, indifférenciation régressive, totalité et risque de mort ; image magistrale du destin. *Unité de la nature*, unité de la société dont l'opacité empêche l'individu de s'en libérer. Le mythe, révélateur d'une exigence quasi contractuelle entre les dieux et les hommes, implique le sacrifice. Ulysse s'en sépare, rompt le contrat par ruse, amorce la *domination rationnelle de la nature.* Il devient un sujet, *« se sauve lui-même de sa dissolution en nature aveugle. »* (DR p.67), Mais ce sera au prix de renoncements qui reprendront à nouveaux frais les contrats de la préhistoire. Ulysse fuit le destin, l'injustice des morts violentes, il ruse ; mais il aime le cadre dans lequel il agit, car il sait qu'il pourra triompher. La maîtrise de soi, le calcul, la domination des passions, – colère, désir, terreur devant la mort –, ont un prix : sacrifice du moment présent à l'avenir, reniement de la pulsion, opposition du sujet à l'objet, et pour finir retour intempestif de la violence de la nature après les triomphes salvateurs. *« La domination de l'homme sur lui-même, sur laquelle se fonde son soi, signifie chaque fois la destruction virtuelle du sujet au service duquel elle s'accomplit ; car la substance dominée, opprimée et dissoute par l'instinct de conservation, n'est rien d'autre que cette part de vie – en fonction de laquelle se définissent uniquement les efforts de la conservation de soi – ce qui doit justement être conservé. »* (DR p. 68) Part de vie, part de spontanéité heureuse, soleils chaleureux des rencontres, sont contrôlés par le souci de conservation de soi, dans les milieux hostiles de sociétés violentes et hiérarchisées en rapports de classes et, plus largement, de domination. Contrôlés au point d'être supprimés, ou dénigrés. Ulysse a eu raison : comment sauver sa vie sans postures viriles de décision, affrontement au malheur, abandons volontaires de certains plaisirs au nom des impératifs de la réalité ? Mais il n'est peut-être pas allé jusqu'au bout, car il n'a pas remis en question les « impératifs de la réalité ». C'est toute une théorie du sujet que Horkheimer et Adorno vont ébaucher dans les perspectives matérialistes et non violentes qui sont les leurs. Théorie complice de celles de Marx et Freud, dans les profonds écarts ainsi installés avec l'idéalisme classique et le positivisme contemporain.

Théorie qui bien sûr ne prétend pas une seconde restaurer un régime mythique d'âge d'or irrationnel, dans l'immédiateté d'un rapport à soi et au monde sans distance, sans conscience, sans critique. Utopie d'une subjectivité qui aspire à travailler autrement l'histoire des relations du même et de l'autre, de l'identité et de l'altérité, de la conscience et de l'objet, dans une négation critique et déterminée de chaque hiérarchie et de chaque séparation. L'entreprise occupera Adorno tout au long de sa vie, autant dans ses travaux de musicologie, de sociologie et de philosophie.

Multiples sauts périlleux auxquels s'adonne le chapitre sur l'Odyssée ! Sous l'humanisme émancipé et triomphant, retrouver les images ininterrogées de la propriété, du mariage, de la patrie, du bon droit, de l'art comme simple divertissement. Contre « *l'idéologie à la mode qui fait de la liquidation de la Raison la première de ses tâches* » (DR p.60), contre la fascination pour le mythe et ses puissances irrationnelles, contre ce pouvoir contemporain qui « *a recours à la préhistoire pour sa propre propagande* », montrer les violences et cruautés qui ont pu subordonner l'invention de ces légendes aux dominations de l'époque. Dans la dénonciation de ces violences, introduire la raison salvatrice : la construction d'un héros devenu légendaire est autant la justification de quelconques pouvoirs que la protestation contre ces pouvoirs. Il s'agit dans l'*Odyssée* autant de magnifier ces puissances naturelles et sociales qui distribuent plaisir et souffrances, atrocités et jouissances, vie et mort, que de les dénoncer et de chercher à les transformer en les dialectisant. Ainsi la plupart des étapes du voyage d'Ulysse dans les gouffres d'une Méditerranée rêvée donnent lieu ici à des analyses iconoclastes destinées à parler de ce qui nous mutile aujourd'hui, et sans doute encore longtemps, si la raison critique ne travaille pas obstinément autour de ces illusoires progrès. Les aventures d'Ulysse, celles qu'il raconte à la cour du roi Alkinoos, celles qui feront le tour du monde et franchiront les siècles, passent sous les fourches caudines de la critique adornienne.

Après ces terribles mises en relation dialectique du mythe et de la raison moderne, Adorno lance l'analyse plus précise de certains épisodes.

Le Chant IX est le premier où le héros raconte ses dix ans d'errance sur une mer mystérieuse, pleine d'étranges figures destinées à tromper et faire mourir les marins les plus expérimentés. Une des premières rencontres, ce sera celle des Lotophages, le peuple en apparence hospitalier des mangeurs de lotus. Les compagnons d'Ulysse ne savent pas que cette nourriture tue toute mémoire, et qu'elle empêche ceux qui abordent l'île de repartir. L'épisode est l'occasion pour Adorno d'une intense méditation sur l'oubli, et bien plus sur la conscience malheureuse d'un infini perdu. Ulysse ramène de force ses compagnons au navire, car lui seul est resté maître de lui. L'*Odyssée* affirme, dit Adorno, que le désir de réconciliation, de paix, de plénitude heureuse, le désir d'oublier les malheurs de la terre, les douleurs du travail, l'hostilité du monde, est une force nihiliste hostile à la vie. Aucun oubli n'est fécond, la mémoire et la conscience de la réalité sont seules la gardienne de l'action et de la réussite. Mais quels espoirs, quels bonheurs possibles sans ces utopies ? Ne pas jeter l'utopie dans les eaux de l'illusion, aurait pu écrire *La dialectique de la Raison*… Ne pas confondre illusion et utopie.

Le chant se poursuit avec le récit de la rencontre avec le Cyclope Polyphème. Les Cyclopes sont les enfants de Poséidon, ils vivent dans une île bénie où tout pousse sans que rien n'ait besoin d'être cultivé. C'est l'occasion pour les auteurs de lancer des analyses sidérantes sur les détachements mortels de l'abstraction et du langage. En effet, pour échapper au Cyclope qui dévore les étrangers, et après qu'il les a enfermés dans sa caverne, Ulysse lui dit qu'il s'appelle *Outis,* ou *Oudeis, Personne, Rien.* Consonance orale étroite avec son prénom *Odusseos*, *Ulysse.* Puis il l'enivre, crève son oeil unique, et le matin, au moment où le géant fait sortir son troupeau, il se cache, lui et les compagnons encore vivants, sous la laine des moutons. Polyphème hurlant le faux nom d'Ulysse en appelant sa famille passe pour quelqu'un qui a perdu l'esprit, puisqu'il accuse « personne » de l'avoir aveuglé. Adorno arrête là le récit. La suite pourtant dit que le héros, une fois retrouvé le navire et sorti de l'île, ne résiste pas au plaisir de crier son vrai nom. Polyphème enragé jette alors des rochers qui manquent d'atteindre l'embarcation, et implore Poséidon de le venger. C'est pourquoi le bateau d'Ulysse sera détruit, les compagnons décimés ; seule la grâce de Zeus et le soutien d'Athéna permettront au héros solitaire de retrouver Ithaque.

Chant X : après d'autres errances, le navire se retrouve chez Circé, qui transforme les hommes en bêtes domestiques, et apprivoise les sauvages… La magicienne va transformer les matelots en petits cochons, incapables de respirer ou de penser autrement qu'en reniflant de façon plus ou moins obscène. Seul Ulysse déjoue ses pièges, refuse les abandons lascifs qu'elle lui promet, et l'oblige à redonner figure humaine aux navigateurs. Tout l'équipage va ensuite passer quelque temps dans cette île enchanteresse, et l'amitié de Circé restera à Ulysse. Adorno retrouve là tous les accents freudiens de *Malaise dans la civilisation* pour évoquer la hiérarchie des sens, l'odorat, le toucher, promiscuités soumises aux verticalités distantes du regard, puis pour comparer les deux figures complémentaires de Circé et de Pénélope : *« La prostituée et l'épouse sont les pôles opposés de l'auto-aliénation de la femme dans le monde patriarcal : l'épouse trahit le plaisir au nom de l'organisation stable de la vie et de la propriété, tandis que la prostituée, secrètement alliée à l'épouse, soumet encore à une relation de propriété ce que les droits de propriété de la femme ont laissé libre : elle vend son plaisir. »* (DR p. 86) Circé et Calypso, la déesse qui retient Ulysse prisonnier, seront les images inversées de la femme mariée, dans le monde bourgeois de la propriété privée. *« Dans la société bourgeoise, la femme en tant que représentante de la nature, est devenue un symbole énigmatique de la séduction irrésistible et de l'impuissance. »* (DR p. 84) Supériorité de l'homme sur la femme, au prix des renoncements réciproques aux points extrêmes de la confiance, à la spontanéité du désir, ou à la revendication égalitaire de la réconciliation des différences.

Les Achéens restent un an auprès de la magicienne, après quoi la nécessité du retour se fait à nouveau sentir. Circé indique à Ulysse qu'il lui faudra prendre les conseils de Tirésias aux Enfers, s'il veut se sortir vivant de cette navigation dangereuse. Le récit du séjour chez Hadès (chant XI) sera l'occasion pour Adorno de se livrer à quelques commentaires toujours aussi étonnants. D'abord la reprise de l'humanisme d'Ulysse : *« le motif de la destruction des portes de l'enfer, de la suppression de la mort, est au cœur même de toute pensée anti mythologique. »* (DR p. 88) Puis revient l'analyse des relations que le monde « bourgeois », tout aussi bien nominaliste et positiviste, entretient avec le temps, la mort des autres, la mémoire et la fidélité aux disparus. Le séjour aux Enfers est ce moment où il est reconnu qu'il faut laisser les morts enterrer les morts, où la mère perdue l'est par l'abandon du fils, et où la terrible certitude de la finitude peut justifier toutes les formes du souci d'autoconservation.

Tirésias promet à Ulysse la suspension de la vengeance de Poséidon, au terme d'une autre odyssée, à l'intérieur d'Ithaque cette fois : Ulysse reparti, sa rame sur l'épaule, devra croiser quelqu'un capable de se méprendre sur la nature de l'outil : « *Le jour qu'en te croisant, un autre voyageur demanderait pourquoi, sur ta brillante épaule, est cette pelle à grains, c'est là qu'il te faudrait planter ta bonne rame et faire à Poséidon le parfait sacrifice d'un bélier, d'un taureau et d'un verrat de taille à couvrir une truie ; tu reviendrais ensuite offrir en ton logis la complète série des saintes hécatombes à tous les Immortels, maîtres des champs du ciel ; puis la mer t'enverrait la plus douce des morts : tu ne succomberais qu'à l'heureuse vieillesse, ayant autour de toi des peuples fortunés… En vérité, j'ai dit. »*[15] Ce passage donne lieu dans *La dialectique de la Raison*, à une étrange interprétation sur le rire du de Poséidon. Dernière ruse plus incertaine que les autres, qui reconduit au bout du compte à l'affirmation de la fragilité, du dénuement humain face aux caprices indomptés d'une nature pour toujours puissante et dangereuse, et cependant moins hostile qu'on peut le craindre.

Le chant XII commence par le retour du navire dans l'île de Circé, qui va donner ses derniers conseils : éviter les Sirènes, et passer avec le moins de dommages possibles auprès de Charybde et Scylla, monstrueuses roches mythiques des passes dangereuses.

Les Sirènes : dans cette île des êtres mi-femmes, mi-oiseaux, font perdre par les envoûtements de leurs chants le sens de l'orientation, fracassent les vaisseaux sur le rivage et dévorent les marins. Par deux fois Horkheimer et Adorno insistent sur le récit légendaire. D'abord pour stigmatiser la mutilation conjointe

[15] *Odyssée*, traduit par Victor Bérard, XI, 110-138.

d'Ulysse et de ses compagnons, du patron et des ouvriers, dans une division du travail centrée sur l'efficacité de la survie. Ulysse s'est fait attacher au mât du navire pour éviter de succomber. Les matelots sont devenus sourds à toute émotion qui pourrait les détourner de leur travail, tous « *ne connaissent du chant que le danger qu'il peut leur faire courir.* » (DR p.50) L'intelligence d'Ulysse triomphe de la paresse, des régressions vers l'enfance ou l'animalité, et des promesses de l'art. Mais sa ruse est fondée sur une conviction redoutable : science et technique sont les seules valeurs positives capables d'assurer la survie de l'humanité. La « division du travail » qu'il inaugure, patron attaché, ouvriers insensibilisés, mutile tous les partenaires : « *Une pensée qui, depuis l'astucieux Ulysse jusqu'aux naïfs P.D.G., est entraînée à se limiter aux problèmes d'organisation et d'administration, s'accompagne nécessairement d'un rétrécissement de l'intellect que l'on peut constater chez les grands de ce monde dès qu'il ne s'agit plus pour eux de manipuler les humbles.* » (DR p.51) Cependant Ulysse PDG a pu écouter les Sirènes, il ne s'est pas bouché les oreilles. Il est sensible au pouvoir mystérieux, sauveur et destructeur à la fois, de la musique et de la voix. En reconnaissant malgré tout la « *supériorité archaïque* » du chant, il confirme sans doute la crainte que ce chant contienne une promesse de mort, et que la voix de l'émotion soit pour toujours dangereuse et régressive. Il affirme que les dérives matriarcales sont des « *tentations de l'irrévocable* », des menaces pour la civilisation. Mais, puisqu'il a pris le risque de se laisser séduire, il confirme aussi qu'il y a peut-être dans le chant autre chose qu'un appel à mourir. Tant que l'on considérera l'art comme une puissance hostile à l'affirmation de soi, et tant que les matelots travailleront dans l'ignorance des beautés du monde, les espoirs de libération seront anéantis par la forme même de cette division du travail. C'est toute la construction du sujet moderne, dans l'opposition du désir et de la volonté, de la raison et du sentiment, de la science et de l'art, de la mesure et de la passion, qui est analysée et démystifiée dans l'épisode des Sirènes.

Après leur avoir échappé, le navire va aborder les deux figures terrifiantes de la supériorité naturelle des forces de la mer sur les prouesses techniques de n'importe quelle embarcation. C'est seulement grâce à un dieu, rappelle Homère, qu'un navire a pu passer, celui de Jason dans la quête de la Toison d'Or. Ulysse abandonné verra plusieurs de ses marins dévorés par Scylla, après que le navire est passé sans dommage devant Charybde. Circé pourtant l'avait prévenu et prédit le danger. Ulysse n'avait rien dit aux marins, choisi d'en perdre quelques-uns plutôt que le navire entier. Ce choix est raisonnable, mais outre le fait qu'il a menti à ses compagnons, on pourrait lui reprocher de n'avoir pas essayé d'autres voies de passage. Ulysse émancipé croit encore aux forces de la mythologie et aux contraintes du destin. *« Le fait qu'il serait impossible de choisir par exemple une autre voie que celle qui passe entre Charybde et Scylla, peut être interprété rationnellement comme une transposition mythique de la supériorité des courants marins sur les petites embarcations archaïques. Mais, dans le transfert et l'objectivation mythique, la relation naturelle entre la force et l'impuissance a déjà assumé le caractère d'un rapport juridique. Scylla et Charybde ont un droit sur tout ce qui se présente à eux… »* (DR p.72). Celui qui possède le pouvoir a des droits sur celui qui lui est soumis. Droit d'imposer le chemin, droit de vie et de mort. Ainsi nature et société affirment leur violence. Le droit de tuer est une figure centrale des puissances sociales de coercition, et tous les personnages mythiques, disent Horkheimer et Adorno, se définissent par cette prétention. C'est pourquoi celui qui prétend dominer la nature a besoin de rester dans le cadre de rapports de force qui la caractérisent elle-même comme toute-puissante. Charybde et Scylla n'ont de sens qu'à imposer la lutte comme forme privilégiée des relations de l'homme à lui-même, aux autres et au monde. Ulysse ne se dérobe pas, mais accepte la nécessité de faire tuer ses compagnons. *« C'est justement l'esprit dominant la nature qui revendique sans cesse la supériorité de la nature dans la compétition. »* (DR p.70).

La fin de la *digression 1* évoque cette prédiction mystérieuse de Tirésias, qui annonce la fin des hostilités avec Poséidon, parce qu'il en rira de plaisir. L'Odyssée se lit comme une lutte contre le mal du destin, et même contre la cruauté de ceux qui cherchent à vaincre ce mal. Homère se sépare des aventures d'Ulysse en disant « *C'était il y a très longtemps* ». Peut-être faudrait-il alors interpréter toute *La dialectique de la Raison* comme l'espoir fou du rira bien qui rira le dernier, espoir tout à la fois tragique et rédempteur. C'est ce que répétera Adorno à la fin de sa *Dialectique négative* : « *La pensée non naïve sait combien peu elle atteint ce qui est pensé et doit toujours pourtant parler comme si elle le possédait complètement. Ceci la rapproche de la clownerie. Elle a d'autant moins le droit de nier les traits de cette clownerie que c'est elle seule qui lui fait naître l'espoir de ce qui lui est refusé. La philosophie est ce qu'il y a de plus sérieux, mais elle n'est pas non plus si sérieuse que cela.* » (DN p. 20)

Adorno avec Michel Foucault : modernité

La mise en dialectique de l'*Odyssée* rejoint les thèses de Michel Foucault. Dans son analyse du texte de Kant, *Was ist Aufklärung* ? *Qu'est-ce que les Lumières ?* (1784), Michel Foucault propose sa lecture du concept de modernité : *« Je me demande si on ne peut pas envisager la modernité plutôt comme une attitude que comme une période de l'histoire. Par attitude, je veux dire un mode de relation à l'égard de l'actualité ; un choix volontaire qui est fait par certains ; enfin, une manière de penser et de sentir, une manière aussi d'agir et de se conduire qui, tout à la fois, marque une appartenance et se présente comme une tâche. »*[16] Gestes tirés de concepts, suggérait Adorno…

Le travail de *La dialectique de la Raison* semble à l'opposé de celui de Michel Foucault : balayages massifs, philosophie à coups de marteaux, digressions. Foucault travaille au contraire dans la finesse généalogique et archéologique. Généalogie fondée non sur la répétition dans l'héritage, mais sur les moments de rupture, et de distorsion ; archéologie comme recherche des commencements qui sont aussi des commandements, c'est-à-dire des procédures autoritaires associant pouvoir et savoir. Il souhaite, dit-il, confronter « *l'extrême attention au réel à la pratique d'une liberté qui tout à la fois respecte ce réel et le viole* », dans un « *labeur patient qui donne forme à l'impatience de la liberté.* » Ainsi distingue-t-il deux usages nationaux du concept d'Aufklärung, – « *les Lumières* », « *sortir de la minorité, sapere aude, ose penser, ose savoir* », dit Kant –, l'usage allemand et l'usage français. En France c'est la nouvelle histoire des sciences qui a exemplifié ce que c'est que l'Aufklärung. Il ajoute : « *S'il fallait chercher hors de France quelque chose qui correspond au travail de Cavaillès, de Koyré, de Bachelard et de Canguilhem, c'est sans doute du côté de l'école de*

---

16 Michel Foucault, *Dits et écrits,* tome IV, 1980-1988 p 562-578, Gallimard, NRF, Bibliothèque des sciences humaines, 1994.

Francfort qu'on le trouverait. (…) Dans l'histoire des sciences en France, comme dans toute la théorie critique allemande, ce qu'il s'agit d'examiner, au fond, c'est bien une raison dont l'autonomie de structures porte avec soi l'histoire des dogmatismes et des despotismes. Une raison qui n'a par conséquent d'effet d'affranchissement qu'à condition qu'elle parvienne à se libérer d'elle-même. »[17] Ainsi sont réunies critique épistémologique des formes modernes de connaissance et entreprise politique d'émancipation.

Adorno définit *l'Aufklärung* comme « *la philosophie qui identifie la vérité au système scientifique.* » (DR p.95*)* Alors la critique-sauvetage des Lumières passe par une mise en coupe réglée de l'ensemble des principes de connaissance, dont le nom aujourd'hui est : positivisme. *La dialectique de la Raison* dans des raccourcis ravageurs identifie nominalisme, positivisme, émancipations-régressions odysséennes, perception fascisante du réel ; elle cautionne la thèse de Michel Foucault : rendre compte d'une raison *« dont l'autonomie de structures porte avec soi l'histoire des dogmatismes et des despotismes. »*

La même question se pose pour les deux auteurs : comment sauver les formes occidentales d'une pensée et d'une histoire qui contiennent en elles le meilleur et le pire, le meilleur dans l'obstination vers l'émancipation, le pire dans des structures de combat frontal qui réhabilitent les violences qu'elles prétendent surmonter ? En 1940, dans ses *thèses sur le concept d'histoire*, Walter Benjamin écrivait (thèse VI) : *« Le don d'attiser dans le passé l'étincelle de l'espérance n'apparaît qu'à l'historiographe intimement persuadé que si l'ennemi triomphe, même les morts ne seront pas en sûreté. Et cet ennemi n'a pas fini de triompher. »* Ce n'est plus un paradoxe de vouloir faire de Michel Foucault un héritier des entreprises adorniennes, ni de Adorno un héritier des Lumières. Les rêveries visionnaires de *La dialectique de la Raison* sur Ulysse, Kant ou Sade ne sont pas opposées au souci foucaldien de décrire des formes de subjectivités toujours historiques et différenciées. Il s'agit *« d'attiser dans le passé l'étincelle de l'espérance »*, de contribuer à la formation d'une nouvelle intelligence, capable de critiquer la rationalité avec ses propres armes, plutôt que de l'abandonner soit à ses défenseurs les plus naïfs, soit à ses détracteurs les plus régressifs. Le temps disjoint de *La dialectique de la Raison*, où les promesses non tenues du passé

---

[17] M. Foucault, op. cit. p. 763sq.

sont reprises dans un présent critique et démystificateur de ses propres héritages, confirme paradoxalement les objectifs foucaldiens : auto-élucidation critique et continuée des relations de la raison, dans ses objectifs de connaissance scientifique, à ses contextes sociaux, politiques et historiques. « *A doit être ce qu'il n'est pas encore* » (DN p.122), proclame une logique qui ne serait plus celle de l'identité, ni de l'exclusion, mais de l'affinité et de la dislocation. Michel Foucault a revendiqué l'héritage de l'Ecole de Francfort[18] : dans la passion pour la question « que sommes-nous aujourd'hui ? » (et non qui sommes-nous ?), question qui ouvre à autre chose qu'à la terrible logique de l'identité ; dans la conviction que la rationalité théorique n'a jamais été séparée des enjeux pratiques de pouvoir ; dans l'attention micrologique aux détails de l'histoire ; dans la quête des strates profondes de nos subjectivités présentes, où des nœuds se sont installés ; dans l'intention de les desserrer par des interprétations nouvelles. Ces deux attitudes, – pensées, gestes théoriques —, s'obstinent à rester fidèles à cette forme critique, qui implique de transformer, démystifier, dénoncer les collusions raison-domination, utiliser l'imagination pour « *relancer aussi loin et aussi largement que possible le travail indéfini de la liberté.* » [19] L'esprit n'a pas comme rôle de connaître la réalité comme si on comptait les pieds d'un mille-pattes, l'historien et le philosophe en sont tous les deux bien d'accord.

La dialectique de la Raison ne procède pas du labeur patient des archéologies historiques de Michel Foucault ; mais l'impatience de la liberté y est manifeste. Travailler sur Homère, associer Kant et Sade, pour en faire des illustrations-digressions du texte sur l'*Aufklärung*, c'est se moquer ouvertement des essentialismes, des historicismes, des linéarités qui se voudraient progressives et progressistes de l'histoire, des objectifs de globalité et de système. Il faut prendre la mesure de cette joie de penser, de cette excitation théorique qui allie la rigueur la plus exigeante au refus catégorique d'une architectonique conclusive, la liberté des associations aux regards micrologiques, qui s'immergent minutieusement dans des textes choisis, représentatifs des contradictions dialectiques des

---

18 *Dits et écrits*, t. IV, p 72 sq.

19 *Dits et écrits*, t. IV, p 574.

concepts à critiquer, raison, mythe et progrès. Le travail de la philosophie, répétera la séance du 20-07-1965 du cours sur Aristote, n'est pas de refléter ou copier ce qui existe, mais de le concevoir dans un « *bonheur de pensée* » propice à toute forme d'émancipation. Non pas un bonheur de maîtrise, mais un bonheur de distanciation et de gratuité, *« le bonheur de s'élever au-dessus de ce qui simplement existe. »*

Destin et sacrifice : Nietzsche, Dionysos, Euripide

« Libérer les hommes de la peur » (DR p.21), ce serait la fonction des Lumières. Elles sont le lieu de séparation d'avec le mythe, la nature, les dieux, le destin, les systèmes tyranniques du social. Mais ce dont on se sépare est toujours inclus dans l'acte de séparation. C'est pourquoi Ulysse maintient la domination des forces à quoi il s'affronte. « *Toute tentative ayant pour but de briser la contrainte exercée par la nature en brisant cette nature n'aboutit qu'à une soumission plus grande au joug de celle-ci.* »(DR p.30)

Il faudra donc « *expier selon l'ordre du temps* ». Dans ce contexte et pour la dialectique de l'émancipation et de la soumission, la tragédie grecque est aussi une forme essentielle de modernité.

Dans le travail de 1944, il n'en est jamais question, peut-être parce que l'époque l'est trop, tragique, peut-être aussi parce que ce registre de création ne concerne pas directement l'avancée vers la connaissance, ou qu'il n'est pas assez dialectique, au sens où il désespère toujours Billancourt. Cette omission est malgré tout étonnante, d'autant plus que l'introduction affirme à propos du texte sur Ulysse : « *Au centre se trouvent les concepts de sacrifice et de renoncement, dans lesquels se révèle la différence entre l'unité de la nature mythique et la domination de la nature.* » (DR p.19) Or quoi de plus essentiel pour traiter du sacrifice et de l'unité de la nature mythique que la référence aux Tragiques grecs ?

Le détour par Nietzsche est alors incontournable.

La naissance de la tragédie traite de façon exemplaire de la *« différence entre l'unité de la nature mythique et la domination de la nature »*. Dionysos et Apollon. L'art tragique, dit Nietzsche, par les cérémonies, la fête, la scène, les chants, la musique, aurait été une façon ordonnée, apollinienne, d'aspirer à l'indifférenciation première dont est sortie l'individuation, d'y aspirer et de s'en séparer : *« espoir d'une future destruction des frontières de l'individuation et pressentiment joyeux de l'unité restaurée »*, d'un côté, dont le prix est la défaite et la mort du héros, de l'autre. Restauration magique de l'unité avec le sublime de la nature, qui condamne l'individu à l'autodestruction. « *Nous devons par conséquent considérer l'état d'individuation comme la source et la cause originelle de toute souffrance, comme quelque chose de condamnable en soi.* »[20]

Les cérémonies théâtrales, – la tragédie, tragoedia, c'est la fête du bouc, l'animal fou de Dionysos, tragos –, sont nées probablement avec les fêtes des Panathénées, sous Pisistrate, celui-là même qui aurait fait fixer par écrit les textes de l'Iliade et l'Odyssée. Nietzsche choisit le Dionysos de la tradition orphique pour établir les thèses de son livre : né de Zeus et de Perséphone, mais tué et démembré par les Titans, le dieu naît une deuxième fois de Sémélè, une mortelle, après que son corps a été reconfiguré. Ainsi devenu hybride, il garde en lui la priorité du multiple sur l'un.

Or ce multiple n'est pas vivable. Il y faut l'unité. Sacralisée, dirait Adorno, elle devient à son tour tragique et mortifère. Unité de la nature perdue, unité de la conscience. Le héros tragique passe du destin à la liberté, de l'unité de la nature perdue à l'unité de sa conscience, en revendiquant pour lui-même la faute que les ancêtres ont commise. Expier selon l'ordre du temps... Il pose le sacrifice en manière de défi. Se dresser face au malheur et le faire sien, agir au lieu de subir, transformer la victime gémissante qu'on aurait pu être, et qu'on est en réalité, en responsable qui assume sa mort dans le silence assourdissant du non-sens, c'est l'orientation de son émancipation.

Le Dionysos des Mystères, démembré et souffrant, incarne à la fois la condamnation et la faute : le malheur de penser et de vouloir savoir, celui de l'isolement, de la séparation, de la conscience balbutiante de l'individu face à la totalité, naturelle et sociale. *« Dionysos, le seul être qui soit véritablement réel, apparaît dans une pluralité de figures, sous le masque d'un héros qui lutte et qui s'empêtre pour ainsi dire*

---

[20] Nietzsche, *La naissance de la tragédie*, trad. Philippe Lacoue-Labarthe, *Œuvres philosophiques complètes*, tome 1, Gallimard, NRF, 2008, ch. 8 à 10.

dans les rets de la volonté individuelle. Dès lors, tel qu'il apparaît dans ses actes et ses paroles, le dieu n'est pas sans ressembler à un individu qui erre, qui s'évertue et qui souffre. »

Alors que *La dialectique de la Raison* y voit l'illusion que la domination impose aux individus pour les perdre et les assujettir, Nietzsche en reste aux malheurs métaphysiques de l'identité, multiplicité abandonnée et nostalgique d'un retour toujours-déjà impossible à la totalité perdue.

En racontant la généalogie de la tragédie grecque, il retrouve ce mouvement de culbuto, dont Adorno affirme qu'il est le modèle des réponses aux grandes questions métaphysiques : qu'est-ce que la justice ? Quelles sont les relations entre l'un et le multiple, la totalité et la singularité ? Entre Dionysos et Apollon, la démesure et la mesure, le sublime et la raison, l'infini et le fini, la tension sera à la fois nécessaire et tragique : nécessaire pour conserver l'exaltation de la vie et le goût du savoir, tragique car elle tend à la limite de l'excès, la sacralisation de la mort, la disparition du sujet.

Si dans le moment de la tragédie grecque il s'agit d'agir, et non de subir, cette action consiste à accepter les principes de faute, de transgression et de châtiment. Force terrible de la transmission des héritages. Rien de nouveau sous le soleil à qui le malheur est destiné. Sauf à retourner sur soi la malédiction des souffrances, à les sacraliser et à en balbutier la gloire. Mais revendiquer une faute est-il libérateur si l'ordre injuste qui la désigne est maintenu dans son état ? Progression chaotique de la raison et de la liberté.

Dans *La Naissance de la Tragédie,* il y a des cruautés sadiennes, conduites sur un mode lyrique : jouissance de la mort du héros à proportion de son amour de la vie. Aucune consolation, mais aussi compassion infinie : sauvetage de la foi dans l'homme, capable d'espérer au nom même de ceux qui sont aspirés par les détresses du destin. Si l'affirmation de la puissance de la nature pouvait être une terrible allégorie de la puissance politique, on pourrait lire dans le texte de Nietzsche l'expression d'une dialectique secrète entre le désir d'émancipation et le mépris de soi exigé par le terrorisme social. Fulgurances dionysiaques comme critiques du malaise dans la civilisation, l'élan lyrique vers l'indifférencié pourrait bien se référer d'une part à la folie de l'espérance de réconciliation, d'autre part à la condamnation souveraine d'une petitesse bourgeoise dont l'égoïsme économique s'intéresse à la seule et étroite sauvegarde de sa conservation. Le tragique ne serait pas seulement le nom de la responsabilité sacrificielle. Le destin qui sanctionne l'apparente démesure des ambitions humaines pourrait cacher en réalité la démesure des violences sociales. Il ne s'agirait alors pas tant de la peur devant les forces dionysiaques de la nature, que de la peur du dominé face au dominant, ou du dominant face à plus fort que lui.

Pierre Vidal-Naquet et Jean-Pierre Vernant affirment que *« la tragédie prend naissance quand on commence à regarder le mythe avec l'œil du citoyen »*[21], c'est-à-dire l'œil de celui qui, pour assurer la réparation de l'outrage, et pour faire justice, cherche à désigner un coupable.

Mais qui dira si ces réalités politiques naissantes ne construisent pas à leur tour un nouveau mythe, celui de la paix démocratique, pour cacher d'autres violences ? Le texte d'Eschyle, *les Euménides*, est éclairant à cet égard. Athéna absout Oreste du meurtre de sa mère. Victoire de la justice sur la vengeance ? Ce n'est pas ce qu'elle dit : « *Je suis en tout et pour tout pour le mâle, jusqu'à l'hymen exclusivement, et je suis indubitablement du côté du père* » (*Les Euménides* vers 734 sq) Puis elle laisse leur place aux Erynnies, qui chantent : « *Que jamais la discorde insatiable ne gronde dans cette ville ! Que (les citoyens) échangent des joies dans un mutuel sentiment d'amitié et qu'il haïssent d'un même cœur ! C'est chez les mortels un remède à beaucoup de maux* (976 sq) »[22]. L'amour de la paix est garanti par la haine envers l'étranger ; il faut que l'ennemi commun soit visible, repérable et que l'unité du peuple se construise contre lui. Quel progrès des libertés est-ce là, si c'est pour cautionner la supériorité de l'ordre national sur l'ordre féodal et sur les autres peuples ? Et comment dire aussi à quel point le vieil ordre patriarcal est protégé, même renforcé ?

Ces questions ne sont pas si loin de Nietzsche qu'elles en ont l'air. Car le procès que le philosophe mène contre Euripide et Socrate montre qu'il considère que sont fossoyeurs de la tragédie ceux qui substituent aux représentations de la terreur et de la

---

[21] J.P.Vernant et P. Vidal-Naquet *Mythe et tragédie en Grèce ancienne*, tome 1, Maspero, Textes à l'appui, Paris, 1972, p. 27.

[22] Eschyle, *Les Euménides*, trad. Emile Chambry, in Théâtre complet, Garnier Flammarion, 1964.

disproportion des forces les délibérations politiques et morales sur ce que peut être une vie juste dans une cité démocratique, qui cache sous les principes de justice et de rationalité la pratique du droit de mettre à mort ou de laisser vivre. Sauf que peut-être Euripide est plus critique qu'il a bien voulu le dire… et qu'il ne laisse pas le héros seul aux prises avec sa culpabilité. Dans la tragédie de *Médée* c'est assez clair.

Euripide, d'après Nietzsche, rompt définitivement avec l'emprise mythique du retour nostalgique à l'indifférencié. Il laïcise en quelque sorte le mythe en installant les aventures des héros dans des préoccupations quotidiennes, l'amour, le mariage, le pouvoir, et remplace les menaces divines de châtiments par la logique dramatique de l'exacerbation des plus grandes passions. Homme nouveau, il fait disparaître le conflit entre les forces dionysiaques et exorbitantes de la nature d'un côté et les souffrances de l'individuation du héros de l'autre. Avec lui le citoyen athénien passe du monde de la métaphysique et de la religion à celui de la politique et des mœurs. L'objectif désormais, c'est de faire réfléchir autant que de faire sentir ; artiste philosophe, « *poète du socratisme esthétique* », il garde la forme de la tragédie, mais en modifie radicalement le sens.

Dans l'écart imposé d'avec les formes anciennes de la mythologie, dans l'extraordinaire enthousiasme pour l'argumentation rationnelle, dans l'appel à la conscience, la logique, la clarté devant la mise en scène des désordres de la passion et des confusions des cœurs, Euripide introduirait dans la vie de la pensée de nouvelles Lumières. Lumières funestes, dit Nietzsche, qui abîment la rage existentielle de la conscience révoltée devant notre condition. Avec Euripide, affirme-t-il avec sa corrosion habituelle, « *c'est l'homme de tous les jours qui passa des gradins à la scène et le miroir, qui ne reflétait naguère que les traits de la grandeur et de l'intrépidité accusa désormais cette fidélité exaspérante qui reproduit scrupuleusement jusqu'aux ratés de la nature.* »[23]. Il abandonne « *l'élément dionysiaque de l'art ancien.* » (P. 97) Humanisme « plat », vidangeur des terribles forces qui magnifient l'amour tragique de la vie. Humanisme destructeur de l'essence même de la tragédie. « *La médiocrité bourgeoise sur laquelle*

[23] Nietzsche *La naissance de la tragédie*, op. cit. chapitre 11.

Euripide fonda toutes ses espérances politiques avait maintenant la parole, alors que jusque-là c'est le demi-dieu qui avait déterminé le ton du verbe tragique. » p. 75)

Destructeur ou émancipateur ? Le spectacle s'oriente autrement : il se situe désormais à l'intérieur de l'âme humaine, dans une « *hypertrophie de l'esprit critique* » et un « *rationalisme indiscret.* »(p. 83)

On raconte que Socrate ne manquait aucun des spectacles proposés par son ami. Socrate ironique, Socrate soucieux de dénouer les liens du savoir et du pouvoir, Socrate introduisant de nouveaux dieux dans la cité, ceux de la subjectivité critique et de la morale, Socrate anti-Dionysos, ou anti-nature, aurait sans doute cautionné, en les glorifiant, les analyses de Nietzsche sur ce « fossoyeur » du Chœur tragique. Socrate pédagogue détrône le héros de la tragédie. Il apprend qu'il faut « apprendre à mourir », il fait de la mort une extériorité naturelle qui a moins d'importance que la pratique de la vertu, et il propose de s'émanciper de la peur.

Euripide et *Médée*

La *Médée* d'Euripide est emblématique de ces transformations. Marie Delcourt[24] explique que la pièce a été écrite au moment d'attaques violentes contre Périclès, du bannissement d'Anaxagore, astronome savant non athénien accusé d'impiété et de libre pensée. Euripide était un ami fidèle d'Anaxagore, et il est probable que bien des passages de la tragédie aient évoqué pour les spectateurs leur xénophobie montante. L'inscription de l'œuvre dans son contexte traduit les exhortations du poète à traiter autrement les savants étrangers, et rendre compte des nombreuses discussions qui avaient lieu à Athènes sur la place et le rôle des femmes dans la Cité.

En – 431, la tragédie n'obtient que la troisième et dernière place au concours dramatique des Dionysies. Rien d'étonnant, tant elle inquiète à la fois les codes classiques des relations du destin et du châtiment et les attendus de l'ordre quotidien. Peut-on raisonnablement introduire dans un spectacle le niveau des conversations et discussions quotidiennes dans une inversion totale

[24] Marie Delcourt, *La vie d'Euripide*, éditions Labor, Bruxelles, 2004 p 88-100.

des rapports de force et faire pleurer, sans rage stupéfaite, sur les transgressions monstrueuses et possibles de cet ordre quotidien ? Trop c'est trop… Si les femmes se mettent à tuer leurs enfants simplement parce que leurs maris les trompent… « *Comment chanter et faire chanter une héroïne barbare divinisée dont l'histoire nie toutes les valeurs de l'"oikos", tel est le suspens de la pièce : le duo final entre Jason et Médée doit répondre à cette attente »,* écrit Florence Dupont. [25] Il n'y répond pas, sinon par des accusations réciproques : « *Ô mes enfants, quelle criminelle était votre mère !* » dit Jason. « *Quelle fut, mes enfants, la faute paternelle qui vous perdit !* », chante aussitôt Médée alors qu'elle s'apprête à quitter Corinthe pour les ensevelir « *de sa main* ». (vers 1363-64) A ce jeu de réparties le gagnant c'est la mort, et d'abord la mort des opinions, puis la sidération des émotions. Est-ce à dire que Médée infanticide et régicide qui s'envole triomphante dans le char du Soleil est légitimée de sa vengeance ? Et qui est le véritable héros tragique ? Est-ce Jason, qui est puni d'avoir transgressé les lois d'une union dont les liens ont été rendus sacrés devant les dieux ? Est-ce Médée, qui réparerait par le meurtre de ses fils sa trahison envers son père et sa patrie ? Cependant Médée ne part pas pour expier, mais parce qu'elle a réussi à bouleverser le monde. La sanction ne la touche plus. Le meurtre l'installe au-delà du bien et du mal, et elle s'enfuit dans le char du Soleil. La fin de la tragédie n'est pas tragique pour tout le monde…

On pourrait voir Médée avec l'œil critique de Socrate, qui déplace le tragique de la mort vers celui de la démesure, ce que confirmera d'ailleurs le traitement que Sénèque opère dans sa présentation de l'héroïne. Ni héros odysséen, ni héros tragique, Socrate figure une troisième voie : la mort en elle-même n'est rien, car l'essentiel est ailleurs. Dans la vie juste. La fin du texte d'Euripide confirme le diagnostic : Médée ne meurt pas ; car le scandale a déjà eu lieu : non dans la mort annoncée, mais dans l'exercice irrationnel des maladies de l'âme et dans ses conséquences. Médée revendique son crime, exige de ne rien expier. Quand on est au-delà du pire, subir une injustice permet de la commettre en la multipliant…

[25] Euripide, *Médée*, traduction et introduction de Florence Dupont, éditions Kimé, Paris, 2009, p 13.

Une grande partie de *La dialectique de la Raison*, dans le fragment sur Ulysse, est consacrée à la question de savoir quelle est la valeur du sacrifice et si ce remède n'est pas pire que le mal. « *Toute démythisation se présente comme l'inéluctable expérience de la vanité et de l'inutilité des sacrifices.* » (DR p. 67). Se sacrifier pour quoi ? Destin, répétition du même, si c'était la plus grande mythologie mystificatrice de tous les temps, d'y croire ? Face au héros de la tragédie grecque dont la liberté se conjugue sous les formes de la culpabilité et du châtiment, le Kant des Lumières aurait pu intimer : « Ose penser par toi-même, sors de la minorité qui te tient en tutelle, deviens adulte et libre ! Et s'il y a de la responsabilité, éloigne-la de la religion et des dieux, réfère-la à la loi morale, dont la présence à l'intérieur de toi te confère ta dignité et ta liberté. » Médée ne se réfère qu'à sa vengeance de femme trahie, elle ne sent responsable ni coupable de rien. Euripide invente un personnage féminin dans l'exacerbation d'une passion, sans remords et sans soumission ; être sans destin et par qui le péril arrive ; il transforme le chef des Argonautes en petit sophiste irresponsable, inconscient des dangers qui le guettent. Pas de châtiment divin, pas de revendication de culpabilité. Par cet écart magistral avec les règles de la tradition il trouve de nouvelles questions : parce qu'il traite ensemble des femmes, des étrangers, et des deux formes de savoir, le grec et le barbare, il éclaire peut-être le meilleur de la démocratie, la capacité pour la domination de s'autocritiquer. Médée est monstrueuse, mais elle est aussi du côté des victimes.

L'esthétisme socratique joue la démocratisation des forces sociales qui emploient l'argumentation à la fois pour s'émanciper et pour reconduire la puissance de la domination. Rapporter le texte d'Euripide, et puis aussi celui de Sénèque, – dont on verra dans la quatrième partie les modifications radicales qu'il opère sur les caractères de Médée et Jason –, aux questions épistémologiques, morales et politiques de la domination, c'est amplifier l'écho des critiques que l'Ecole de Francfort adresse à nos siècles présents.

Pour comprendre un texte, dit Adorno, il faut souvent l'infléchir de nouvelle façon (*3 études sur Hegel* p.144) ; c'est un signe de fidélité. L'héritage n'est pas répétition. Le début du XXIème siècle ne ressemble pas à la fin de la deuxième guerre mondiale :

pas du tout la même chose, et la même chose malgré tout. Des formes fascistes de la pensée dominante, des peurs et des terreurs cultivées pour et par des pouvoirs catégoriques et catégoriels, des développements techniques exponentiels tenant lieu de liberté mythique, des monopoles grandissants cachant la répression sous les apparences de l'égalité, le travail de dénonciation critique est lourd et à long terme. Or la pensée d'Adorno est un magnifique outil de conceptualisation contemporaine.

Mise en constellation, distance libre, affinités et mimesis, la *digression 1* peut être prolongée. Et quoi mieux que les aventures des Argonautes se prêterait à la comparaison avec l'Odyssée ? D'autant que les transformations que Jason subit dans la tragédie d'Euripide sont tellement spectaculaires qu'on croirait qu'elles anticipent la critique adornienne du personnage d'Ulysse ! Critique qu'on peut éclairer aussi par cette représentation fantastique de l'infanticide. Euripide invente la situation où Médée tue ses enfants, et la postérité a retenu d'abord, de toutes les facettes du personnage, sa folie désespérée. Lorsque Sénèque, dans le monde latin, au 1er siècle après Jésus Christ, reprend le mythe, il n'hésite pas une seconde. Euripide sera son maître et il rend plus spectaculaire encore la monstruosité de cette femme. De ces deux Médée, celle d'Euripide et celle de Sénèque quelle est celle qui pourrait rendre le mieux compte des obstinations catastrophiques de nos guerres et terreurs actuelles ? Ulysse et Jason, Ulysse et les deux Médée, le mieux est peut-être de les faire vivre en constellation, et de montrer ainsi à quel point *la dialectique de la Raison* est stimulante et féconde…

Jason, Ulysse, Médée

Les aventures de Jason et Médée ont donné lieu, dans la grande antiquité grecque, à une multitude de rites, et pendant très longtemps. Aussi connue que celle d'Ulysse, la légende des Argonautes est vraisemblablement liée à son expansion maritime. Dans une histoire très complète des avatars du mythe[26], Alain

---

[26] A. Moreau, *le mythe de Jason et Médée, le va-nu-pieds et la sorcière*, Paris, Les belles Lettres, coll. Vérité des mythes, 1994.

Moreau propose comme hypothèse plausible pour la naissance et l'expansion du récit l'époque mycénienne, environ 1500 ans av. J.-C. Il y eut très tôt, dit-il, des cultes dédiés à Jason, voyageur, fondateur de cités et aussi guérisseur. *« Jason, premier navigateur, explorateur de terres lointaines, fut célébré sur les lieux de ses aventures. Il y avait un oracle de Jason, à Sinope. En Arménie, en Médie et dans les pays voisins, on l'honorait par des Jeux, les "Iasonia", et on lui rendait les honneurs divins, à tel point que Parménion, le général d'Alexandre le Grand, ordonna leur suppression afin que le nom de personne ne fut plus vénéré en Orient que celui d'Alexandre... »* On peut mesurer ici la stupéfaction des spectateurs athéniens de l'époque classique à voir s'installer, au lieu d'un héros presque divinisé, un Jason veule, mesquin, plutôt bête, inconscient des pouvoirs de nuisance de cette étrangère dont la folie amoureuse ne pouvait tolérer aucune infidélité. Euripide transforme radicalement le sens des personnages.

Cette présentation iconoclaste fait de Jason à la fois l'ancêtre, le continuateur, la figure inversée, le symétrique et l'anamorphose du héros de l'Odyssée.

Il est en effet, d'emblée, en contraste parfait avec son contemporain. Ulysse sans doute est un navigateur, mais il est aussi et surtout, rappelle Adorno, un propriétaire terrien, agriculteur, dans un pays où la vigne, l'olivier et le blé signent la véritable civilisation. Jason sera au contraire toujours nomade, sans terre qui lui appartienne, puisque dans la plupart des récits, – sauf celui d'Hésiode –, il ne retrouve pas le trône que Pélias lui avait volé. Ce nomadisme est encore plus insistant dans le théâtre tragique. Chassé de partout, il l'est d'autant plus que Médée empêche, par ses forfaits, tout retour possible. Il n'est pas un « national » au sens où les Grecs comprenaient le mot de patrie : propriété des femmes, des enfants, d'une maison, d'un sol. Il est désespérément errant. Va-nu-pied, – une seule sandale, dit la légende –, il est toujours à la recherche d'un royaume qui lui tiendrait lieu de puissance légitime ; mais il est chassé de partout, et son espoir d'installation enfin définitive se termine, chez Euripide, par un embrasement final.

L'*Odyssée* est un retour heureux ; le maître d'Ithaque pourra « *vivre entre ses parents le reste de son âge* ». Les Argonautes au contraire figurent un aller conquérant, mais un retour impossible. Poursuivi inlassablement par Acaste, le fils de Pélias assassiné par ses filles sous le coup des machinations de la sorcière Médée, le couple infernal ne trouvera d'asile que dans sa destruction.

Promesse d'une mort « *réconciliée* » que celle d'Ulysse, dit Adorno, accompagnée par « *le sentiment de son unité épique avec une vie bien remplie.* » (*Dialectique négative* p. 289) Mort ignoble et dérisoire que celle de Jason, écrasé, dit-on, par la chute d'une poutre pourrie du navire Argô, abandonné depuis longtemps sur une rive de Corinthe, après les terribles forfaits que Médée a commis.

Figures inversées encore quand il s'agit des relations masculin-féminin. Ulysse refuse l'immortalité proposée par Calypso, il couche avec Circé, certes, – c'est pour la bonne cause, sauver ses compagnons –, mais il refuse catégoriquement de se laisser aller à ce plaisir divin, qui l'aurait perdu pour toujours. Sa fidélité envers Pénélope n'a d'égale que la fidélité de sa femme envers lui. Couple parfait dont le lien ressemble à ce lit conjugal fabriqué autour d'un olivier centenaire et indéracinable. Mariage de propriétaire, toujours et partout. Combien alors Jason s'oppose à lui ! Dante retiendra, dans sa visite au huitième cercle de l'Enfer, ce que Virgile en aurait dit : insistance sur l'infidélité, la trahison, et la lutte à mort entre hommes et femmes ; l'épisode des Lemniennes, « *tueuses de maris* », dans les premiers moments de la conquête de la Toison aurait préfiguré la vengeance de Médée.

L'épopée des Argonautes est toute pénétrée de magie et Jason légendaire est le héros des « contes de nourrices », enfant pervers polymorphe qui n'a ni la distance ni la patience de l'humanisme naissant dans le calcul difficile des formes de son émancipation.

Le temps de Jason n'est pas le temps de la construction de projets. Il vit résolument dans le présent, il ne sait ni attendre, ni renoncer, ni différer, ni même se souvenir ; il prend sans vraiment vaincre, il est dans la brutalité naïve de l'enfant qui croit que tout lui est dû. Bien en deçà, on le voit, de l'humanisme d'Homère. Il est dans l'innocence sauvage, et l'ignorance des lois mêmes de la nature. Le navire Argô possède une poutre qui parle, la magie de Médée est toujours là pour accomplir ses désirs, par exemple rajeunir son père ou le venger de Pélias, et si du début à la fin il déjoue la règle naturelle de la priorité du plus fort sur le plus faible on ne peut pas dire que ce soit vraiment de son fait : c'est grâce à l'onguent de Prométhée qu'il attelle les taureaux magiques, c'est Médée qui lui dicte sa conduite quand il affronte les hommes armés sortis de terre pour le détruire. Pour lui, pas de construction lente de projets, pas de sacrifices ni de renoncements volontaires : il est dans la frénésie du « tout tout de suite », et prêt à tous les moyens pour y parvenir. C'est grâce à Aphrodite qu'il obtient l'amour de la princesse colchidienne, et il se servira d'elle tant qu'il en aura besoin. Le roi de Corinthe lui propose mariage avec sa fille, qu'à cela ne tienne, il répudiera Médée, oubliera les serments passés, sans réfléchir aux pouvoirs de vengeance d'une femme abandonnée. Il n'est pas vraiment calculateur, ni rusé. La ruse, c'est Médée qui la pratique. Même si chez Euripide il invente une rhétorique sophistique redoutable, il le fait dans la certitude confiante d'être de toute façon le vainqueur. Il ne construit pas son identité dans le travail d'une subjectivité volontaire et solitaire, il cherche sans arrêt de l'aide, auprès des dieux, des femmes, ou des rencontres de hasard. Au contraire de la construction de soi par maîtrise et mesure, il représente le rêve du plaisir immédiat, de l'inconscience morale ; voleur et meurtrier qui se nourrit de promesses non tenues, cynique et opportuniste, il ressemble à la description que *La dialectique de la Raison* donne de la cruauté du héros épique : « *Il retourne à l'innocence de la bête de proie, tel un monstre exultant qui s'en va, après une série effroyable de meurtres, d'incendies, de violations, de tortures, avec l'insolence et la sérénité de ceux qui n'ont fait qu'une farce d'étudiants, convaincus que les poètes auront de nouveau et pour longtemps quelque chose à chanter et célébrer…* » (Nietzsche, *Généalogie de la morale*, cité par Adorno et Horkheimer DR p.107) Il est bien en deçà du monde rationnel bourgeois modélisé par Ulysse l'ingénieux.

On voit combien ce Jason nous ressemble : la quête de la toison d'or évoque ce monde de l'impérialisme financier, des délocalisations, de l'échange généralisé des marchandises, à la suite d'un capitalisme sauvage toujours à l'affût de l'expansion du profit, sans patrie, et dans une domination abstraite et décharnée. Jason pour toujours aura perdu son âme : dans la quête de la toison d'or, il a découvert un accélérateur fantastique de sa volonté de puissance, mais il s'est piégé lui-même ; on peut supposer que la cupidité du prince s'est transformée en ivresse, incapable de voir le poids des désespoirs dont il s'est chargé en contrepartie. Jason victime de sa folie financière détruit jusqu'aux dieux qui l'ont aidé à devenir riche. « *Va* », dit le Jason de Sénèque à Médée après qu'elle a tué et jeté ses enfants à ses pieds, « *Parcours le ciel et les espaces légers de l'éther/ Va témoigner partout où tu iras/ Que les dieux n'existent pas.* »[27]

Tête de mort, il pourrait bien être aussi une figure d'Ulysse en anamorphose. Car l'humanisme solitaire, le fait de se déprendre des dieux, de triompher des forces de la nature et de pouvoir les dominer, peut aboutir à des scandales d'inhumanité dont Homère n'a pas idée. C'est au fond un jouisseur nihiliste, pour lequel seules vont compter les forces du pouvoir et de l'argent. Jason, le « dernier homme ». *« Hélas ! ce qui vient, c'est l'époque de l'homme méprisable entre tous, qui ne saura même plus se mépriser lui-même* », prédit le Zarathoustra de Nietzsche.

Cet « *homme qui vient* », Jason, « *méprisable entre tous* », n'est pas seul. Pourra-t-on voir dans la Médée tragique, inventée par Euripide, celle qui va lancer « *par-delà l'humanité la flèche de son désir* » ? Celle qui posera les questions essentielles : « *Qu'est-ce qu'aimer ? Qu'est-ce que créer ? Qu'est-ce que désirer ? Qu'est-ce qu'une étoile* »[28] Et qui répondra dans la plus grande brutalité que son étoile est d'une éblouissante noirceur, que son désir vibre de vengeance tout autant que de justice, de meurtre, mais aussi de vie : la vie qu'on lui promet, jamais ; plutôt tout faire disparaître et tout recommencer. Une autre vie, sans doute : mais laquelle ? Dans Euripide elle courra vers Athènes, où Egée, le roi, lui a promis, dans son ignorance, l'hospitalité inconditionnelle ; dans Sénèque elle se vengera dans une cruauté exponentielle et assumée envers son mari et dans la mémoire retrouvée de sa Colchide natale. Quelles vérités dans ces orientations contradictoires ? « Regarde bien », aurait dit Adorno à Ulysse en montrant la figure de Médée dans la tragédie : « il te faut prendre des leçons d'abîme. »

---

27 Sénèque *Théâtre complet*, trad. Florence Dupont, volume 2, éd. Imprimerie nationale, Le spectateur français,1996. Pour la commodité de lecture, Florence Dupont divise le texte en 11 scènes et 4 voix de chœur.

28 Nietzsche, *Ainsi parlait Zarathoustra, prologue de Zarathoustra*, §5.

A compacter les légendes et les tragédies, l'histoire de Médée devient l'histoire d'une femme savante et puissante, étrangère, exilée volontaire par amour, délaissée, abandonnée, exclue, dans la plus atroce des solitudes, qui se transforme en tortionnaire et va tout détruire autour d'elle ; un monstre qui, s'envolant triomphant dans le char du soleil, ressemblerait à ce SS confirmant au rabbin la promesse de l'extermination : « *Demain tu sortiras de cette cheminée sous forme de volutes de fumée.* » C'est, dit Adorno, *« la plus exacte formulation de la perversion satanique de l'idée métaphysique »*. (Métaphysique 14ème leçon p 163) Médée juive et nazie à la fois. Comment s'en approcher, sinon autrement que dans la dénonciation, la terreur, la fascination ?

Oui, pour sauver et critiquer les Lumières contemporaines, la référence à Médée permet de renforcer, compléter, s'immerger dans et se distancier librement des thèses de *La dialectique de la Raison.* Médée dans sa monstruosité tragique ose crier le fond de la détresse, appeler au secours, n'être pas entendue, dans le contexte paisible et humaniste des certitudes de l'ordre social. Adorno pourrait-il la sauver, au point que nous, femmes du présent, puissions lui tenir la main ?

Médée dessine dans le texte d'Euripide une redoutable constellation : femme, – à la fois amoureuse, épouse et mère –, étrangère, – exilée, inassimilable et dangereuse –, savante, – sorcière et puissante en raison. Femme, étrangère, savante, c'est la politique mortifère de l'identité qui est mise à mal. Quelle est cette métaphysique qui soutient la hiérarchie des places soumettant le féminin au masculin, l'étranger à l'autochtone, et garde le savoir dans l'univers du pouvoir et de la domination ? Tout le travail de Adorno et Horkheimer, propose, en ces années 1944, des ébauches de réponses.

Je vous aime, Adorno, aurait supplié Médée dans sa folie paranoïaque. Critiquer et sauver…

La figure de cette femme, telle que nous croyons la connaître, pour extraordinaire et fameuse qu'elle soit, est l'aboutissement d'un long élagage. Et s'il y a un « concept » Médée, inspiré de la tragédie, il ne faut pas oublier qu'il s'appuie sur des mouvements bien plus variés et contradictoires qui rendent l'histoire moins destinale et moins apocalyptique.

Le livre d'Alain Moreau explique que Médée, à l'origine, était probablement, comme Jason, une figure solaire. Hésiode la range dans le catalogue des *« immortelles entrées au lit d'hommes mortels »*. Divinité agraire, célébrée dans des rituels de végétation dans le Proche-Orient, puis particulièrement à Corinthe et Iolcos, elle devient peu à peu une princesse colchidienne. « *Il ne paraît pas téméraire d'affirmer qu'avant de se métamorphoser en une barbare, sorcière et infanticide, Médée fut une déesse-mère, proche de Cybèle, Rhéa ou Gaïa, honorée aussi bien dans le Péloponnèse que dans l'Isthme, la Grèce centrale et la Grèce septentrionale. Déesse chtonienne et agraire, à une époque indéterminée, mais ancienne, elle fut détrônée par les déesses du panthéon olympien (Héra surtout, mais aussi Déméter et Artémis) et réduite au statut d'héroïne. Les pratiques d'immortalisation, qui étaient un signe de sa divinité, se dégradèrent en pratiques magiques de sorcellerie.* »[29] Acculturation, nouvelles religions imposées de force, ces changements de figures font signe vers nos violences européennes, celles qui vivent du mépris des « sauvages » polythéistes, animistes, totémistes ou de pensée analogiste.

A suivre avec précision toutes les figures au travers desquelles elle passe au cours des temps, on est stupéfait par leur variété, la logique coloniale de leur évolution, et la diversité des histoires possibles que la tragédie aurait pu raconter. Stupéfaits aussi par l'importance qu'a prise l'invention d'Euripide. Médée n'a pas toujours été infanticide, et les différents rites, en Grèce, l'associent davantage à l'étrangère qu'à la meurtrière. Par exemple Alain Moreau raconte que le souvenir de la très ancienne déesse agraire se perpétuait lors des fêtes de l'Aiora à Athènes, où la coutume était pour des jeunes filles de chanter la chanson de l'*alétis* (l'errante, la vagabonde) assises sur des balançoires suspendues pour l'occasion aux branches des arbres. Voyage : partir d'ici pour aller ailleurs, de la terre au ciel, avant-arrière, jeu du monde, circulation du désir, amour de l'étranger, il y a de tout dans les rêves de cette Colchide dorée. Les enfants de Médée et Jason n'ont jamais connu non plus le sort que leur invente Euripide : certains sont restés

---

[29] A. Moreau, op.cit. p. 112.

vivants, ont construit des cités, d'autres sont morts, mais de façons diverses, tantôt sous les coups des Corinthiens, tantôt sous l'effet d'une règle divine. Pausanias raconte que Jason et Médée prirent le pouvoir à Corinthe et que, après la naissance des deux enfants, Médée alla les cacher dans le sanctuaire d'Héra, s'imaginant les rendre immortels. Jason rompit le cercle magique en y pénétrant sans y être invité ; dans la terreur de ce spectacle, il aurait détruit la puissance des incantations, et ses fils en seraient morts. D'autres interprètes la présentent comme ayant inventé les bains de vapeur qui font maigrir… A l'époque latine, raconte aussi Florence Dupont[30], Médée est fréquemment représentée sur les sarcophages des petits enfants morts prématurément, elle est la figure conduisant leurs âmes vers l'immortalité. Enfin d'autres versions font des Corinthiens eux-mêmes les auteurs du meurtre. Dans cette ville des rites d'expiation avaient lieu, bien avant l'époque d'Euripide, et ce dernier s'en est probablement inspiré. « *En expiation du meurtre des deux fils de Médée, des sacrifices annuels furent institués, les enfants rasèrent leurs cheveux et portèrent des vêtements noirs* », écrit encore Alain Moreau[31]. Les causalités qui amènent Médée à tuer ses enfants n'ont pas le caractère de destin inéluctable qui donnera pour la postérité son identité à cette femme tragique. Médée déesse et maîtresse du temps a du mal à devenir la simple mortelle d'une histoire où sa responsabilité la fera coupable, victime et monstrueuse.

Pourquoi cette fortune si grande d'une Médée infanticide, qui couple les figures de l'exil et du savoir avec celles du terrorisme ? *« Les hommes attendent que ce monde sans issue soit mis à feu par une totalité qu'ils constituent eux-mêmes et sur laquelle ils ne peuvent rien.* » (DR p.45) Médée désespérée invente a contrario l'amour maternel et la détresse de l'innocence, Jason cynique et politique montre la face noire de la démocratie. Tous deux sont devenus les correspondants paradoxaux d'Ulysse. L'humanisme d'Ulysse trouve sa critique radicale dans ces figures tragiques, qui subvertissent la grandeur du

---

30 Florence Dupont, "*Médée de Sénèque, ou comment sortir de l'humanité*", Belin-Sup-Lettres, 2000.

31 A. Moreau op. cit. p 102.

héros, refusent de faire de la mort une assomption souveraine de la culpabilité.

« *On devrait définir le comportement esthétique comme la faculté de ressentir quelque effroi, comme si la chair de poule était la première image esthétique. Ce qu'on appelle plus tard subjectivité, qui se libère de la peur aveugle de l'effroi, en est en même temps le déploiement ; rien n'est vie dans le sujet si ce n'est l'effroi, réaction à l'emprise.* »[32] La Médée d'Euripide, et plus encore celle de Sénèque, corrélée à l'impuissance sophistique et lâche de Jason, est un puissant antidote aux illusions de l'humanisme triomphant.

Adorno a cherché à construire une métaphysique « négative » pour démystifier la prétention scientifique et soi-disant objective à connaître la nature pour mieux la maîtriser, il a voulu trouver ce qui partout sera irréductible et insistant : le « petit », le « fragile », le « souffrant ». Pouvoir imaginer d'autres traitements que les antiques et tragiques folies : comment résister à la violence sans la reproduire, comment dire ce qui souffre dans une langue qui ne soit pas celle de la vengeance ou de la revendication haineuse ? Voilà ce qui sonne comme projet très contemporain. Médée envolée dans le char du soleil exige autre chose qu'un recommencement éternel de ses assassinats.

Ulysse, Jason et Médée ont cet avantage culturel qu'ils sont des noms propres, toujours particuliers et uniques, et qu'ils sont universels, au sens où ils répondent à des expériences sensibles, celles des souffrances, des ruses, de l'errance, de l'ambition, du pouvoir, des sacrifices et des destructions ; ces expériences interpellent aussi bien notre époque que celles du passé. Ce sont des « *images dialectiques* » au sens benjaminien du terme : des images capables d'émerger dans le présent pour faire bouger les fétiches, provoquer le choc émotionnel destiné à tenter de désensorceler ce qui a l'apparence du destin, ou de la nécessité du malheur. Associer Ulysse, le premier Auklärer, à Jason et à Médée dans l'analyse des progressions-régressions des Lumières confirme sans doute le sombre diagnostic des auteurs, mais nous invite pourtant en même temps à ne pas abandonner le goût de la critique et de la liberté. La

---

32 Adorno, *Théorie esthétique,* trad. Marc Jimenez et Eliane Kaufholz, Klincksieck, Paris, 1989, p 419.

Raison, dans son ambition de progrès et d'émancipation, disent-ils, est « *paralysée par la crainte que lui inspire la vérité* ». La vérité c'est que cette religion du progrès, construite au fil des temps, a régressé jusqu'à des formes de violence préhistoriques, et qu'il est faux de dire que le langage et la science sont des simples duplications et descriptions d'une réalité indépendante. Seule une dialectique matérialiste, ou non violente pourrait rendre justice à tout ce que l'histoire et les sociétés ont soumis à leurs modèles d'exploitation. Médée, Jason, Ulysse, sont des légendes et des noms d'œuvres d'art ; comme parlent les ruines, ils disent ce qui reste du passé dans le présent, et ce qu'on peut espérer de la terrible beauté du monde.

CHAPITRE 2
LES AVENTURES DE L'ABSTRACTION

La langue de la magie

« La philosophie n'est ni science ni ce en quoi le positivisme voudrait la dégrader avec un oximoron stupide, une poésie spéculative, mais une forme aussi médiatisée face à ce qui est différent d'elle qu'elle en est détachée. » (DN p. 92) Le philosophe participe de la vie de son objet, et c'est dans la résistance de l'un par rapport à l'autre que se construit une connaissance féconde, fragile et incertaine. *« Ce qu'elle a de flottant n'est rien d'autre que l'expression de l'inexprimable. »* Cette conscience de la fragilité du vrai, du « flottement » des concepts, cet effort de rigueur sans système commandent toutes les analyses de *La dialectique de la Raison.* Il ne faut pas voir la violence des attaques qui y sont menées comme le signe d'un dogmatisme délirant, mais précisément comme celui d'une obstination rigoureuse pour s'approcher des terreurs concrètes de l'époque : le fascisme, le nazisme, la guerre, la « mondialisation » déjà affirmée, l'histoire comme torrent de larmes, et la dénégation monstrueuse de ces réalités dans l'affirmation du progrès. Comment parler sous le mode philosophique, dans la rigueur difficile et froide des concepts, de la gigantesque colère que peuvent éprouver les rescapés du malheur du monde ? En pratiquant la « *négation déterminée* » de ces concepts, et en cherchant l'affinité avec ce qui a été violenté dans leur abstraction généralisante et l'architecture des discours.

Adorno et Horkheimer retrouvent dans le texte sur Ulysse la rage policée de l'*Essai sur l'origine des langues.* Ils vont procéder, sans doute dans des intentions politiques similaires, à une archéologie du langage. Changer la langue pour changer la vie. Rousseau cherche l'essence d'une parole vraie, et s'oppose aux hypothèses des empiristes anglo-saxons sur la naissance du langage humain. Hume disait que la relation d'intérêt était à l'origine des premières sociétés. « Aide-moi », le premier mot signe la conscience de l'individu solitaire face à des objectifs d'utilisation et de transformation de la nature. Ce n'est pas « Aide-moi », écrit Rousseau, mais « Aime-moi » qu'il faut entendre, du moins dans les accents musicaux des habitants du Sud. Ce sont les passions qui unissent les hommes, non pas les impératifs de l'économie. Et quand il faudra parler d'intérêt général, il s'agira de concrétiser une solidarité de cœur, dans la reconnaissance de l'universalité des mêmes revendications à pouvoir être heureux. *La dialectique de la Raison* visite à nouveaux frais ces hypothèses : ni appel à l'aide, ni demande d'amour, le premier mot aura été un cri de terreur : « Au secours ! » Interjection tragique, sans certitude qu'il y ait interlocuteur, ni que cet interlocuteur soit favorable. Ne pas savoir si l'amour ne se transformera pas en haine ; dépendre de ses semblables, et de la nature, en les supposant hostiles en même temps que salvateurs. L'homme est un être de besoin, c'est sûr, un être de passions, aussi, mais c'est d'abord un être de détresse. La première phrase signerait le péché originel de la connaissance : l'épouvante devant la conscience de notre fragilité et l'incertitude face à la bienveillance de ce qui nous entoure. Alors l'angoisse primordiale se serait orientée vers un désir féroce de domination, dans un souci d'autoconservation. Il y a plusieurs façons de réagir à la détresse, la rage de la domination en est une.

Tautologie de la terreur elle-même, la langue va grandir et se transformer, par l'intermédiaire de la production de la magie d'abord, des religions ensuite. *« Dès que le langage entre dans l'histoire, ses maîtres sont des prêtres et des sorciers. »* (DR p.37) Son caractère premier est d'être mimétique et performatif : le sorcier agit sur les hommes pour fléchir les dieux dont la puissance est magiquement aussi constamment restaurée. Il agit dans la proximité avec cette force supposée qu'il faudra fléchir. Terreur, imitation, pouvoir. *« Les dieux ne peuvent pas éloigner la peur de l'homme, cette peur dont leur nom est l'écho pétrifié. »* (DR p.33) Adorno et Horkheimer opposent les caractères de la langue sacrée de la magie à la langue profane de nos cultures « à progrès ». Imitation, identification à une multitude de qualités, possibilité de substitution spécifique, caractère unique de ce qui est ici et maintenant, inaptitude à l'échange quantitatif, affinité, ressemblance entre noms et choses, pratiques locales et non transportables, sentiment que le monde n'est pas maîtrisable, mais seulement susceptible d'être séduit ou apprivoisé dans le détail, et non dans l'ensemble, ces caractères spécifiques à tout rituel magique s'opposent tout à fait à notre raison moderne. Il s'agit pour nos Lumières, disent les auteurs, de fongibilité universelle, de représentativité abstraite, d'anonymat, d'arbitraire du signe, de croyance en la toute-puissance de la pensée et de l'action humaines sur la matière inerte, de techniques adaptables et universalisables, de fétichisme du nombre ou de la quantité, etc. La magie localise, l'abstraction et la science délocalisent. En quoi il y a de la magie dans l'art, et dans toute tentative philosophique de donner à ce qui est individuel et unique la place que le concept lui refuse. La langue magique fonctionne par affinité et mimesis. Elle maintient vivant l'ordre des qualités ; le lieu, le moment, l'objet du rituel ne sont pas interchangeables, il n'y a pas d'autonomie de l'idée à l'égard des objets ; la puissance de la nature est à la fois objet de terreur et de désir, pas de calcul. Le sorcier ne représente pas les démons, il les imite, les appelle, sans qu'il y ait de séparation radicale entre lui et eux, sans que pour autant il ait non plus un pouvoir absolu sur eux. L'irrationalité magique affirme toujours au fond son impuissance ; s'il n'y a dans le monde que des moments et qualités irremplaçables et uniques, aucun rituel répétitif ne peut garantir son succès, toute opération magique est vécue sur fond de risque de mort. C'est pourquoi le cadre social du rite, dans sa permanence, est une protection. La pensée magique n'est pas impérialiste, comme notre logique, même si elle est violente et dominatrice.

Quand le sorcier imite les dieux et les démons, il renchérit sur la hiérarchie sociale. Ses formules immuables, désignant « *l'inflexible contexte naturel* », destinées à imiter ce qui fait peur pour mieux le contrôler, ont eu comme fonction technique de survivre dans l'hostilité d'un environnement sauvage. Mais pas seulement. Les maîtres du langage sont des maîtres politiques. Et l'effroi devant la sanction possible de la puissance organisatrice est étroitement mêlé avec la peur des forces de la nature. Ainsi nature, dieux, société, sont les noms interchangeables de ce qui commande et qui peut faire mourir. Les mots ne font pas seulement référence aux objets, mais à tout ce qui les inclut dans le discours, forcément encadré dans des rapports de pouvoir. *« Expression et intention signifiante se confondent »* disent les auteurs (DR p.73) Négation et position en ordre alterné, dialectique du sujet et de l'objet, et des sujets entre eux. *» On insiste sur le mot pour modifier le fait.* » Toute langue est performative, et pas seulement la langue de la magie.

Avec l'éloignement du monde divin, la religion monothéiste remplace la conduite magique, mais conserve toujours cette puissance affective d'efficacité. Ainsi, disent les auteurs, le judaïsme sépare radicalement le monde de la nature et le monde de l'esprit, l'exemple le plus massif étant cette interdiction de prononcer le nom de Dieu : *« Dans la religion judaïque, le lien entre le nom et l'être se reconnaît dans l'interdiction de prononcer le nom de Dieu... La religion judaïque n'autorise aucun mot qui consolerait du désespoir que tout doive mourir. Elle n'associe l'espoir qu'à l'interdiction de donner le nom de Dieu à ce qui n'est pas lui, de donner au fini le nom d'infini, et au mensonge celui de vérité.* » (DR p.40) La séparation du matériel et du spirituel est consommée, la rupture est terrible qui contraint de séparer le possible et l'impossible, l'immanent et le transcendant, sans autre solution pour les relier que d'affirmer qu'il ne faut pas dire ce qu'on ne peut pas dire, que de répéter que l'altérité du monde ne se trouve que dans la pratique de l'interdiction de son image. La négation ici est corrélative d'une affirmation sans espoir : la mort est indépassable. Et cependant il faut noter qu'interdire de prononcer le nom de Dieu c'est en même temps dire qu'il en a un, donc c'est donner le lien en interdisant de le revendiquer. L'esprit s'éloigne de la nature, mais cet éloignement reconduit à la puissance mythique.

Passage à la langue de communication

Cet usage magique et religieux de la langue conduit aussi à nos usages contemporains. La langue devient peu à peu, à partir de cet ordre social construit sur une langue de domination, une langue de communication. De performative, impérative et conservatrice, elle se laïcise dans l'épopée. Homère aufklärer confirme dans la structure générale de l'Odyssée, – la quête de Télémaque, le récit d'Ulysse, le retour à Ithaque –, le passage du langage magique au langage rationnel, du performatif au dénotatif, de l'action à la description. La langue d'Homère transforme la puissance des langues anciennes et fixe le récit dans des visées d'objectivité.

Elle demeure pourtant dans la même structure d'autorité. Toute communication, tout échange, affirme constamment *La dialectique de la Raison*, s'instaurent dans cette structure. Aucune langue n'est neutre. La considérer comme pure transmission de messages, ou simple instrument d'analyse de l'expérience, c'est l'idéaliser et masquer la réalité de son ancrage dans les relations sociales de pouvoir. Il n'y a jamais de réelle symétrie ni de dialogue égalitaire dans les échanges verbaux, même quand en apparence on respecte les règles de l'argumentation rationnelle : les gens parlent d'après des positions différentes de pouvoir et de domination, et ce sont ces positions qui dirigent les entretiens. On peut se référer au grand cri de colère de Calliclès contre Socrate, quand ce dernier ferme la bouche à son adversaire, en l'empêchant de livrer des positions, qui, pour cyniques qu'elles soient, ne sont pas illogiques. Considérer qu'il est avantageux d'être méchant n'est pas plus irrationnel au regard d'une raison technique et formelle, que de démontrer le contraire. Seul change le système de valeur, qui n'est pas lié à la seule logique. Même l'idée traditionnelle de vérité objective peut être tyrannique ; la vérité n'est pas la simple et neutre adéquation de l'esprit à la réalité, mais plutôt à la fois et de façon contradictoire, la subordination de la réalité aux prétentions de la connaissance et la critique de ces prétentions. Le dialogue n'est pas comme on le croit trop souvent une alternative à la violence, il représente lui-même une forme particulière de violence. La sophistique de Jason ou les ruses d'Ulysse pourront en témoigner. Quand les plaintes de Médée sont ignorées dans un sourire cynique et une habileté persuasive sans pitié, on ne peut pas dire qu'il y ait égalité des positions. *« La langue confère aux rapports de domination cette universalité qu'elle a acquise comme moyen de communication d'une société civile. … L'emphase métaphysique, la sanction au moyen des idées et des normes… ne sont rien de plus que la dureté et la rigueur hypostasiées que devaient adopter les concepts chaque fois que la langue unifiait la communauté des dirigeants dans l'exercice du commandement. »* (DR p.39)

Que se passe-t-il quand la langue se laïcise ? On passe de la magie à la communication, disent les auteurs, et l'Odyssée est emblématique de ce transfert. Ce qui ne veut pas dire qu'elle abandonne son aspect performatif. Mais quand l'écart entre les mots et les choses devient plus grand, avec la complexification de l'organisation sociale, les progrès techniques, quand le monde profane grandit et que les dieux s'éloignent, alors, d'impérative et conservatrice, la langue devient aussi plus rusée ; la distance entre les mots, les choses, les dieux et les pouvoirs, implique qu'on peut mentir sans être puni aussitôt, et aussi que le même mot peut désigner des choses différentes. Abstraction et généralisation ont transformé radicalement la relation du langage à la réalité ; en s'isolant de son lien magique avec la transcendance et l'altérité des objets, en instaurant une prétendue « neutralité » dans la communication sociale, la langue est devenue un nouvel outil de pouvoir, d'autant plus efficace qu'elle prétend se séparer de sa fonction magique ancestrale. « *La distance entre le sujet et l'objet, qui conditionne l'abstraction, se fonde sur la distance par rapport à la chose que le dominateur acquiert par l'intermédiaire du dominé.* » (DR p 31)

En utilisant la forme du récit, Homère invente un style « démocratique », niant l'ancien ordre hiérarchique ; la langue n'appartient désormais plus au seul lieu du sacré. Mieux, le sacré est décrédibilisé. Ulysse « aux mille tours » trompe intentionnellement des personnages mythologiques, et détruit leur puissance. En créant une intériorité et un personnage, le génial conteur fera de la parole rusée et du calcul rationnel le nouveau modèle de la puissance humaine. Ulysse constate non seulement que le mot représente à la fois l'objet et autre chose que lui, mais que si le même mot peut désigner des choses différentes, on peut tout aussi bien dire la vérité et mentir. La langue étant un outil de pouvoir, elle devient aussi un outil pour renverser le pouvoir et pour construire une subjectivité capable d'émancipation. Pas de sujet sans terreur et sans ruses. Pas de multiplication des ruses sans passage à une langue de communication. Sont inventés en même temps l'abstraction, le formalisme et le droit de mentir. Ulysse Odusseos pourra se nommer « Oudeis », – « Outis », « Personne », dit la langue poétique de la transcription écrite –, pour se sortir vivant de la caverne du Cyclope. Abstraction salvatrice, au risque d'une dépréciation indéfinie du « petit homme », l'individu. « *Ulysse découvre dans les mots ce qui, dans la société bourgeoise pleinement développée, prendra le nom de formalisme : le prix de leur validité permanente sera la distance qu'ils prendront par rapport au contenu qui leur sera donné chaque fois, et dans cet écart, ils pourront renvoyer à n'importe quel contenu, à personne aussi bien qu'à Ulysse.* »(DR p.73) Adorno dans des pages très serrées va exploiter longuement la légende de la victoire d'Ulysse sur le cyclope Polyphème, pour analyser le pouvoir et les dangers d'une langue dont l'utilisation profane témoigne de la distance radicalisée entre le mot et la chose.

Ulysse et Polyphème

La situation est en fait très ludique. Quand Ulysse arrive dans la grotte de Polyphème et qu'il se nomme, il le fait simplement comme un étranger, héros Achéen revenant de Troie. Lui et ses compagnons sont des « guerriers d'Agamemnon ». Nomination historique, sociale, héroïsée. Grande est sa surprise de constater que Polyphème, dont le nom signifie « Le Très Renommé » n'est pas impressionné du tout, et même que, en tant que fils de Poséidon, il se moque de Zeus et des autres dieux. Suit une description du peuple des Cyclopes, sauvages et sans lois, mais en même temps d'une sauvagerie mythique et heureuse : la vigne et le blé poussent sur l'île sans qu'il y ait besoin de vignerons ou de cultivateurs. « *Ils n'ont ni lois, ni assemblées, mais ils vivent dans les grottes profondes des montagnes et chacun règle à son gré la vie de ses femmes et de ses enfants ; nul ne se soucie de ce que pensent les autres* », décrit Homère. Cette conjonction de la barbarie et de l'anarchie n'augure rien de bon pour l'accueil des Achéens. En effet Polyphème va commencer par dévorer quatre des compagnons, avant que Ulysse construise dans sa tête la ruse qui le fera triompher. Cette ruse, la voici : il propose à Polyphème le délicieux vin qu'il a rapporté de sa culture raffinée, et cherche à l'enivrer. Le géant alors, pour le remercier, lui demande son nom. Ulysse, Odusseos, lui répond alors « Outis », ou bien Oudeis. Pour le chant du mot, sa prononciation, sa matière, sa proximité phonétique, Adorno choisit Oudeis plutôt que Outis. Oudeis, « personne », mais aussi « aucun », « quelqu'un ou quelque chose qui ne vaut rien ou qui est sans valeur », au neutre : rien, et même zéro. Que le héros de l'Odyssée se prénomme « Minus » face à un hôte qui est « Le Très Renommé » et s'apprête à le dévorer ne manque pas d'humour ni d'habileté. La naïveté du Cyclope en est satisfaite, et le cannibale s'endort lourdement, après avoir promis qu'il le mangerait en dernier. On connaît la suite. Ulysse crève l'œil du cyclope, se cache avec les survivants au matin sous les ventres des brebis, moutons et bélier, et se sauve, alors que les compagnons de Polyphème, alertés par ses cris et prêts à le secourir, ne comprennent rien à ses hurlements accusateurs. « *La ruse, mes amis ! La ruse ! Et non la force ! Et qui me tue ? Personne !* »

On peut vraiment dire beaucoup de choses sur ce coup de force de l'imagination du héros. D'abord l'ironie inventive du récit : de Odusseos le célèbre à Oudeis-Outis le moins que rien la conséquence est bonne, et l'inversion des rapports de force réjouissante. Jouer à n'être rien, affirmer qu'on n'a aucune place dans ce monde, se faire tout petit, insignifiant, sans danger pour quiconque, endormir la méfiance. Et soudain, changer de rôle, se sauver. Qui n'a rêvé de ce coup de force révolutionnaire ? Nous ne sommes rien, soyons tout. Ulysse construit sa subjectivité sur son habileté à tromper. Polyphème sera le dindon de la farce, et l'imbécile préhistorique. En tant qu'imbécile, il sollicite la compassion de *La dialectique de la Raison.* N'est-ce pas Ulysse qui le déguise en tortionnaire ? Est-ce un crime de ne pas vouloir reconnaître la puissance des nouveaux dieux ? De rester dans le régime d'une naturalité tout à la fois tendre et redoutable ? Seuls sur leur île, les Cyclopes ne demandent pas autre chose sinon qu'on les laisse tranquilles ; Homère décrit la sollicitude de Polyphème pour ses bêtes, on l'entend parler au bélier comme si c'était son ami ; bête, il l'est, n'écoutant que ses pulsions immédiates, facilement séduit par les paroles flatteuses de son prisonnier, mais trop bête, assurément, crédule, naïf, confiant dans le seul pouvoir qu'il ait, sa force physique. Le monde des Cyclopes est un monde sans calculs, où chacun agit à sa guise : pas de prévisions à long terme, pas d'ordre politique, ni délibératif, ni argumentatif. Polyphème « *n'est pas un moi* » disent Adorno et Horkheimer, il confond le nom et la chose, il ne sait pas que le même mot peut évoquer des choses différentes, et que l'art de gouverner est un art de ruser.

En se revendiquant « Oudeis » Ulysse va triompher. Il va vaincre la force brute en revendiquant de n'être rien. Ruse géniale du négatif qui sauve l'identité. Il va nier qu'il appartient à la nature : pur esprit, pure absence. A cette condition il devient un sujet. Il y a sujet quand, dans des conditions de guerre, on arrive à inventer une solution qui permette de renverser le rapport de force. Se donner une place là où il n'y en avait pas. Se construire à la force du poignet, ou plutôt à la force des mouvements de l'esprit. Ulysse dit Oudeis comme on dirait « je ». « Je » sujet d'un verbe. « Je », signe d'une intériorité agissante et pensante, qui se revendique d'abord de l'appartenance à l'universel. Universel rencontré au cœur de l'individuel, qui fait éclater toute dépendance familiale, sociale ou nationale, et qui inscrit l'espoir et la solidarité dans la négation des particularités partisanes. Le « Je » n'est pas le « moi ». C'est en niant ses liens aristocratiques que le divin Ulysse devient « *tout un homme, fait de tous les hommes et qui les vaut tous et que vaut n'importe qui.* » (Sartre, dernière phrase des *Mots*). « Odusseos » pourrait mourir de se nommer, Oudeis le sauve. Signe logique du négatif, le « je » affirme la conscience dans la structure rationnelle de (dé) négation de sa matérialité. Il devient forme pure, anonyme, et c'est dans cet anonymat salvateur qu'il va se cacher et échapper aux violences destructrices du pouvoir. Balbutiements de l'universel, l'émancipation d'Ulysse casse la force pure de la nature. Abstraction et négation aboutissent à une affirmation plus haute que l'affirmation directe de la satisfaction pulsionnelle, dira Hippolyte commentant, sous les auspices de Hegel, le grand texte de Freud, *Die Verneinung, La négation.* Elles instaurent une humanité définitivement placée au-dessus de l'animalité brute qu'elle porte encore en elle, humanité capable de négocier, de transformer la frustration en puissance d'autonomie, de comprendre et de maîtriser. Ainsi les stoïciens hiérarchisaient-ils représentation, assentiment, compréhension et connaissance par l'image d'une main ouverte qui peu à peu se referme complètement sur elle-même : la certitude de la vérité est le poing fermé qui a pu saisir l'essentiel de la réalité. L'esprit devenu autonome prétend pouvoir la connaître toute, et cette vérité commande l'existence de tous : la métaphysique et la logique permettent l'organisation vraie de la morale et de la politique. Les concepts ont tout pouvoir sur les choses. Négation de contenus concrètement déterminés, ils classent, affirment, séparent et isolent pour construire le monde de toutes les cultures. Comment vivre, c'est-à-dire parler, communiquer, connaître et agir, sans abstraire ni conceptualiser ? En se nommant « Oudeis », Ulysse propose une nouvelle prise sur le réel. Prise qui se prétend capture de ce qui résiste à la pensée et l'excite à la fois.

Mais, forme pure sans référence, sinon celle d'un « moi » dont elle est isolée, l'abstraction n'est-elle pas le signe manifeste du refoulement d'un contenu à connotation traumatique, comme aurait pu dire Freud ? De quoi donc Oudeis est-il le signe ? De la peur d'être dévoré ? Du premier cri de terreur prononcé devant la conscience du caractère inéluctable de la mort ? De la nécessité fatale de sortir de sa naturalité ? Du mystère de la naissance et de la détresse originaire ? Ou de l'absolue nouveauté de ce qui pourra échapper à la répétition du même ? D'une universalité naissante capable d'une communication véritable ? Retour d'un refoulé traumatique, l'impuissance devant la disproportion des forces, le passage à l'abstraction, même s'il est salvateur, ne peut être totalement indolore et sans risque ; il n'est pas question d'en nier la fécondité, mais de le regarder sous l'œil terrible des tragédies de l'histoire. Car il faut se souvenir du double usage du mot « abstrait » : d'un côté est abstrait ce qui permet de comprendre, de saisir une réalité dans une intelligence souveraine, de l'autre peut être « trop abstrait » ce qui est tellement éloigné de l'objet à connaître qu'on n'y reconnaît plus rien. La valeur de l'abstrait est question de distance, et d'intérêt ;question de prise ; l'amour pour le concret devrait en être le dernier mot.

Est-ce si facile ? Et que vaut cet amour en situation de crise ? L'anonymat n'est-il pas dans nos sociétés de masse, nouveau sauvetage ? Anonyme, on peut vivre caché ; on n'est pas reconnu, certes, mais on peut croire n'être plus en danger. Le bonheur de n'être personne ce serait, dans un monde de violence et de rapports de force, le bonheur d'être une ombre. Ne pas avoir de nom propre, passer à la généralité de l'espèce, se fondre dans l'humanité pour ne pas avoir à affronter la douleur et les malheurs de notre présence individuelle dans le temps, c'est une tentation bien fréquente pour qui prend conscience qu'il sera de toute façon toujours du côté des dominés. Dialectique du négatif… Le prix à payer est énorme.

C'est pourquoi Ulysse, le héros de Troie, ne peut accepter longtemps cette mutilation. Dans ce jeu terrible pour une subjectivité naissante, – son nom est Personne –, il triomphe. Mais il a besoin, après s'être sauvé, de crier son vrai nom au cyclope furieux, au risque de susciter encore la haine de Poséidon : « *Cyclope, auprès de toi, si quelqu'un des mortels vient savoir le malheur qui t'a privé de l'œil, dis-lui qui t'aveugla : c'est le fils de Laërte, oui ! le pilleur de Troie, l'homme d'Ithaque, Ulysse.* » Oudeis fait peur, même à celui qui le prononce, car il y a dans ce nom la confusion toujours possible entre le négatif et le néant. Restant sous le pseudonyme de « Personne », Ulysse ne pourrait restaurer sa propre identité sociale, « *fils de Laërte, pilleur de Troie, homme d'Ithaque* ». Pour conjurer Oudeis, il doit se proclamer ès qualités. Restauration du nom propre, et priorité du nom propre sur la généralité du concept. Est-ce le signe de l'incertitude flottante de la langue, entre le désir d'unité du nom et de la chose, représentée par le nom propre, et la ruse de la distance abstraite, propre à la généralisation, mais aussi à la possibilité de faire naître la conscience à l'universalité d'un idéal humain ? Entre le besoin de reconnaissance sociale, la peur du mépris, et l'accès à autre chose, plus émancipateur que la simple contradiction entre général et particulier ? Est-ce le signe de la peur de la raison émancipatrice devant les risques de l'abstraction ?

Il y a dans *La dialectique de la Raison* des réflexions éparses sur le nom propre, et le passage du nom propre au nom commun, qui auraient bien intéressé Levi-Strauss. Les prénoms, et surtout les surnoms pourraient être « *des rires pétrifiés* », restituant en eux toute l'ambiguïté du rire : rire vengeur d'Ulysse criant son identité véritable, sa lignée et ses exploits, rire salvateur de celui qui constate qu'il a échappé à la destruction. *« Peut-être les noms ne sont-ils que des rires pétrifiés, comme le sont les surnoms de nos jours, qui sont les seuls où survive quelque chose de l'acte originel de la dénomination. »* (DR p.89) Le surnom, qui inscrit le sujet sensible dans la proximité, – pas toujours chaleureuse –, des autres qui le désignent, ne cautionne pas seulement l'ordre social des lignées aristocratiques, il garde intacte la possibilité d'actions nouvelles et mémorables. Platon par exemple est aussi un surnom, lui dont les « larges épaules » étaient bien faites pour supporter le poids du monde intelligible, seul capable de verticaliser et de tirer à lui le monde sensible ! Quand le rire se pétrifie et s'oublie, que de « rire », il devient rien, alors il peut passer de l'inscription familiale et sociale à celle de l'universalité, de l'humanité « en général ». Ainsi Ulysse passe de Odusseos à Oudeis, comme si son intelligence rusée niait toute appartenance concrète pour mieux survivre au danger de dévoration, puis de Oudeis à Odusseos, afin de restaurer sa présence au monde, dans la revendication de son propre héroïsme. Plus que « le fils de Laërte », il sera alors « *le pilleur de Troie* ». Le rire d'Ulysse est un rire violent, rire de vengeance et de victoire, mais, dit Adorno, « *il contient cependant l'élément opposé : dans le rire la nature aveugle prend conscience d'elle-même en tant que telle et se libère ainsi de toute violence destructrice.* » (DR p.89) Rire de sauvetage. Comment mieux exprimer la dialectique du mot, qui capte, mais aussi comprend, qui élève l'humanité à un niveau où elle pourrait prendre conscience des formes infinies de ses relations à ses origines, son histoire, ses exigences, sa naturalité et sa spiritualité ? Si les noms communs sont généralisés à partir des noms propres, si les significations sont issues des désignations, dans cet ancrage matériel et sensible ils ne pourront jamais oublier la chair de la parole, le ton, les prononciations et le style unique de celui qui parle. C'est pourquoi Levi-Strauss se souvient peut-être d'Adorno. Le nom propre est à la fois, comme il l'explique dans *La pensée sauvage*, l'ancrage dans une lignée familiale, clanique, communautaire, mais aussi contradictoirement l'annonce de quelque chose d'irréductible à toute pensée, pure désignation. « *Résidu d'inintelligibilité par sa singularité absolue* », l'enfant nouveau-né s'inscrit et ne s'inscrit jamais tout à fait dans la ligne des ancêtres. Il est et n'est pas le successeur des parents. Il l'est dans la continuité du nom, il ne l'est pas dans la promesse de l'absolue nouveauté qu'est toute naissance. Le nom propre est aussi celui au-delà duquel l'intention classificatrice s'épuise, car il permet de reconnaître dans l'enfant qui vient de naître une limite à l'identité. Immanence de la répétition et transcendance d'une existence nouvelle. C'est la profonde joie de la nouveauté qui fait rire, et il en est de l'enfant nouveau-né comme du langage et de la présence des mots : captation de la réalité, victoire et sauvetage, écart et proximité, fidélité et invention de soi, ancien monde et nouveau monde.

Ulysse hésite. Quand il se désigne comme « Oudeis » en face d'un Polyphème en train de sombrer dans l'ivresse, c'est comme si à la fois il se donnait une universalité formelle : « je suis l'intelligence face à la stupidité, la civilisation face à la barbarie, l'esprit face à la nature », mais comme si aussi cette universalité était capable de renier magiquement et pour toujours toutes ses appartenances concrètes. Ce qu'il refuse. Ulysse n'est pas encore l'Aufklärer que réclament tous les opprimés du monde : il ne comprend pas encore bien la distinction entre ce qui est général, subsumant sous lui toutes les particularités, ou les niant, et l'universel, pépite d'espoir et d'idéal, inscrite au cœur de chaque individu humain, et dégagée parfois dans des productions capables de susciter l'enthousiasme à travers la diversité des lieux et des époques. Il croit que « Oudeis » peut détruire dans sa généralité son identité fameuse, et c'est pourquoi dès qu'il est assuré de ne plus rien risquer, il retourne à la sécurité de son statut aristocratique. Ulysse est nominaliste, dira *La dialectique de la Raison*. Il passe à l'universel en lui donnant le (faux) statut de négation du particulier, c'est pourquoi il acceptera pour se sauver de sacrifier cette part de spontanéité, marque irréductible de la présence spécifique de l'individu humain dans le monde. Devant le danger il se transforme en Oudeis, pure abstraction. Par cet échappement il devient un zéro. Ce zéro le sauve et le nie à la fois. Les Grecs ne connaissent pas le zéro. Ce sont d'abord les Babyloniens qui l'utilisent pour signifier l'absence. Nombre entier, non naturel, ni premier, ni positif, ni négatif, il se définit comme la soustraction d'un nombre par lui-même. Il ne précède rien et n'est la suite de rien. De Odusseos à Oudeis, la dialectique est la même que celle du un au zéro, mais dans une confusion extraordinaire pour l'ordre des valeurs. « Oudeis », « aucun, ne peut avoir de référent concret : « *aboli bibelot d'inanité sonore* », et indifférent objet sans aucune valeur, tel que l'entend Polyphème. Ulysse ainsi peut naître à l'universel, – mais lequel ? – en se sauvant et en disant qu'il n'est « personne », mais cette rupture dans l'ordre de la compréhension sociale l'isole à un point tel, croit-il, qu'il faudra clamer plus tard à haute voix le lié, le continu, le connu, dans la succession des générations. L'abstraction, quand elle conduit au général et non au véritable universel, dit Adorno, est une *« entreprise de liquidation »* (DR p.30), liquidation des individus et restauration d'un ordre social immuable.

La subordination du particulier au général ; ordre déductif et ordre social

La pratique de l'abstraction, dans une langue de communication, est nécessairement liée à la formalisation d'un ordre hiérarchisé. Aucune logique n'est séparable du langage, et aucune langue n'est isolée des conditions sociales et politiques de sa production. Langue et logique sont toujours déterminés par les structures des dominations sociales. *« L'universalité des idées telle que la développe la logique discursive, la domination dans la sphère conceptuelle, s'est instaurée sur la base de la domination du réel. »* (DR p.31) La logique est bâtie sur le modèle des normes juridiques, elles-mêmes fondées sur des rapports de propriété et de production. Identité, non-contradiction, négation, abstraction et généralisation, priorité du général sur le particulier, sont des formes logiques où se mêlent sans cesse la structure et l'histoire. Si on ne travaille qu'à l'intérieur des structures sans y voir leur histoire, leur utilisation, leurs transformations, on reste dans la sujétion aux pouvoirs dominants qu'on voulait pourtant défaire dans l'intention critique qui présidait au travail effectué. Il n'y a pas de ciel des idées isolé des malheurs de la terre. Les structures formelles de nos réflexions sont cadrées par les structures des dominations réelles. Les codes de langue héritent de siècles de communications subordonnées aux pouvoirs dominants, et les structures formelles de nos pensées rationnelles cachent et révèlent leur mode hégémonique.

De l'abstraction comme mode de commandement, et non plus de sauvetage, à la priorité du général sur le particulier, la conséquence est bonne. En effet : abstraire c'est classer, classer c'est choisir, choisir c'est évaluer, évaluer c'est hiérarchiser. Et il ne s'agit pas seulement de la compréhension et de l'extension de chaque concept, mais aussi de leurs relations. Ainsi on va séparer hommes et femmes, – femmes comme cas particulier et subordonné du masculin générique –, Grecs et Barbares, Blancs et Noirs, maîtres et esclaves, peuples conquérants et peuples conquis… et aussi esprit-nature, intelligible-sensible, et plus généralement on va opposer le même et l'autre, l'identité et l'altérité, l'unité et la multiplicité, en dénigrant l'un pour surévaluer l'autre. Connaître dans ce sens ce sera rentrer dans la hiérarchie implicite de la valorisation d'un sujet dans sa distinction d'avec l'objet. Cette logique de disjonction est liée à la prééminence du principe de non-contradiction, à la subordination du particulier au général, et à la prétention de l'universel à rendre compte de tout ce qui existe : « *Pour l'individu, la domination incarne l'universel, la raison dans la réalité.* »(p.38) Ainsi le travail de classification et de déduction, que toute logique commande, va de pair avec de nouvelles hiérarchisations, mieux formalisées et rationalisées. L'organisation relève d'un désir de souveraineté : « *organisation conçue pour le commandement par ceux qui sont libres.* » (DR p.31)

Toute mise en ordre est nécessairement d'une certaine façon une violence faite à l'égalité des termes. A l'égalité, et à leur diversité interne. Le terme de peuple conquis ne dit de ce peuple que sa qualité de sujétion, alors qu'il ne se réduit pas à cela ; on ne peut réduire un peuple colonisé à sa qualité de colonisé, d'où il est patent que celui qui classe et ordonne cautionne les inégalités, ou en crée d'autres, et réduit nécessairement l'infinie richesse de la réalité.

De plus, quand il s'agit de comprendre la généalogie des idées d'ordre et d'organisation, il faut remettre à l'endroit la relation nature-société. On fait habituellement de l'observation de la nature l'origine de l'activité ordonnatrice humaine. C'est par exemple la position de Freud. Dans l'analyse du malaise dans la civilisation[33] ce dernier écrit : « *L'observation de la grande régularité des phénomènes astronomiques a fourni à l'homme, non seulement un exemple, mais encore les premiers points de repère nécessaires à l'introduction de l'ordre dans sa vie.* » Freud imagine que l'ordre social, les traditions, les rythmes

[33] Freud *Malaise dans la civilisation,* trad. Charles Odier, PUF 1971 p 41.

culturels, les rituels, indispensables à l'économie des forces d'une communauté, sont construits dans des sociétés agricoles de milieu tempéré sur le modèle des saisons, des alternances régulières jour/nuit, lune/soleil ou germination/floraison/fructification. *La dialectique de la Raison* dit le contraire : c'est parce que la vie sociale était déjà rythmée par les traditions, les rituels et les répétitions, que l'image de la régularité de la nature s'est imposée, et non l'inverse. C'est l'empereur chinois qui dans le rituel du parcours des salles du palais, dit commander à la nature, et non l'inverse. L'empereur chinois le sait bien ; il n'est pas le représentant de l'ordre du monde, il en est l'architecte, il dessine et commande en même temps. « *Dans leur contenu, la récurrence des phénomènes naturels se révèle toujours semblable à la permanence de la coercition sociale qu'ils représentent.* » (DR p.38) Ainsi la pensée apprend-elle la soumission en même temps qu'elle se sent capable d'organiser, de hiérarchiser, de classer l'ensemble des phénomènes. Freud est paradoxalement bien optimiste, quand il suppose que l'ordre peut être synonyme d'équilibre et d'utilisation optimale de l'espace et du temps. Optimale pour qui ? Quand les individus se soumettent au caractère prétendument inexorable du désordre social, associé à l'ordre immuable d'une nature éternelle, c'est peut-être autant par peur de la puissance sociale que par besoin ou plaisir d'adaptation. Il n'est pas sûr que nos forces psychiques soient ménagées pour d'autres tâches quand elles sont contraintes par les nécessités de la division du travail et soumises à l'idéologie du « chacun à sa place ». « *L'individualité qui, en se soumettant au monde, a appris l'ordre et la subordination n'a pas tardé à assimiler la vérité en général à la pensée organisatrice, dont les distinctions sans ambiguïté sont indispensables à cette vérité pour qu'elle puisse exister.* » (DR p.38) Les règles de la logique sont aussi historiquement déterminées que ce que nous croyons être l'ordre naturel de la nature. Et cet ordre n'est perceptible que dans des contextes organisés et hiérarchisés de vie en commun.

On se prend encore à rêver sur les conséquences de telles affirmations. Pendant des siècles on a pu justifier l'ordre social par l'image d'un ordre naturel éternel. Aujourd'hui nous savons, et de mieux en mieux, que l'univers tout entier est mortel. De nouveaux Ulysse ont triomphé. On sait que « le ciel étoilé au-dessus de nous » n'a d'éternité et d'ordre qu'en apparence, que les étoiles explosent et que les galaxies sont aussi mortelles que les êtres vivants. La nature n'est plus le paradigme d'un ordre éternel ; nos désordres contemporains accentuent encore les écarts imprévisibles des lois de notre physique. Cette vérité nouvelle permettra-t-elle de nouvelles contestations et de nouvelles démystifications ? La prise de conscience du caractère temporel et éphémère de nos systèmes politiques pourrait-elle en sortir plus libre ?

« *Assimiler la vérité à la pensée organisatrice* », subordonner l'individu à ce qui est général et qui prétend être universel, cette injonction sociale est devenue dans la Grèce classique un moyen de conquête et de conservation du pouvoir. Délibérer, argumenter, démontrer sont devenus la règle ; la parole souveraine s'est transformée ; elle a pris désormais la forme et l'apparence de la raison logique et des grands principes de déduction.

A l'époque d'Euripide la circulation de l'argumentation s'est enflée à un point tel que l'usage du formalisme logique peut exprimer le plus parfait cynisme. Adorno et Horkheimer prétendent qu'il reflète et exprime les exigences de la division et de l'organisation du travail. *« Tout comme les premières catégories représentaient l'organisation de la tribu et son pouvoir sur l'individu, l'ensemble de l'organisation logique – la dépendance, la connexion, la progression et la combinaison de concepts – se fonde sur les rapports correspondants de la réalité sociale, c'est-à-dire sur la division du travail. »* (DR p.38) Division fondée bien entendu non pas sur la solidarité, mais sur « *l'unité inextricable de la société et de la domination.* » Il y a, disent-ils, cinq conséquences désastreuses de l'usage organisateur du discours dans la connaissance : il ne garde des objets dont on parle que ce qui est modélisable quantitativement ; en séparant affect et calcul, en neutralisant ou objectivant le discours il empêche une réalité qui ne serait pas accessible dans ce cadre d'être connue, donc d'exister socialement ; il empêche tout regard potentiellement bienveillant et libérateur de percevoir autre chose que ce qu'il a découpé dans ses structures rationnelles ; en pratiquant la subordination du particulier sous le général, il incite les individus à devenir des exemplaires consentants d'une loi destinée à nier leur individualité spécifique, des travailleurs anonymes et « jetables » dont les émotions n'ont plus aucun ancrage collectif, sinon celui de l'imitation et de la servilité. Il cautionne enfin un régime particulier d'appropriation des connaissances, disjoint des contradictions vivantes de l'histoire en train de se faire.

Adorno et Horkheimer, toujours dans la même rage, dénoncent toutes les tentatives philosophiques destinées à formaliser le réel sans tenir compte de la dynamique de son histoire. Ils proposent des raccourcis assez sidérants : « *De Parménide à Russell, la devise reste : Unité.* » (DR p.25) Et vont jusqu'à corréler la langue de communication à la langue scientifique, en général, celle qui formalise le savoir. *« La langue scientifique, dans son impartialité, enlève à tout ce qui est sans pouvoir la possibilité de s'exprimer ; seul ce qui existe y rencontre son signe neutre. »* (DR p.39) La critique du formalisme, en général, devient celle du néopositivisme, en particulier. Il est accusé d'encadrer la description des « faits » par une structure formelle qui ne met jamais en question leur caractère social et médiatisé ; il interdit toute visée imaginative d'un autre possible, sépare radicalement théorie et pratique, alors qu'il n'y a pas de vérité possible sans autocritique permanente. Unité de la nature subordonnée à l'unité de l'esprit, formalisation des règles de la connaissance devenue indépendante des objets à connaître. « *La logique, absolutisée, est une idéologie* », répétera Adorno dans la querelle qui l'oppose à Popper.[34] Les objets et formes de la logique sont devenus des *« hypostases aseptisées »*, il faut les désensorceler. Proposer d'autres définitions de la vérité que celle de la modélisation théorique et abstraite de « faits » empiriques, ou expérimentaux. On ne peut pas séparer vérité et liberté, vérité et émancipation. C'est un des credo du livre. Une analyse dialectique du concept de vérité le tire vers ce qui de la réalité est encore possible, ou a été interdit de séjour pour non-conformité avec la logique de l'heure. Emancipation, mouvement, sont, comme le dit Adorno dans ses études sur Aristote et Hegel *« amélioration de ce qui est dans le sens d'une plus grande détermination par l'universel. »* (Métaphysique p.129) Il va s'agir de faire de l'universel un principe dynamique, et non statique, qui permette *« de s'élever au-dessus de ce*

[34] Theodor W. Adorno, Karl R. Popper, Ralf Dahrendorf, Jürgen Habermas, Albert Harald Pilot, *De Vienne à Francfort, la querelle allemande des sciences sociales,* éd. Complexe, trad. par C. Bastyns et alii, 1979, p 29.

qui simplement existe. » (DR p.170) Aucun rapport avec la relation logique du général au particulier et la domination du premier sur le second.

Le travail sur la langue est une autoréflexion autant théorique que pratique, autoréflexion du cadre social sur lui-même autant que du contenu des connaissances et des formes de communication : c'est pourquoi le style, dans toute recherche théorique, est déterminant, et qu'il y a quelque chose d'autobiographique et de poétique, dans l'écriture et la parole philosophique. Adorno et Horkheimer n'opposent pas l'intuition au concept, l'indicible au lisible, la « chose même » à l'objet connu, la langue à la réalité, ni le sujet à l'objet. Dans *La dialectique de la Raison*, à travers les brutalités, rapprochements intempestifs, allégories inquiétantes, du style des deux auteurs, il y a la négation déterminée d'une langue dominée par les impératifs de la modernité, abstraction, déduction, communication, qui sont passées du mythe aux Lumières des sciences, et peuvent reconduire le mythe dans la permanence des dominations.

L'intelligence d'Ulysse lui a permis d'échapper à la fringale de Polyphème. Son tour de force, Odusseos-Oudeis, anticipe l'organisation future de sociétés toujours plus hiérarchisées, dont l'invention par la philosophie, et la démocratie, du pouvoir des langues délibératives, hisse l'abstraction à la hauteur de la logique formelle. La règle du rapport de force, ou de la domination, s'est transformée en domination d'une logique qui cache dans sa froideur abstraite les cruautés de ses origines. Du mot abstrait à l'organisation logique de la pensée, de Homère à Platon puis à Aristote, les raccourcis ravageurs des quelques pages consacrées aux aventures d'Ulysse avec Polyphème visent autant à montrer le génie du héros qu'à porter le soupçon sur une pensée dont l'obsession du système et de la schématisation conduit à la répétition de la violence.

Subversion de l'ordre logique : *Médée* d'Euripide

La Médée d'Euripide va reconquérir les droits du particulier, en subvertissant par avance la logique d'Aristote. Mais d'une façon malheureuse, qui va amplifier encore les dominations de l'abstraction.

Se définissant d'abord comme genre (nous les femmes), puis comme race (nous les étrangers), elle va faire exploser l'ordre commun, sans donner pourtant aucun moyen pour le transformer. La contrainte sociale ne permet pas autre chose au caractère irremplaçable de l'individuel que la destruction apocalyptique de tout un monde.

Dans sa première intervention auprès des Corinthiennes, Médée se présente comme un cas particulier d'une situation générale soumise à longs débats, dans l'Athènes du Vème siècle : l'oppression des femmes et les aléas du mariage. « *De tout ce qui respire et qui a conscience/il n'est rien qui soit plus à plaindre que nous, les femmes. /D'abord nous devons faire enchère/et nous acheter un mari, qui sera maître de notre corps, malheur plus onéreux que le prix qui le paie… Entrant dans un monde inconnu, dans de nouvelles lois/dont la maison natale n'a rien à lui apprendre,/une fille doit deviner l'art d'en user avec son compagnon de lit. /Si elle y parvient à grand-peine/S'il accepte la vie commune en portant de bon cœur le joug avec elle,/alors elle vivra digne d'envie. Sinon, la mort est préférable.* » (vers 230-43) Le chœur renchérit plus tard : « *Je dis que ceux qui ne savent pas/ce que c'est que d'avoir des enfants/l'emportent en bonheur sur ceux qui ont postérité.* » (vers 1090-92) Médée épouse et mère a tout en commun avec les Corinthiennes, et en premier lieu le malheur d'être femme, en général, et mère, en général. Aristote avant la lettre : subsomption du particulier sous le général.

Cependant, la tragédie va bouleverser ce pouvoir du syllogisme : Médée passe de la situation de soumise à celle de tortionnaire, du monde de la victime à celui de bourreau. Femme et étrangère, est-ce la rencontre particulière de ces deux conditions qui va inverser la logique de la domination ? Et montrer que le particulier n'est jamais tautologique du général, que quand on connaît le général, on ne peut en déduire avec certitude aucun particulier ? Tous les hommes sont mortels, et Socrate est bien mortel, s'il est un homme. Toutes les femmes sont soumises, et pourtant Médée n'est pas soumise bien qu'elle soit femme. A moins que n'étant pas grecque, elle ne soit pas vraiment femme non plus, en tous cas moins qu'humaine… C'est l'interprétation qu'en gardera Sénèque.

Médée, de déesse chtonienne et vénérée des rivages de la Mer noire, devient, dans la culture grecque, et d'abord chez Euripide, sorcière maléfique en même temps que femme trop humaine. Abîmée dans les contradictions de sa déraison elle oublie les lois de la nature et de la transmission, de l'ordre social, génital et sexuel. Elle tuera ses enfants. Son crime peut apparaître, au choix, comme la preuve, – sophistique –, de son écart radical au monde humain, ou le signe dénonciateur des excès de l'inhospitalité, ou plus philosophiquement ce qui met à mal avant la lettre le principe aristotélicien de non-contradiction ; elle est femme et non-femme, mère et non-mère, sous le même rapport et dans le même temps. Une femme ne se révolte pas contre son mari, quand il l'abandonne, elle se suicide ; une mère ne tue pas ses enfants, car ce sont d'abord les enfants du père, elle n'a pas de droits sur eux. Or voici que cette femme se venge, à la mesure de ses pouvoirs extravagants, et devient infanticide, en même temps qu'elle reconnaît ses enfants comme les siens propres. A Jason qui implore : « *Rends-moi leurs corps, que je veux inhumer et pleurer* », elle réplique : « *N'y compte pas. C'est moi qui dois les enterrer et de ma main/pour que nulle main ennemie ne les outrage/en profanant leur tombe.* » (Vers 1377-79) Médée invente l'appropriation des enfants par les femmes, en rabattant la métaphysique phallocrate sur des conditions historiques et politiques qu'il devient possible de renverser. Médée tuant ses enfants invente l'instinct maternel et l'attachement indéfectible des fils à leur mère. Le « roc » de la maternité, dira Freud.

Et la contradiction s'amplifie. Car non seulement elle affirme son droit sur ses enfants, mais se déclare responsable de la fertilité des hommes. Comme s'il fallait de l'altérité, – une femme –, pour que le même, – un homme –, puisse engendrer des fils. A Egée dont l'arrivée inopinée lui permet de commencer à imaginer sa vengeance, elle propose : « *Accueille-moi dans ton pays, dans ta maison, à ton foyer,/et qu'ainsi par les dieux ton vœu se réalise/d'avoir des descendants./… Tu ne sais pas sur quelle aubaine tu es ici tombé. /Je mettrai fin à ta stérilité. /Je te ferai engendrer des enfants.* » On peut mesurer l'ironie et le scandale de cette revendication si on se souvient des convictions grecques concernant la fécondation. « *Ce n'est pas la mère qui enfante ce qu'on nomme son enfant : elle n'est que la nourrice du germe en elle semé. Celui qui enfante, c'est l'homme qui la féconde* », affirme Eschyle dans *les Euménides*. Médée responsable du germe que l'homme pourra déposer dans son ventre de femme, c'est le monde à l'envers ; le feu au palais de Corinthe n'est rien à côté de cette transgression. Aristote proposera toute une métaphysique pour tenter de comprendre comment un homme, – masculin par définition –, peut engendrer des filles, nécessaires par nature à la reproduction sexuée. Mise en péril du principe d'identité selon lequel A ne peut pas en même temps être A et non-A. Dans cette logique tourbillonnante et contradictoire, Médée ne va cependant pas nous conduire sur les bords du féminisme égalitaire, et ne va pas non plus chercher à démontrer le formalisme spécieux de la logique patriarcale. Car sa révolte sera celle d'une folle, solitaire et malheureuse, qui confirme la seule logique que la tragédie comprenne : celle de la guerre. Pour dénoncer les violences d'un ordre social fondé sur l'injustice, elle sacrifie ses enfants. Le monde restera le même. Médée la Colchidienne et Jason le Grec ne connaissent pas d'autre langue que celle de la domination et du rapport de force. Le cas particulier qui ne se soumet pas à l'universalité des lois naturelles et sociales ne reste qu'une exception ; une exception sacrificielle. Pas de quoi renverser la règle. De cette confusion sinistre entre universel et général cette femme se trouve la malheureuse victime. Euripide dans sa tragédie joue le syllogisme tueur, va définir le particulier comme quelque chose de tout à fait subordonné au général, et qui perdra alors sa singularité ; le particulier deviendra un exemplaire anonyme, de même que l'individu démocratique deviendra le membre anonyme d'une masse soumise à l'empire d'un prétendu universel concret, le Fürher. Socrate sera mortel comme tous les hommes, et on se moquera de la façon unique dont il vivra cette condition. L'originalité de Médée, c'est qu'au croisement de deux généralités, – elle est femme et étrangère –, elle sera capable de renverser la subordination, mais sans remettre en question la valeur du général, et sans s'autoriser le plus léger passage aux solidarités de l'universel.

Les sophismes de Jason

Euripide dans sa tragédie s'attaque autant au principe d'identité qu'au formalisme des raisonnements destinés à convaincre. Ce que dit Jason pour se défendre des accusations de sa femme trahie, est très adroit et même imparable, à condition d'accepter la valeur des prémisses. C'est bien ce que le Chœur murmure, – *« Jason, tu as habilement présenté ton discours »* –, sans être pour autant convaincu, tant il est vrai que le sentiment d'injustice ne dépend pas de la logique, mais de ce qui dans la relation à l'autre relève de la compassion envers le malheur.

En quatre moments dont le cynisme va crescendo, Jason essaye de démontrer qu'il a eu raison d'accepter le mariage proposé par Créon, le roi de Corinthe, avec la princesse Créuse. « *Il me faudra je pense être un bon orateur/ et comme un habile pilote/plier ma voile à temps si je veux échapper/ à ta furieuse éloquence.* »(vers 522sq) Médée, violente comme une mer en tempête, ne saurait vaincre la technique savante du marin, homme et grec, capable d'utiliser le courant pour arriver à ses fins. Jason le maître joue avec les arguments comme le sophiste rhéteur et moqueur avec les lois formelles de la logique. Il ne parle pas tant de la réalité de la situation, – il abandonne sa femme à un terrible et définitif exil –, que de son assurance triomphale d'être enfin en sécurité. Comme l'affirmera longuement *La dialectique de la Raison* : « *Tant que l'on ne tient pas compte de l'identité de celui qui utilise la raison, celle-ci n'a pas plus d'affinité avec la violence qu'avec la médiation ; suivant la situation de l'individu et des groupes, elle admet comme données la paix ou la guerre, la tolérance ou la répression.* » (DR p.98) Jason choisit de légitimer l'exil qui s'abat sur Médée, et son habileté est destinée à cacher son indifférence à ce sort.

Le premier moment, c'est celui de la poussée amoureuse : Médée a été contrainte par l'amour comme toutes les femmes sont contraintes par leur sexe. « *C'est à Cypris, selon toute apparence que ma navigation/ doit son salut, à nul autre dieu ni mortel… L'amour t'a contrainte/ tu n'as pu parer ses flèches et c'est là/pourquoi tu m'as sauvé.* » Le fait qu'il l'ait suppliée, qu'il n'ait pas pu réussir les épreuves imposées par Aiétès sans son pouvoir magique ne compte pas. D'un point de vue purement formel, les choses se tiennent. Si la jeune fille est tombée amoureuse sans le vouloir, pourquoi Jason lui saurait-il gré de ce qu'elle a fait pour lui ? Il n'empêche, aurait expliqué Aristote. Au niveau de la forme le raisonnement se tient, au niveau de l'accord avec la réalité il faut le contredire : il y a manifestement erreur d'appréciation. Que Médée soit tombée amoureuse par l'*effet d'une cause étrangère*, comme aurait dit Spinoza, ne l'empêche pas de ressentir intimement sa passion, et de la faire exister sans contrôle. Jason n'imagine pas ce dont les femmes sont capables quand elles sont abandonnées. Il est invraisemblable, croit-il, que Médée, toujours amoureuse, puisse essayer de détruire ce qu'elle aime. La perspective du pouvoir politique à portée de main l'aveugle, il devient incapable d'imaginer qu'il y ait des obstacles à sa toute-puissance. En quoi il ne connaît rien à la réalité du monde ; il devrait se méfier et ne pas oublier les réelles puissances de celle qui s'est enchaînée à ses promesses. Malin dans son discours, il est stupide dans son aplomb cynique : il ne voit pas les dangers que représente la fureur de Médée, alors qu'il connaît ses pouvoirs magiques. Il est contradictoire, pense-t-il sans doute, qu'une femme ait du pouvoir, autre que celui d'aider celui qu'elle aime ; répudiée, elle le perd si le mâle n'a plus besoin d'elle. Il sait pourtant ce qu'elle a fait : il l'a vue inverser le cours du temps et rajeunir son père, il l'a vue tromper les filles de Pélias. Pour lui elle a trahi son père et son pays, elle a assassiné son frère, elle a mis toute sa magie à son service. Mais à l'époque d'Euripide on ne croit plus à la magie, – la magie est affaire de superstition –, et Jason est fils de son temps : les mythes n'ont plus valeur de vérité, et Jason en jouant le sophiste n'est plus le héros archaïque des aventures des Argonautes… Il a donc déjà perdu, et il ne le sait pas.

Son deuxième argument est tout aussi cohérent. Deux prémisses président à la démonstration, prémisses dont la valeur matérielle paraît tellement « évidente » qu'il n'a pas besoin de les justifier : La Grèce est un pays infiniment plus civilisé que la Colchide, premier postulat. « *Tu habites la Grèce, et non plus en terre barbare.* » Le second affirme que ce qui compte dans une vie, c'est d'être reconnu, d'avoir de la notoriété. Le raisonnement alors s'enchaîne : c'est grâce à Jason que Médée vit en Grèce ; elle devrait donc lui en être reconnaissante. Elle devrait se réjouir de connaître enfin les vertus de la civilisation, et du fait que les Corinthiens admirent, craignent et respectent ses pouvoirs thaumaturges. « *Nul grec n'ignore plus combien tu es savante/Tu as trouvé la gloire. Si tu étais restée là-bas/en ces confins du monde, on ne parlerait pas de toi.* » Mais, pourrait-on lui objecter, si les Grecs reconnaissent de l'importance au savoir de Médée, c'est donc que sa culture n'est peut-être pas moins civilisée que la leur, et qu'il pourrait y avoir un possible enrichissement et une possible utilité à connaître d'autres façons de vivre et de guérir ; la reconnaissance pourrait donc être réciproque, s'il n'y avait pas le souci de maintenir l'opprimé, ou le colonisé, dans l'ignorance de sa puissance. De plus, Médée, princesse de Colchide, petite-fille du Soleil, était autrement reconnue dans son pays que dans la Corinthe de son exil. A moins, bien sûr, qu'il vaille mieux être admiré un peu, et craint beaucoup, dans la cité des conquérants, que dans le pauvre pays de naissance. Au niveau de la réflexion, on le voit, les parades peuvent exister, tant l'idéologie se moque d'une réflexion sur les valeurs. Tu devrais te féliciter de vivre en Grèce. En soi, rien à redire, la phrase a bien un sens ; mais les présupposés affirmant la supériorité de la Grèce sur les autres civilisations ne se réfèrent ni au pur formalisme, ni à l'observation objective de la réalité ; ils sont du domaine de la valeur et de la pétition de principe. Or aucune valeur ne ressort du seul domaine de la raison formelle. Dans le livre de Horkheimer et Adorno, le chapitre sur les relations de la raison et de la morale, – Sade, Nietzsche et Kant –, montre qu'on peut en même temps être parfaitement immoral et parfaitement cohérent, si on a fait de la cohérence quelque chose de purement formel.

Partant enfin du double postulat qu'une vie errante et pauvre est une vie malheureuse et que tous les moyens sont bons s'ils contribuent à faire cesser ces malheurs, Jason va tenter de montrer que ce mariage est l'opportunité à saisir : leurs enfants seront élevés comme ses futurs héritiers, Médée acquerra une sécurité qu'elle n'a jamais connue, et, s'il est vrai qu'il n'y aura plus pour elle de vie génitale satisfaisante, elle peut se contenter de ce qu'elle a déjà. La sécurité de Médée ne concerne pas du tout le respect de ce qui a construit son histoire (femme, étrangère, exilée volontaire, savante), mais la situation sociale qui lui est offerte : pas de droit à la parole, pas d'existence civique, seulement du pain et un lit solitaire. De quoi se plaindrait-elle ? De quoi vous plaindriez-vous si je vous promettais l'enrichissement de vos enfants, et pour vous, une certaine stabilité, en échange de l'assurance que vous vous tiendrez tranquille et subirez sans broncher le mépris dans lequel je vous tiens ? Modernité du sophisme. Aujourd'hui comme hier, le discours est là pour masquer les injustes violences de la réalité. Médée répudiée ne serait probablement pas en sécurité, les enfants non plus.

Jason a prétendu assujettir la barbarie et la naturalité de la Colchide, il ne voit pas que barbarie et naturalité sont les noms qui légitiment ses conquêtes ; il ne comprend pas non plus que si son droit est fondé sur la force ou la ruse, il trouvera logiquement un plus fort et plus rusé que lui pour asseoir un nouveau droit. La vengeance de Médée retourne le triomphe de Jason. L'objectif de conservation, elle l'a aussi : c'est la promesse d'hospitalité du roi d'Athènes qui lui permet d'inventer sa machination macabre, et d'en sortir vivante. Mais le sacrifice des enfants est une telle atteinte à son identité qu'on peut se demander ce que vaut la survie quand elle fonde ses assises sur des crimes aussi manifestes…

Le quatrième moment procède à une généralisation redoutable. Jason va ontologiser la situation, en opposant la générosité, l'efficacité et la productivité masculines à la stupidité et l'égoïsme des femmes : « *N'est-ce pas bien raisonné ? /Tu le reconnaîtrais, si le souci du lit ne t'irritait.* » « *Vous autres femmes, vous finissez par estimer/ que tout va bien si seulement vos nuits sont assurées.* » Dans une amplification digne de la grande propagande, il propose de reconstruire l'ordre naturel d'un monde juste : « *Ah ! Si les mortels/pouvaient procréer autrement, sans qu'il y eût de femmes ! /Ainsi tous les ennuis nous seraient épargnés.* » (vers 526-576) Ici l'induction marche à plein : d'un cas très particulier de dispute sévère entre mari et femme, et pour cacher l'infamie, Jason va aller vers une métaphysique de la dualité du genre humain, dans laquelle l'idéal serait que le même engendre le même et qu'on n'ait pas besoin de femmes pour avoir des fils ! Ce discours confirme les vues d'Adorno et Horkheimer. L'apparente neutralité et « objectivité » de la langue de communication est une façon de cacher son pouvoir performatif en faisant croire que sa nature est de simple désignation. La langue de Jason est par avance une langue positiviste. Faire croire que la réalité n'est pas autre chose que la façon dont on la désigne et que ce qu'on signifie d'elle ; faire croire qu'on peut formaliser cette réalité ; faire croire que cette formalisation en est une représentation fidèle et exhaustive.

Plus encore qu'une critique des sophismes possibles de la langue, on peut lire l'emphase de Jason comme un exemple massif de ce qu'est la langue d'un pouvoir politique dont le but est de dire l'inverse de ce qu'on fait. Il travaille par dénégations : « *Je ne saurais te vouloir aucun mal* ». Il trahit, mais dit qu'il est là pour secourir : « *Ce n'est point pour la femme que je me suis uni ainsi que je l'ai fait à la maison royale/ ,mais, je l'ai dit, pour te sauver...* » Il inverse les situations, la victime devient coupable : *« Sache changer de ton, revenir à plus de sagesse, ne pas voir le mal dans ce qui est bien/ ni ton malheur dans ce qui te sert.* » Puis : « *N'accuse que toi-même. »* Il brandit le mot « Grèce » comme un énorme étendard performatif qui coupe toute velléité de critique. Il se sert de la dichotomie raciste la plus banale pour confirmer ses mufleries : les barbares vivent tous, aussi différents qu'ils soient, sous le régime de la violence, les civilisés veulent la paix. Il sait que son impuissance est réelle, puisque, fugitif, son sort est dépendant du roi de Corinthe : « *Pouvais-je trouver plus heureuse aubaine/ qu'une princesse à épouser, moi un banni ?* » Mais il la masque par la répétition emphatique du mot « vouloir » : « *Je ne veux pas te voir partir dans le besoin* », « *je veux faire servir au bonheur de ceux qui existent ceux qui naîtront ensuite* », « *je puis t'aider de mes ressources. /Tu n'as qu'un mot à dire, je donnerai sans lésiner.* » Plus il est impuissant, plus il revendique la toute-puissance. Modèle très contemporain d'une langue destinée à manipuler.

Jason trouve une langue qui marche comme si pensée et réalité avaient un pouvoir l'une sur l'autre, de manière à assurer en fin de compte le triomphe de la pensée sur la réalité. Langue de communication qui redevient langue magique. En apparence, c'est la réalité qui commande. On part de prétendus « constats » : c'est comme ça, il n'y a pas à juger, la Grèce est supérieure au reste du monde, le mâle domine la femelle, etc. Et le raisonnement, partant de ces prémisses, en déduit de façon « objective » les conclusions attendues : les étrangers doivent se soumettre, les femmes rester à leur place. En réalité toute langue prétendument neutre est performative, en modélisant la nature qu'elle prétend décrire. Jason prétend partir de faits, – tu habites la Grèce, tu connais la justice, tu as trouvé la gloire –, de conclusions tirées de l'expérience, – ce n'est pas d'aujourd'hui que je le constate : on ne saurait aider ceux qui s'obstinent dans la violence –, ou de truismes, – les barbares ne sont pas grecs –, et en tire les conclusions logiques : tu as reçu plus que tu n'as donné, et si tu es bannie, c'est bien de ta faute. Jason s'autoproclame innocent et généreux, sort de la rencontre avec la certitude qu'il a réussi à confirmer son pouvoir, même s'il n'a pas convaincu. Mais il n'est pas tranquille. Car son discours n'est pas si rationnel qu'il veut bien le prétendre. Il ressemble aussi à la fameuse histoire du chaudron prêté neuf et rendu abîmé, que Freud raconte dans son livre sur le mot d'esprit. « Je ne t'ai pas emprunté de chaudron », dit le coupable. Puis : « il était déjà troué quand tu me l'as prêté ». Puis : « je te l'ai rendu intact ». Freud montre comment cette plaisanterie est destinée à satisfaire une revanche du principe de plaisir sur le double principe de réalité et de raison : revanche de l'adulte qui ne renie pas les plaisirs infantiles du non-sens et de l'irresponsabilité.

Il n'y a pas de problème, dit Jason à sa femme furieuse ; puis : il y avait des solutions ; et enfin : c'est toi qui crées le problème. Il n'y a pas de problème : Médée a tout gagné en quittant son pays. Que Jason l'ait trahie, ce n'est qu'une apparence, ce n'est même pas une trahison, puisque de cette situation sortira un bienfait ; il n'y a vraiment pas de problème. Ce qui arrive, ajoute-t-il, est une chance, et même un témoignage d'amour : « *Toi tu peux me haïr/je ne saurais jamais te vouloir aucun mal* ». Pas de problème, vraiment pas : « *Pourquoi te faudrait-il à toi d'autres enfants ?* » Puis l'argument se transforme : il y a des solutions, bien sûr. Ce mariage est LA solution : « *Je voulais, et rien ne compte davantage, nous faire vivre dignement/sans devoir nous priver, car je sais/combien la pauvreté met les amis en fuite… /Je voulais élever mes fils comme il convient à ma naissance. /En donnant des frères aux enfants nés de toi/je les mettais au même rang, je faisais de ma race un faisceau/et je vivais heureux.* » Il y avait donc un problème : la pauvreté, la fuite devant les ennemis, l'hospitalité incertaine (jusqu'à quand ?) de la cité de Corinthe. La solution : le mariage de Jason avec Créuse, la sécurité matérielle pour les enfants, le silence acheté de Médée. Prendre acte des faits sans rien dire, c'était ce qu'elle aurait dû tenir comme position. Enfin la dernière proposition est accusatrice : c'est ta faute si on t'exile ; ce n'est pas moi qui l'ai souhaité. A Médée qui se plaint : « *moi je suis seule et bannie* » il répond : « *C'est que tu l'as voulu. N'accuse que toi-même… Ton arrogance rebute la bonne volonté et ton malheur en est accru.* » Le mot d'esprit, dit Freud, se construit sur les mêmes mécanismes que ceux qui fabriquent les rêves. Au fond, tout est fait pour le plaisir. Dans l'inconscient, la contradiction fait place à la juxtaposition. La joie enfantine de se contredire ouvertement, joie de contourner par les mots la tyrannie des « *contraintes de l'apprentissage du jugement droit* », de la perception juste de la réalité, aucun adulte ne l'abandonne jamais : « *il est plus facile et plus commode d'abandonner le chemin déjà battu par la pensée que de s'y tenir, de rassembler pêle-mêle des éléments hétéroclites que de les opposer les uns aux autres, il est particulièrement aisé d'admettre des formules syllogistiques répudiées par la logique…* » assure-t-il[35], et, poursuit-il, « *la tendance à réagir contre la rigueur de la pensée et de la réalité demeure chez l'homme profonde et tenace.* » En particulier, semble-t-il, quand il s'agit de justifier l'injustifiable, et de faire passer pour justice un acte qui n'est pas autre chose que de la violence nue, dans l'intérêt de celui qui le commet ?

Jason dans la tragédie d'Euripide croit sans dommage libérer directement les tendances inconscientes du plaisir de dominer et de jouer avec la vie des autres, pourvu que la sienne soit sauve. Le héros mythologique et guérisseur est devenu un personnage cynique, inconséquent, cruel, aliéné par le souci de sa sécurité et de sa puissance, indifférent à la morale et à la justice. A l'opposé du héros de l'Odyssée, il n'est pas capable de mesure, il ne cherche ni à maîtriser ses plaisirs ni à réfléchir au bien commun. Son intelligence n'est pas là pour analyser, critiquer. Le seul calcul dont il se sert est lié au plaisir redoublé de la certitude de son pouvoir. Il n'est pas comme Ulysse incertain du résultat, il ne ruse pas pour affaiblir l'adversaire tant il est sûr que celui-ci est déjà à terre. Dans l'insolence et la joie sadique de l'enfant, impuissant qui se croit

[35] Freud *Le mot d'esprit et sa relation à l'inconscient*, trad. Denis Messier, Gallimard, NRF, Paris, 2007, p 205-6 (*Partie synthétique*).

tout-puissant, qui joue de son irresponsabilité, il accumule mauvaise foi et dénégations dont il faut savoir gré à Euripide d'avoir énuméré une grande partie des formes possibles ! Il est passé des ruses des Lumières destinées à l'émancipation aux ruses d'un discours centré sur le souci de conserver les avantages acquis. Conséquences d'une abstraction malheureuse ? Restauration moderne des langues magiques ? « *Tout ce qui s'appelle de nos jours communication, sans aucune exception, n'est que le bruit qui couvre le mutisme de ceux qui sont sous l'emprise magique* », résumera *Dialectique Négative* (DN p.271) L'isolement final de Jason exprime les mutilations de ces langues supposées de communication, mais en réalité de domination, par lesquelles aucune paix, aucune réconciliation, aucune justice ne sont possibles. En se faisant appeler « Personne », Ulysse ne mesurait pas la taille de la boîte de Pandore qu'il avait commencé à ouvrir !

Dans le chapitre sur « *la production industrielle de biens culturels* » Horkheimer et Adorno montrent que cette langue démocratique va se calquer sur la langue publicitaire dont a besoin aujourd'hui la consommation de masse. Langue devenue totalitaire, inconsciente des mutilations de son propre rapport aux objets dont elle parle. « *Il n'est plus possible de déceler dans les mots toute la violence qu'ils subissent.* » (DR p.175) Ce qu'ils subissent, c'est le retour à des formes incantatoires et magiques d'absence de réflexion, c'est la difficulté croissante à exprimer et à signifier les réalités présentes. Plus le concept s'abstrait dans la généralité, plus il devient une formule trop compacte qu'on peut manipuler, comme si désormais le sens devenait univoque, l'expression sans couleur et la référence inerte. « *Le mot… est tellement rivé à la chose qu'il n'est plus qu'une formule pétrifiée… Les termes eux-mêmes deviennent impénétrables, ils acquièrent une vigueur, une force d'adhésion et de répulsion qui les assimile à leur extrême opposé, l'incantation.* » Parler pour prendre le pouvoir transforme la fonction du mot : il s'auto-désigne dans l'exigence d'un refus complet de réflexion ; il est incantatoire, il fait croire qu'on a tout dit et tout compris quand on le prononce, il empêche toute analyse réflexive : « *Plus le langage se fond dans la communication, plus les mots qui jusque-là étaient véhicules substantiels du sens se dégradent et deviennent signes privés de qualité… La démythologisation de la langue comprise comme élément du processus global de la raison est un retour à la magie.* » (DR p.172) Cette bizarre destinée qui fait du mot abstrait quelque chose qui n'a plus de sens, mais devient un « mot d'ordre totalitaire » s'exprime dans la captation idéologique du langage commun. *La dialectique de la Raison* établit un parallèle terrifiant entre l'analyse de la langue publicitaire d'une culture devenue industrielle, dirigée vers le commerce, la vente et la consommation, et celle du travail d'euphémisation, d'hyperbole, de sacralisation de la rhétorique et de l'imagerie mises au service de la dictature nazie. « *Le nom... se transforme en étiquette arbitraire et manipulable dont on peut calculer l'efficacité, mais elle acquiert de ce fait même la force despotique du nom archaïque.* » (DR p.173) Victor Klemperer a noté les particularismes manipulateurs de la langue du Troisième Reich[36]. Horkheimer et Adorno notent l'avilissement d'une langue destinée à l'asservissement culturel des masses. Dans les deux cas « *la part d'expérience qui personnalisait les mots en les attachant aux hommes qui les prononçaient, a disparu, et dans cette prompte assimilation, la langue acquiert cette froideur qu'elle n'avait jusqu'alors que sur les colonnes Morris ou dans les annonces de journaux. De nombreuses personnes emploient des mots et des expressions qu'elles ont cessé de comprendre ou qu'elles n'utilisent que parce qu'ils déclenchent des réflexes conditionnés...* » (DR p.174)

Sénèque, du négatif au néant

De ce formalisme tueur la Médée de Sénèque, à l'époque de Néron, va se faire l'héritière paradoxale et paroxystique. Du formalisme au jeu et au divertissement la différence n'est pas grande. Florence Dupont explique que les Latins sont bien plus encore que les Grecs classiques séparés des croyances mythologiques. Le jeu théâtral est devenu une forme esthétique et ludique, dit-elle, sans relation directe avec une quelconque vérité sur la condition humaine ou les conditions sociales. Les personnages tragiques sont le fruit d'un héritage culturel, d'une mythologie devenue folklore. Médée n'est plus un « sujet » qui s'affronte au destin, c'est une pure nomination, sans intériorité.

[36] Victor Klemperer, *LTI, la langue du Troisième Reich. Carnets d'un philologue*, Paris, Albin Michel, coll. Bibliothèque Idées, [1947] 1996, Traduit et annoté par Elisabeth Guillot. En livre de poche Agora Pocket.

Chez les Romains, « *on n'est pas là pour juger, tout est déjà jugé.* »[37] Ce qui va compter ce sera la virtuosité technique, la manipulation des histoires et des situations, que tout le monde connaît puisqu'elles font partie de la tradition. « *Le public veut une performance nouvelle, comme on attend d'un équilibriste un nouveau numéro où il sera encore meilleur.* » Exercice de style, la recitatio, comme se présente le théâtre de Sénèque, est de l'ordre du jeu. « *Fête de la consommation paresseuse* », les tragédies romaines ne sont pas des instruments d'édification. Le héros ne communique plus, il ne se dresse plus dans sa liberté impuissante contre les forces hostiles, il s'exhibe dans l'échec déjà consommé. On ne change pas la trame du récit, on le traduit dans une langue et un lieu destinés à la mémoire collective et aux fêtes du divertissement. « *Le spectacle d'une métamorphose d'un homme en monstre, c'est ce que devient toute tragédie grecque naturalisée romaine par le tissage de la traduction. La chaîne latine est le spectacle ludique – la musique, la danse, les jeux avec les mots –, la trame grecque est l'histoire.* » Médée furieuse suivra la logique de sa loi de construction et finira toujours naturellement dans la consécration de son identité légendaire : le monstre disparaît dans le char du soleil, retrouvant à jamais les images populaires du mythe, raconté par Euripide. « *Le personnage qui présente une passion n'est pas en situation de communication, mais d'exhibition.* » Le théâtre n'est ni un théâtre d'idées ni l'expression dionysiaque du sacré. Il a perdu sa force de terreur et de pitié. Cette analyse pourrait paraître rassurante. Les cruautés hyperboliques de la tragédie de Sénèque ne sont qu'un jeu. Il n'empêche qu'on peut en frémir de consternation. Car les aventures de l'abstraction, si elles conduisent ainsi à séparer science, philosophie et art, n'orientent plus l'intelligence vers des réflexions sur la condition humaine, la vérité, la souffrance ou la liberté. La fonction de l'art serait-elle déjà d'être la douce drogue d'une respiration temporaire hors des filets de la domination ? Le spectacle esthétique, par son côté ludique, et dans son statut de performance, ne prétendrait à aucune vérité sociologique ou politique sur l'époque. Mais on peut aussi en frémir de plaisir, car dans cet exercice de style, il n'est pas illégitime de lire une

---

[37] Florence Dupont, *Les monstres de Sénèque*, Belin, L'antiquité au présent, 1995, respectivement pages p 95, 51, 28, 42-43, 96.

dénégation quasi obsessionnelle des cruautés de l'époque. Les monstres de Sénèque, dit toujours Florence Dupont, ont « *fasciné les spectateurs romains jusqu'au IVème siècle apr. J.-C..* » [38] Ils nous fascinent toujours : on joue autant, sinon plus, la tragédie de Sénèque que celle d'Euripide... On n'est pas fasciné par une distraction. Question d'amplitude de la terreur ? La démesure, le traitement obsessionnel des voix et des corps, l'absence affirmée de référence au présent, tout cela en est sans doute une représentation redoutable, et pour nous une invitation à voir ce qui dans notre époque lui ressemble d'abstraction, de froideur passionnée dans le spectacle du mal.

Sénèque stoïcien fait du nom propre « Médée », de l'individu qui n'a respecté ni sa place, ni l'ordre social, le prototype de la destruction et de l'expulsion. A l'inverse d'Ulysse, Médée ne criera son nom qu'au terme d'une apocalypse finale. Ulysse restaure heureusement son identité personnelle, dans une dialectique encore confuse entre le mode général de l'abstrait, qui laisse les oppressions en l'état, et la levée de quelque chose plus imprévisible, l'universalité d'un régime de vérité associé à celui de l'émancipation. Médée montre les ravages des révoltes solitaires et désespérées, quand la nomination exprime une singularité dégagée de toute référence à des abstractions salvatrices et émancipatrices. Elle n'est qu'un nom et ce nom est celui d'une légende. Ulysse pratique l'abstraction pour se sauver, Médée devient pur néant, en s'échappant après l'avoir détruite d'une réalité qu'elle ne peut pas transformer. La langue de Médée n'exprime plus le passage salvateur à une culture qui oriente autrement les rapports de force, elle introduit une autre dimension du négatif : passion de l'expulsion, passion de la haine, qui la chassera tout aussi bien d'elle-même quand elle affirmera de façon triomphante : « *C'est maintenant que je suis Médée.* »[39] Médée se constitue comme sujet dans une négation définitive de ce qui fait sa vie présente. Façon traumatique de refuser les malheurs du réel qui vous agressent. Elle va d'abord expulser hors d'elle tout ce qui a rapport à son amour

---

[38] Ibid. p 242.

[39] Sénèque, *Théâtre complet*, volume 2, trad. Florence Dupont, Imprimerie Nationale, Le spectateur Français, Paris, 1992, scène X.

pour Jason : ses fils. « *Enfants qui fûtes un jour les miens/ A vous de payer pour les crimes de votre père.* » Elle ne se contente pas de tuer : elle part dans le char du Soleil, son ancêtre, jette auprès de Jason les cadavres des enfants assassinés, les abandonne à Corinthe détruite sans même chercher à les ensevelir. Mais cela ne suffit pas. Pour être criminelle elle s'expulse de son corps de femme et de mère, révèle et expose ses entrailles, vidées de toute forme et de toute promesse de vie : « *Je vais les égorger tous les deux/ ,Mais cela ne suffira pas à ma douleur/ Elle est trop grande/ Si dans mon ventre peut se trouver encore quelque fœtus/ Je m'ouvrirai le corps d'un coup d'épée/ Et j'arracherai l'embryon.* » Quittant définitivement sa maison et le monde des humains, le char ne la conduit pas dans une Athènes hospitalière, comme c'est le cas dans la pièce d'Euripide, mais dans le monde monstrueux, nomade et ludique de la mythologie : « *Je pars comme j'en ai l'habitude/ Une route s'est ouverte dans le ciel/ Il y a pour moi deux serpents attelés.* » Cette triple destruction construit son identité : « *C'est maintenant que je suis Médée.* »

Ulysse se définissait comme Personne, passage salvateur du nom propre au concept. Médée se nomme et se vide de ses viscères. Elle ne se reconnaît qu'à la condition de s'être coupée de toutes les maternités présentes et possibles ; singularité absolue qui n'est plus rien du tout ; non point le zéro, mystère démultiplicateur, mais la disparition, autre forme perverse et terrifiante de l'abstraction. Dans les deux cas, Ulysse, Médée, il y a « *adéquation linguistique à ce qui est mort* » (DR p 74), mais pour Ulysse cette mort se révèle absence, jeu verbal, pour Médée c'est le résultat d'un meurtre. D'un côté le négatif, de l'autre le néant. Pour comprendre cette vertigineuse montée en puissance des terreurs de l'abstraction, on peut utiliser Ulysse pour sauver Médée, mais aussi se servir de Médée pour protéger Ulysse de ses fanfaronnades.

Adorno se souvient dans *Minima Moralia* d'une chanson qui, dit-il, a toujours fait son bonheur [40] : « *C'est l'histoire de deux lièvres qui se régalaient d'herbe ; ils furent abattus par le chasseur, et s'apercevant qu'ils étaient encore en vie, ils détalèrent.* » Passage du néant au négatif, cette fois ; critique de la logique, critique et sauvetage du sens de la vie. « *C'est plus tard seulement que je compris la leçon de cette histoire : la raison*

[40] Adorno *Minima Moralia* p 186.

ne peut résister que dans le désespoir et l'excès ; il faut de l'absurde pour ne pas être victime de la folie objective. On devrait faire comme les deux lièvres ; quand le coup part, tomber bêtement et faire le mort, reprendre ses esprits et, si l'on a encore du souffle, filer… » Le passage à l'abstraction a représenté cette absurdité qui transforme la faiblesse en puissance. La négation est vitale, mais contient en elle le risque de sombrer dans le néant et la destruction. L'existence d'Ulysse est sauvée par son passage au négatif, et non pas détruite. Au contraire Médée, abattue par le chasseur, s'aperçoit qu'elle est encore vivante et au lieu de détaler, revendique l'exclusion et la pousse à son paroxysme. Il fallait qu'elle en soit morte, ou monstrueuse, en tous cas, expulsée du monde des humains ! Témoignant du bonheur d'écrire même dans les temps tragiques du nazisme, Adorno et Horkheimer vont déconstruire la folie objective de notre monde technique et bureaucratique, s'attaquant de façon iconoclaste à toutes les composantes de la pensée logique, en commençant par ce socle de la langue qu'est la puissance d'abstraction. Critiquer pour sauver. Sauver l'abstraction de la seule généralité, ou négation de l'individuel, pour la faire passer à l'universalité générique, à l'utopie à la fois nécessaire et impossible. Ulysse se sauve par l'abstraction, qui supprime la solitude du singulier ; c'est qu'il reste dans le social, il ne parle pas seul, il s'adresse à une demande, fût-elle inhumaine. « Mon nom est Personne » répond-il à Polyphème ; il échappe à l'effroi en inventant la distance de sa conscience, en rusant avec son interlocuteur. Il a fait le mort et il a filé, car il a des compagnons, un voyage à terminer, quelqu'un qui l'attend au pays. Il peut être à la fois absent et présent, sa présence concrète cachée sous l'abstraction se retrouve intacte après le danger. Qu'il y a loin de cet humanisme naissant à la folie d'une volonté solitaire ! Médée fixe la négation comme expulsion. Destructrice et détruite, elle ne peut plus jouer avec les mots et radicalise de façon définitive la distance entre le concept et l'objet : s'il y a le mot, la chose est supprimée, s'il y a la chose, le concept ne peut plus se dire. « Médée », le nom, détruit Médée la femme et la mère. « Infanticide » le nom, détruit la souffrance de celles qui sont capables de tuer leurs enfants.

Qui peut dire : « je suis infanticide, j'ai tué en moi celui-celle qui ne peut pas encore parler, in-fans » ? Dans cette reconnaissance je le-la fais parler, sans être capable de ressusciter ni sa présence ni sa relation à moi. Ainsi, expliquera Freud dans le fameux article sur *La Négation*, la reconnaissance du refoulé ne supprime pas le refoulement. Mais c'en est une étape. Ce ne sont plus mes enfants, crie Médée pour se donner la force d'accomplir le sacrifice. Ce n'est pas ma mère, dit l'analysant à Freud, qui va confirmer la reconnaissance. Passage, alors, cette fois encore, comme dans l'histoire des lièvres d'Adorno, du néant au négatif, puis du négatif à l'affirmatif. La négation dégage le subtil et cruel travail de la conscience, qui lève le voile sur le refoulé sans effacer son action inconsciente. Or que fait Médée quand elle expulse sa capacité à sentir, ses viscères, et son pouvoir d'engendrer, les promesses de nouveauté possible ? Je ne sens rien, je ne souffre pas, au contraire ; ce ne sont plus mes enfants, tu n'es plus mon compagnon, ni mon mari, il n'y a plus rien, mais je te hais encore et je suis moi. Ne reconnaît-elle pas la radicalité de l'existence de son amour et de ses maternités ? Détruire, c'est toujours beaucoup plus que faire disparaître, puisque c'est affirmer la présence insistante de ce qu'on veut nier. Dans Euripide, Médée tourmentée invente l'amour maternel. Dans Sénèque elle le sacralise : à l'enfant qu'elle tue et à ceux qui ne pourront plus jamais naître elle dit qu'ils sont immortels, car elle détient la toute-puissance magique de les faire apparaître et disparaître. Des revenants. En les tuant, elle proclame qu'elle a pu les faire naître. Ainsi en témoigne chez Sénèque l'abstraction de la maternité. Médée jette ses enfants aux pieds de son époux, et dans ce meurtre répété et assumé elle refuse de travailler autre chose que la simple mise à jour du refoulé, ce qui ne permet de transformer aucune douleur, ni de s'émanciper vers d'autres soucis de soi.

On peut même s'étonner que, au fur et à mesure que la distance aux légendes préhistoriques se creuse, la cruauté des images augmente, comme un jeu pervers qui permet d'échapper à la réalité sans chercher jamais à la transformer, dans la certitude de l'impuissance. *« Dans la fiction et dans l'imagination, la cruauté et la grandeur imaginaire agissent sur les hommes avec la dureté qui sera celle du fascisme allemand. Mais, tandis que dans la réalité ce colosse inconscient qui est le capitalisme sans sujet accomplit aveuglément la destruction, le sujet rebelle aveuglé attend de la destruction son accomplissement. »* (DR p.122) Médée furieuse accomplit le destin du nominalisme : aucune généralité ne pourra changer le monde, si des individus porteurs d'universalité ne trouvent pas des chemins inédits pour le faire.

Ulysse a mesuré la dimension sacrificielle du travail du négatif, quand il a creusé l'écart avec la réalité, dans une généralité vidée de toute expression vivante. Mais au fond il n'a rien appris, il reste toujours *« fils de Laërte, maître d'Ithaque et pilleur de Troie ».* L'abstraction salvatrice n'est pas parvenue à l'universalité d'une langue qui pourrait subvertir les rapports sociaux de domination. Médée revendique *Oudeis* comme un maître de mort, dans un usage anonyme des subjectivités et dans un contexte de violence sauvage ; et le nihilisme ambiant exprime haut et fort le tragique destin d'une abstraction séparée des contextes concrets qui en ont proposé l'origine. *« Ulysse découvre dans les mots ce qui, dans la société bourgeoise pleinement développée, prendra le nom de formalisme : le prix de leur validité permanente sera la distance qu'ils prendront par rapport au contenu qui leur sera donné chaque fois et, dans cet écart, ils pourront renvoyer à n'importe quel contenu, à personne aussi bien qu'à Ulysse lui-même. »* (DR p.73) Ulysse ruse entre négatif et néant. Mais s'il est indifférent d'être « Personne » aussi bien que « Ulysse », il est aussi indifférent qu'il meure ou qu'il vive. Il est aussi indifférent que Médée tue ses enfants ou d'autres enfants, qu'elle assassine la princesse ; l'essentiel sera qu'elle est une meurtrière, en général. Qui assassine une première fois devient assassin pour l'éternité. Médée criminelle applique à la lettre, et sans aucune dialectique, le stratagème d'Ulysse ; elle n'est plus personne, étant devenue une règle formelle de construction, celle du héros mythique travaillé dans la culture latine par la trilogie « *dolor, furor, néfas* », douleur, folie, crime. « *Le formalisme des noms… est à l'origine du nominalisme, prototype de la pensée bourgeoise. La ruse permettant la conservation de soi vit de ce processus qui règle la relation entre le mot et la chose qu'il désigne.* » Ulysse-Odusseos sauve sa vie en se nommant Oudeis-Personne, la généralisation abstraite ne rend plus compte de ancrages du concret, le nom est si éloigné de la chose qu'il ne la reconnaît plus. *« Il fait une profession de foi en sa faveur et se renie en même temps en se dénommant "Personne", il sauve sa vie en se faisant disparaître. Cette adéquation linguistique à ce qui est mort contient le schéma des mathématiques modernes. »* (DR p.74-75) Magnifique exagération d'un raccourci spectaculaire : il dit en même temps que le passage à l'abstrait nous sauve des contraintes identitaires de l'animalité et de la nature, mais que son formalisme peut instituer de nouvelles frontières interdisant toute nostalgie et toute référence à de véritables particularités individuelles, où le droit à l'originalité et la nouveauté pourraient avoir force de loi. C'est toute la théorie de la connaissance que Adorno et Horkheimer ont en vue d'explorer en parlant d'Homère et des mille tours d'Ulysse. Il y a dans tout mouvement d'abstraction une activité de négation qui est en même temps et sous le même rapport fondatrice et destructrice, qui peut aspirer à un idéal universaliste émancipateur ou se rabattre vers des généralisations qui confirment l'état de fait de la domination. Ulysse expérimente, dans la restauration du pouvoir du nom propre, et son opposition au concept, la signification destructrice de l'abstraction. Mais la personne de Médée, surtout celle de Sénèque, dialectise de façon tragique le retour au nom propre et à la singularité. Ulysse a eu raison de passer à l'abstraction qui généralise, puis d'avoir peur de cette négation, mais la récupération de son nom propre s'est faite dans un tel triomphe de son état de vainqueur et de propriétaire, – *« le pilleur de Troie, l'homme d'Ithaque »* –, que rien n'a été vraiment transformé. Du général à l'universel le passage ne s'est pas fait. Et la négation s'est faite destruction.

Eloge et critique du nominalisme

L'écart du nom et de la chose a fait d'Ulysse le premier bourgeois et le premier nominaliste. Inventant une autre langue que la langue magique, Ulysse découvre que les noms peuvent devenir des grilles interprétatives, dont nous avons besoin pour vivre, et qu'ils sont moins importants que les choses. *La dialectique de la Raison* discute de la valeur de cette conception du monde. C'est l'idéologie de la vie commerçante et urbaine, de cette association contradictoire entre le culte d'une individualité séparée et les nécessités de constantes interrelations, liées aux progrès techniques et aux divisions ininterrompues des tâches économiques. Ils y marquent le privilège du réalisme concret, mais aussi paradoxalement l'absence de médiations, et notent tout un usage de l'abstraction, dans de profondes hésitations sur les figures de l'universel.

Les *Trois études sur Hegel* expliquent : *« Le nominalisme a des origines bourgeoises très profondes, il s'allie, aux époques et dans les pays les plus différents, à la consolidation des relations urbaines… Il contribue à libérer la conscience de la pression de l'autorité du concept qui s'est établi comme universalité préalable, dans la mesure où il démystifie le concept pour en faire la simple abréviation des particularités qu'il recouvre. »*[41] Le nominalisme se caractériserait par une inversion des hiérarchies existantes : ainsi le mot, n'étant que la généralisation des caractères communs d'une classe d'objets, n'est plus sacralisé. Cette démystification est libératrice. Le nominalisme revendique la priorité du particulier sur le général : *« Qu'est-ce que le concept, après tout ? »* Ce qui compte, ce sont les hommes en chair et en os. Le nominalisme a raison. *« Mais une telle Aufklärung est toujours en même temps son propre contraire : l'hypostase du particulier. »* Là où il a tort, c'est dans la conviction que l'individu est premier, et que la société n'est pas autre chose qu'une somme d'individus. L'homme bourgeois se prétend maître de son intérêt atomistique, même s'il a besoin des relations de production, de travail et de commerce. Il croit que la société structure dans un ordre harmonieux et commode l'ensemble des citoyens ; or cette affirmation recouvre une réalité bien différente de ce qu'elle énonce, car la réalité, c'est un universel social construit sur des rapports de force : les dominants apparaissent comme les représentants de la globalité et de l'identité sociale ; les dominés deviennent des exemplaires anonymes. Le traitement politique qui leur est fait est marqué par le nivellement, et la suppression des différences, dans la langue de communication. Les concepts généraux, si on en reste à leur extension, réduisent, à la façon des syllogismes, toutes les particularités à ce qui leur permet de se ressembler et de s'unifier sous le même nom. Le mot société, par exemple, – pensons à notre slogan contemporain « faire société » –, permet de cacher les inégalités, injustices et antagonismes de classe ; celui de classe hiérarchise les rapports humains en termes exclusivement économiques et ainsi de suite.

---

[41] Adorno *Trois études sur Hegel* p. 124.

Le nominalisme a raison de vouloir critiquer la généralité du concept. Mais s'il se réfère à des particularités concrètes sans autre force expressive que leur propre conservation, alors il cautionne cette division malheureuse qui sépare l'idéal de justice de l'intérêt privé. Il nie leur spécificité, et ne s'intéresse plus à décrire leur originalité et leur richesse. La raison nominaliste est ici au plus près de sa collusion avec la domination des puissants, elle construit une langue conceptuelle qui rend paradoxalement semblables et anonymes les individus dont elle parle, alors qu'elle croit insister sur des originalités concrètes irréductibles. Transfiguration tragique, inversion sans relève des valeurs de ce qui existe. C'est le formalisme en général que Adorno et Horkheimer vont stigmatiser, et associer au nominalisme ; ils prétendent que l'industrialisation, l'échange généralisé des marchandises, le développement exponentiel d'une administration de contrôle et de police, l'anonymat des travailleurs, ces phénomènes historiques sont en liaison étroite avec cette conception du monde fondée sur le passage de la langue magique à la langue de communication. Progrès de la pensée, pensée du progrès. En réalité c'est la dialectique du malheur, où la vie concrète est une vie mutilée, séparée de ce qui en elle reste incommensurable à l'arithmétique, statistiques, quantités, science appliquée, connaissance abstraite.

Dans ce cadre le nominalisme, en demandant « qu'est-ce que le concept, après tout ? », pourrait tout aussi bien demander « qu'est-ce que l'individu, après tout ? » Car, en faisant de la langue un moyen commode de transmission des échanges, il libère, certes, de la sacralité religieuse, mais il écrase aussi tout ce qui est concret sous les abstractions nivelantes des rapports anonymes. « *Le nominalisme en ce sens encourage la bourgeoisie à suspecter d'être une simple illusion tout ce qui pourrait inhiber les individus singuliers dans leur pursuit of happiness, dans la chasse irréfléchie à l'avantage personnel. Il ne doit y avoir rien de général qui pourrait arracher les œillères du particulier, la croyance que sa contingence est sa loi.* » (Trois études, p.124) Or on n'est pas vraiment individu quand on est seulement dans la poursuite de ce qu'on croit être son intérêt et son plaisir personnel. L'individu véritable sent et sait qu'il ne se réduit pas au registre économique, il aspire à d'autres émancipations. Il est capable de critique, et même d'autocritique. Lui seul d'ailleurs peut percevoir la réalité autrement que dans les cadres de l'idéologie à la mode. C'est l'enfant qui dit que le roi est nu, et qui restitue à la réalité son aspiration à la vérité ; c'est le courage de la pensée théorique, qui travaille sans concession à dénoncer les formes identitaires, ou communautaristes, de ses propres principes de synthèse ; c'est l'expérience particulière qui prend acte de sa souffrance sans chercher ni à la dénigrer, ni à la sacraliser ; c'est la singularité d'un regard amoureux vers le monde, qui prétend à la solidarité avec ce qui est exclu et condamné par les dictatures des formes de l'échange. A travers le concept de « micrologie », *Dialectique négative* invitera à revendiquer non pas moins de sujet, mais plus de singularité en chacun. » *L'imagination exacte d'un dissident peut voir plus que mille yeux auxquels on a mis les lunettes roses de l'unité et qui ensuite confondent ce qu'ils perçoivent avec l'universalité du vrai, et régressent.* »[42]

La langue nominaliste est aussi une langue de maîtres, la langue de ceux qui parlent d'égalité pour cacher l'inégalité, d'universalité pour cacher la recherche égoïste de l'intérêt privé. *« Qu'est-ce que le concept, après tout ? » signifie toujours aussi que chacun doit gagner de l'argent et que ceci est plus important que tout le reste. »* Adorno dit du nominalisme qu'il participe de la métaphysique du « c'est-à-moi », *« qui n'est que la sanctification de la propriété. »* A chacun sa propriété, à chacun ses opinions, le relativisme nominaliste risque de ne pas être autre chose que la caution d'un pur état de violence.

En démystifiant l'idéalisation du concept, le nominalisme participe des Lumières. Liquidation des anciennes oppressions locales, sans aucun doute. Mais y a-t-il démythologisation complète ? Le concept mêle toujours connaissance et stratégie de combat. Il s'agit donc de savoir pour qui et pour quoi on se risque. Quand une langue est considérée seulement comme un système de signes, alors la situation polémique est niée, les mots sont dévalués, prennent le masque de simples moyens d'échange sans soucis d'usages émancipateurs. Le discours se clôt sur lui-même, l'abstraction reconduit sans rien changer le monde tel qu'il est ; sa dureté se referme sur des organisations prétendument définitives. Formules pétrifiées que ces mots dont la généralité est séparée des choses devenues muettes.

---

[42] *Dialectique négative* p 43.

La poursuite particulière, empirique, immanente et « bourgeoise », du bonheur, sans souci de justice et dans la simple contingence des opportunités, peut aboutir en fin de compte à l'obsession vengeresse qui rend la Médée de Sénèque sourde à tous les nœuds qui l'attachent encore à sa condition. Médée sacrifie ses enfants au nom de la métaphysique du « c'est-à-moi », – et non à toi, clame-t-elle à Jason – ; de même le « *principe d'individuation bourgeois* » développe la tendance autodestructrice d'une société incapable d'envisager une langue commune séparée de ses productions industrielles et publicitaires. Apprendre à parler, ce devrait être apprendre à réfléchir. Le monde de la consommation et de l'échange généralisé des marchandises nous fait croire que le principe d'individuation est directeur, alors que c'est une illusion. Et qu'est-ce qu'un individu qui se définit par des propriétés mythiques : celles d'un « soi » isolé, devenu pure désignation, sans attache conceptuelle possible ; celles d'un volontarisme aveugle, signe d'une réalité déchirée par un ordre social obsédé par la religion des sacrifices (« Quand on veut on peut ») ; celles de la toute-puissance, qui a refoulé l'angoissante question de la dépendance envers la matière, naissance, mort, relations aux corps, aux autres êtres vivants, et à toutes les machines techniques et sociales ? Il ne reste de lui qu'un point mathématique, répond Adorno, car la propriété est devenue marchandise, subordonnée à son prix, et à l'échange abstrait. Disparition de la singularité dans le commerce. « Chacun pour soi » devient le modèle nominaliste de la construction du concept de société, en séparant les particularités les unes des autres et en les mesurant à l'aune quantitative de l'appropriation des biens.

Le « chacun pour soi » économique a comme corollaire « à chacun sa vérité », monde dans lequel plus rien n'a d'importance. Alors c'est bien l'universelle horreur qui peut advenir. Juger ou condamner ses violences est considéré comme le fruit de rêveries impuissantes et infantiles.

Le nominalisme empêche la connaissance de la réalité. Ni le concept ni le concret n'ont le dernier mot, car ils n'ont de sens que l'un par l'autre. Or « *la connaissance ne peut apporter un élargissement des perspectives que là où elle s'attache à l'individuel avec une telle insistance qu'elle finit par le détacher de son isolement... La morale de la pensée consiste à ne témoigner ni d'un entêtement borné ni d'un détachement souverain, à mettre en œuvre une réflexion qui ne soit ni aveugle, ni vide, ni trop atomisée, ni trop systématique.* »[43] Cette avalanche de négations signe la finesse et le doigté d'une langue dont le but est de dire la vérité sans cacher sa fragilité, ni le caractère indéfini de son approche. « *Penser contre soi-même sans se sacrifier* », écrira aussi *Dialectique Négative.* Aller par le concept au-delà du concept. Travail de Sisyphe...

Adorno veut sauver le particulier sans renier l'universel, le singulier sans détruire le général, et l'identité sans empêcher l'altérité. L'identité n'est pas l'identitaire ; le travail qui consiste à chercher l'universel et à l'exprimer ne consiste ni à hypostasier le général, en y soumettant la diversité des individualités multiples, et les niant ; ni à hypostasier le particulier, comme si c'était le point ultime de l'identité, en l'empêchant de parvenir à autre chose que lui-même.

Autonomie du concept

« *Si le concept était assez autonome pour ne pas s'épuiser dans les particularités dont il est composé, le principe d'individuation bourgeois serait alors profondément ébranlé.* » (Trois études p.124) Critiquer le concept, et toute l'histoire de la philosophie, pour donner sens à d'autres formes d'expérience, c'est l'objectif du travail adornien.

L'universel appartient à un monde qui reconnaît la présence insistante de l'altérité à l'intérieur de l'identité, car le vrai est toujours lié à la valeur, elle-même ancrée dans l'histoire, mais pas relative pour autant. Le vrai répond autant à des exigences éthiques de liberté et de justice qu'à des exigences d'objectivité. Il suppose une négativité qui n'oriente pas vers le néant, mais qui est appel à réparation ? Une négativité « déterminée » qui puisse être à la fois critique et sauvetage, qui trouve à l'intérieur même du mouvement abstrait de quoi se souvenir des particularités qui ont été niées. Critique du général et sauvetage de l'individuel, pour passer à l'universel. En ce sens la pensée qui le cherche s'origine dans la souffrance et dans l'espoir, parce que ce sont le fond de toute

[43] *Minima Moralia* p 72.

émotion, et non dans la simple « *pursuit of happiness, chasse irréfléchie à l'avantage personnel.* » La généralité qui en reste au niveau de l'hyperbole accumulative et de l'induction est stérile. La véritable universalité est, en fait, capable de faire surgir historiquement les possibilités inexplorées des relations sujet-objet. Ces relations ne sont pas de subordination, mais de constante médiation. Le concept n'isole pas, il relie, à condition qu'il ne « *s'épuise pas dans les particularités dont il est composé* », et qu'il ne soit pas hypostasié dans des identités closes. Dans le monde bourgeois les relations sociales ne sont pas des médiations, parce qu'elles sont fondées sur des logiques guerrières. Médiation veut dire : des ponts, pas des murs.

Critiquer la langue pour la sauver, « *ébranler le principe d'individuation bourgeois* », c'est un des objectifs de *La dialectique de la Raison*, qui voudrait proposer une théorie de la connaissance qui ne reste pas dans l'opposition frontale du sujet et de l'objet. Il n'« y a » pas de sujet, il n'« y a » pas non plus d'objet séparé. Le sujet n'« est » pas, au sens d'une chose parmi les choses, il est ce qui subvertit sans arrêt la réalité. L'objectivité est l'ensemble des déterminations, – forcément subjectives –, qui caractérisent le réel, mais ne s'y réduit pas. Adorno a toujours travaillé Kant. « *Le subjectif du subjectif rend le subjectif objectif* » énonçait l'*Opus Posthumum.* Mais quand le sujet se croit premier, « *les multiples affinités entre ce qui existe sont supprimées par la simple relation entre le sujet donateur de sens et l'objet dépourvu de sens, entre la signification rationnelle et le porteur de signification.* »(DR p.28) A l'inverse, si on dit que c'est l'objet qui est premier, on isole tout ce qui dans la perception est de l'ordre de la projection, et ce réalisme archéologique devient terrifiant de neutralité et de silence. La réalité n'est pas l'inconnaissable, inatteignable dans les catégories de la sensibilité et de l'entendement, ce n'est pas non plus une nature vierge, isolée du travail et de la culture. Parler de réalité, c'est reconnaître la priorité paradoxale de la médiation. Comme le mouvement du cœur, – diastole, systole –, la connaissance et le sujet ouvrent et ferment la langue sur des déterminations à la fois solides et fragiles, fluctuantes et dynamiques. Ni le sujet ni l'objet ne sont premiers, ce qui l'est c'est leur médiation réciproque. Le nominalisme cautionne la métaphysique du « c'est à moi ». Le sujet s'est réduit à un individu devenu propriétaire – de lui-même entre autres biens. Or

« *la profondeur intérieure du sujet n'est constituée par rien d'autre que par la finesse et la richesse du monde extérieur des perceptions. Si cette interpénétration réciproque est interrompue, le moi se fige. S'il s'épuise, à la manière positiviste, à enregistrer des données, sans rien donner de lui-même, il se réduit à un point, et s'il crée, à la manière idéaliste le monde à partir de ses fondements insondables, il s'exténue dans une stupide répétition. Dans les deux cas, il sacrifie l'esprit.* » (DR p.197)

En face d'une telle dévaluation et utilisation criminelle de la langue il est clair qu'il faudrait plutôt travailler « *l'autonomie du concept* », refuser de le réduire à sa définition, – bien qu'on ne puisse penser sans se servir de définitions –, ni le subordonner au sacro-saint principe d'identité. Les concepts sont « *autonomes* » : dans le travail incessant d'aller-retour entre la confusion et le chaos des impressions de ceux qui sont dominés et la recherche d'un « style » capable d'en rendre compte, les mots agissent, rusent, libèrent ou oppriment. Il va s'agir de travailler avec et contre la langue des maîtres. Avec, parce qu'il n'y en a pas d'autre, contre, parce qu'il faut la transformer de l'intérieur, sans oublier ce qu'elle porte de cruauté et de sacrifice. Adorno réhabilite le moment rhétorique, donc esthétique et unique, de la philosophie, moment qui se tourne vers l'universel, vers une distance sans proximité fantasmée ni hiérarchie humiliante. Ce travail de pensée est autant lié à l'expression de la culpabilité intime de l'autoconservation qu'à l'exigence de rigueur et de clarté. L'expression fait éclater les généralités ; elle montre que les singularités ne se réduisent pas à des propriétés privées incapables d'échanger en dehors d'un monde commun et aplati, et qu'il s'agit de travailler les mots, les phrases et les raisonnements, dans le souci constant de restituer l'altérité et l'échappement de ce dont on parle. Dans toute philosophie il y a un style. Celui d'Adorno rencontre la poésie d'Hölderlin, par l'utilisation rhétorique de la parataxe : des éléments juxtaposés et non liés, tout autant abrupts que fluides [44] ; la « *recherche de combinaisons qui feraient pour ainsi dire chanter une deuxième fois les mots condamnés à l'abstraction* » ; le refus du mensonge de la proximité,

---

[44] Adorno, *Notes sur la littérature*, "*parataxe*", p 333 Champs Flammarion, 1999, conférence prononcée lors de l'assemblée annuelle de la Société Hölderlin à Berlin le 7 juin 1963.

l'appel concomitant et paradoxal à la réconciliation avec ce qui a été éloigné… Expression individuelle d'une fureur théorique, dans le but de penser son temps, d'une façon à la fois explosive et minimaliste : « *A l'âge de la répression sociale universelle, c'est seulement sous les traits de l'individu massacré et écrasé que survit, face à la société, l'image de la liberté.* » (DN 206) Massacré et écrasé, mais encore vivant ; c'est au nom de cette douleur que la philosophie cherche à dire le vrai : telle la forme adornienne de la résistance. Au nom des désespérés, revendiquer l'espoir ; au nom de l'altérité, travailler les identités ; au nom de la réconciliation, ne jamais oublier le malheur. La négation déterminée des réalités à connaître et dans lesquelles on vit implique à la fois espoir et désenchantement, démystification, démythification, sans certitude aucune que les attentes seront réalisées, mais dans l'expérience vécue d'une forme particulière d'émancipation et de sauvetage de soi-même. « *Rien ne peut être expérimenté comme vivant qui ne promet quelque chose qui transcende la vie. Cette chose transcendante existe et en même temps n'existe pas : il est très difficile et probablement impossible de penser au-delà de cette contradiction.* » (Métaphysique, p.209) Même si la description minutieuse et méthodique d'une société mortifère est terriblement désabusée, il y a bien une joie de penser : s'orienter, par la négation des formes existantes, – négation déterminée, destinée à la fois à critiquer et à sauver, à rester proche et à s'éloigner –, vers de nouvelles formes théoriquement imaginées de l'universel. La négation déterminée est à la fois une critique et un sauvetage des objets, et une critique et un sauvetage de soi-même. Le travail sur la langue est une autoréflexion autant théorique que pratique, autoréflexion du cadre social sur lui-même autant que du contenu des connaissances et des formes de communication : c'est pourquoi le style, dans toute recherche théorique, est déterminant, et qu'il y a quelque chose d'autobiographique et de poétique, dans l'écriture et la parole philosophique.

« *Autonomie du concept* », et non indépendance : associer philosophie et art, dire ce qu'on ne peut pas dire ; orienter abstraction, logique et langage vers des usages non violents qui puissent s'écarter, en marge, des revendications conquérantes de la connaissance et de l'identité. Il est probable que la langue de ces fragments philosophiques tente, dans l'écriture à deux, la relecture, la correction, l'approbation, la critique mutuelle, d'ébaucher ce qu'en 1963 Adorno donne comme programme à une écriture dialectique : « *Ce qu'il faudrait sauvegarder, c'est la nécessité que l'expression désigne exactement la chose exprimée, lors même que celle-ci, de son propre côté, contredit à l'idée que l'on se fait habituellement d'une exposition claire.* » Désigner exactement ce qui ne peut se dire clairement, parce que dire c'est réduire, réduire c'est identifier, ramener le non-identique à l'identité. « *Cette exigence est paradoxale parce que la langue et les processus de réification sont solidement imbriqués. La philosophie est tournée vers ce qui ne trouve pas place dans un ordre donné à l'avance de pensées et d'objets… Si jamais la philosophie pouvait se définir, ce serait comme l'effort pour dire ce dont on ne peut pas parler ; pour amener le non-identique à l'expression, quand l'expression l'identifie toujours.* » (*Trois Etudes* p.112) Ce n'est pas impossible ; car il n'y a pas d'un côté l'identité, de l'autre, comme une autre identité, l'altérité. L'altérité n'est pas l'autre du même. Elle est ce qui fait que le même n'est jamais le même, elle est là où sont ses moments historiques, ses reniements, ses violences, ses souffrances, ses désespoirs et ses espoirs. Elle est ce qui permet une *« amélioration de ce qui est dans le sens d'une plus grande détermination par l'universel. »* (Métaphysique p.129) Faire de l'universel un principe dynamique, et non statique, qui permette *« de s'élever au-dessus de ce qui simplement existe. »* (DR p.170) Déterminer, dessiner encore et encore des figures toujours qualitativement autres, s'immerger à la fois de façon attentive et critique dans les réalités nouvelles offertes à des regards nécessairement distants, orientés vers ce qui est imaginable, sans que cet imaginable ait pour autant de nom, c'est le travail de ce que Adorno appellera toute sa vie la « *négation déterminée.* »

CHAPITRE 3
PERCEPTION, PROJECTION, HALLUCINATION, LE POSITIVISME A L'EPREUVE DES GRECS ET DES LATINS

Science et positivisme

Considérer la nature comme un ensemble homogène, quantitatif, indifférent aux valeurs, soumis sans conditions à toutes les expérimentations possibles, qu'il s'agisse de minéral, végétal ou animal, n'a jamais été le seul mode conscient humain des formes du savoir. Ce serait faire injure à leurs diversités que de l'affirmer. Ainsi « nos » sciences, comme « nos » cultures, se fondent sur des face à face particuliers et de farouches décisions de distance : séparation radicale de l'esprit et de la nature, attribution exclusive de la pensée et de la raison à l'homme, continuité des caractères physiques entre humains et non-humains. Continuité, – les mêmes atomes dans l'ensemble de l'univers –, et discontinuité radicale, – l'humain est fondamentalement différent du reste du monde. Cette conception du monde n'est pas sortie toute habillée, pas plus que les autres, des interrogations universelles sur la naissance, la mort, la différence des sexes, l'individuation, la connaissance et l'action. Elle a une histoire, et surtout des prétentions exponentielles à la conquête et aux hiérarchisations. Prétentions réussies. Puisqu'il s'agit d'y habiter, autant essayer de désensorceler sa mythologie et la logique de ses malheurs. *La dialectique de la Raison* n'est pas un livre d'anthropologie : les références aux autres cultures sont peu nombreuses, et l'essentiel, pour Horkheimer et Adorno, est de s'occuper de nos propres autocritiques. Non pas pour changer les structures, ni vouloir se rapprocher d'autres systèmes. Pas question de comparatisme. Cette civilisation qui est la nôtre, c'est elle qu'il faut disloquer, malaxer, démythifier.

Jamais le travail de l'Ecole de Francfort n'a renié la force de sauvetage possible que la logique et les sciences peuvent exercer sur la pratique sociale, en éclairant ses contradictions, ses présupposés, ses forces de régression et d'émancipation. Horkheimer et Adorno sont des sociologues, autant que des philosophes ; ils prétendent que les transformations pratiques ne sont pas possibles sans travail innovant de la théorie. Progrès de la critique, de la réflexion, autant morale et pratique que scientifique ou épistémologique, de l'imagination, du désir de vérité, aucun progrès de ce type n'est possible sans discipline, ni organisation, ni connaissance des éléments du réel, nature et société ensemble. *« Au cours de la distanciation du sujet à l'objet qu'accomplit l'histoire de l'esprit, le sujet s'était effacé devant la suprématie réelle de l'objectivité. Sa domination était celle du plus faible sur le plus fort. L'auto-affirmation du genre humain n'aurait peut-être pas été possible autrement, ni à coup sûr le procès de l'objectivation scientifique. »* [45] Mais la logique est devenue, dans son absolutisation un « *tabou social intellectualisé* ». Et les méthodes scientifiques qui prétendent étudier la société en amplifiant encore davantage la séparation entre la modélisation formelle et l'expérience concrète cautionnent la politique du fait accompli qu'elle souhaitent pourtant critiquer. La dévotion attribuée à la quantification subordonne l'objectif de connaissance du réel à la logique mathématique, et abandonne la recherche d'autres formes de vérité à ce qu'elle dit être discours stériles de la philosophie. Adorno appelle positiviste cette forme particulière de savoir, qui se méfie de l'imagination théorique comme de tout ce qui n'est pas de l'ordre du calcul, et, pire encore, dénie à toute activité de connaissance le

---

[45] Adorno, Popper, Darhendorf, Habermas, Albert, Pilot, *De Vienne à Francfort, la querelle allemande des sciences sociales*, édition Complexe, 1979 p 23, 1ère éd. 1969. L'introduction a été rédigée par Adorno en 1969. Le recueil rassemble plusieurs essais, à partir des contributions prononcées à Tübingen et à Heidelberg, dès 1961, dans lesquelles les postulats de l'Ecole de Francfort s'opposent violemment à ceux de Popper. Dans le cours de ce texte, j'utilise les initiales VF.

soin de parvenir à un universel. *« Pour le positivisme, qui a assumé la fonction de juge de la raison "éclairée", toute excursion dans des mondes intelligibles est non seulement prohibée, mais condamnée comme un bavardage vide de sens »* (DR p.42). Il sacralise une perception qui serait immédiate et le calcul technique, sans se soucier de la question de savoir ce que cette perception comporte d'hallucinations ou de compromissions.

Comme le nominalisme, le positivisme scientifique associe le culte du formalisme et celui du « fait brut ». Empirisme muet, condamne Adorno. La science est devenue un esthétisme, un jeu de modélisation. Et au lieu d'analyser vraiment les faits, en procédant à l'analyse critique des limites et conditions de l'expérimentation, elle se contente de les enregistrer, cachant le contexte agonistique du monde social, qui engagerait nécessairement le chercheur dans l'actualité de son époque. Adorno, dans l'article qui restitue sa discussion avec Popper, en réfère à Marx et à sa critique de l'économie politique. Travailler sur l'échange des marchandises comme si les conditions historiques, économiques et politiques de cet échange n'existaient pas, comme si le système « naturel » des échanges était le système capitaliste en place, c'est rendre impossible toute véritable critique. « Dans l'échange tout va comme il se doit », peuvent penser les économistes dits classiques, et pourtant, affirme Marx, « rien ne va comme il se doit. » Et Adorno de poursuivre : *« La critique logique et la critique pratique qui accentue la nécessité d'un changement de la société, ne serait-ce que pour empêcher le retour à la barbarie, sont des moments du même mouvement du concept. »* (VF p 26). Aucun concept, ni aucune méthode, ne sont indifférents à leurs conditions théoriques et pratiques d'utilisation. Il n'y a pas de calme pays de la pensée dite objective, qui serait au-dessus de la mêlée tragique des rapports de force. Toute connaissance est un engagement, et le moins qu'elle puisse faire pour qu'elle soit vraiment objective est de commencer par son autocritique. Tout savoir sert une interprétation, et la mise à jour de mécanismes d'oppression, ou le désir d'aller toujours plus loin dans la rupture des évidences est sans doute le terminus ad quem de toute recherche théorique. Critiquer veut dire rendre imaginables et possibles d'autres usages que les usages identitaires et dominateurs qui ont orienté le travail du savoir depuis des siècles en Occident. Adorno et Horkheimer se disent résolument héritiers des Lumières. Sapere aude. Ose savoir, et n'aie pas peur de ton pouvoir d'autocritique. Critique ta façon de penser sans te renier pour autant. Cherche sous toutes tes victoires les mutilations qui en ont été la condition, éclaire ces mutilations pour mieux leur rendre justice, et à toi-même par la même occasion ; sous ta raison triomphante prends acte de ta volonté d'expulser ce qui ne te ressemble pas, ce qui t'est étranger ; sous l'analyse de la solitude de ta conscience découvre la peur-désir monstrueux de mourir aux liens qui pourtant t'ont construit.

L'idéologie positiviste mythifie le monde tel qu'elle croit qu'il est. Pas seulement dans ses applications, mais dans ses méthodes mêmes. La décomposition analytique en « problèmes » qui ont des « solutions » travaille comme si toute solution d'un problème dans un contexte donné ne présupposait pas ce contexte. Le privilège accordé à l'exactitude, la *« tendance harmonisante »* et la mise en système des connaissances, évitent toute référence aux contradictions objectives et mouvantes qui enferment le chercheur dans le système social. La soi-disante neutralité de l'appareillage méthodologique cache tout ce que cet appareil rend impossible : *« On prétend étudier quelque chose avec un instrument de recherche qui décide par sa propre formulation ce qu'est la chose : c'est un cercle pur et simple »* (p 63 VF) Enfin et en résumé la thèse principielle de l'autonomie des sciences par rapport aux questions politiques et sociales évite de prendre en compte la réalité pourtant essentielle des conflits d'une époque présente. Or il est clair, et c'était l'option de départ du projet de Horkheimer quand il a fondé l'Institut de recherche en sciences sociales, qu'il n'y a jamais de neutralité dans la recherche théorique, et que les concepts ont des enjeux pratiques.

Que la nature soit devenue une simple multiplicité mathématique satisfait en même temps notre goût du jeu et celui du pouvoir. Triomphe de l'esprit sur les nécessités de la matière, victoire infantile du sentiment de totalité et de plénitude. En même temps que ce formalisme il y a dans ce que *La dialectique de la Raison* appelle positivisme une dénégation massive des médiations historiques entre nature et culture. Le positivisme, c'est « *le mythe de ce qui existe* » : religion de l'immédiateté, religion du technicisme, religion du fait accompli, et de la politique de la terre brûlée. Le positivisme ne se soucie ni d'archéologie, ni de généalogie, et ne conçoit pas la connaissance comme un mouvement dialectique de remise en question permanente des relations théorie-pratique, savant-politique, division du travail-finalités de la recherche. Il se fige sur des affirmations dogmatiques, celles entre autres qu'il faut s'intéresser aux faits bruts, immédiats, qu'on pourrait débarrasser de la gangue du « trop connu », obstacle à de nouvelles perceptions. Or l'immédiateté n'existe pas, c'est une constante affirmation du livre, tout est toujours-déjà médiatisé. Bien sûr empirisme et nominalisme ont raison, l'objet est toujours essentiel et d'une certaine façon, toujours déjà-là. Mais il est toujours en même temps déterminé ; les faits ne sont jamais bruts et simples à observer ou à connaître, la subjectivité connaissante est toujours agissante, et donc c'est le « *caractère déterminé* », c'est-à-dire social et culturel, « *du déterminant* », du sujet, qui détermine l'objet. Le *« sujet savant »* a construit, puis s'est emparé des déterminations de l'objet, l'a réduit autoritairement à n'être pas autre chose que ce qu'il en a pu connaître. *La dialectique de la Raison* prétend que cette réduction est une mutilation, et même une projection paranoïaque du malheur social. Dans notre prétention à connaître et à utiliser la nature, autour de nous et en nous, sur le modèle d'une connaissance elle-même dominée par les mathématiques et la logique formelle, – la forme de ces mathématiques elle-même choisie et déterminée par les fonctions économiques du moment –, dans notre adoration conjointe de la brutalité des « faits » et du formalisme abstrait d'une langue univoque, nous sommes mutilés de « *notre propre expérience vivante* », et cette mutilation entretient nos terreurs. Les sciences sont devenues une industrie, elle-même mythiquement transformée en nouvelle métaphysique. Volkswagen et palais des sports, cultures des corps et mythes des transports routiers, disent l'introduction de 1944, révèlent et cachent cette idéologie bourgeoise du culte du progrès et de la propriété privée. Ce que les premiers « *fragments* » de *La dialectique de la Raison* nomment scientisme, positivisme, pragmatisme se réfère à cette apologie sacralisante de l'efficacité technicienne et c'est à ce titre qu'ils les dénoncent et les refusent. Il s'est agi, dans la faveur que l'empirisme logique a reçu du monde américain et européen, de cautionner, pensent les deux sociologues-philosophes, une adaptation au monde tel qu'il est. Les empiristes du XVIIIème siècle avaient des visées politiques autrement plus ambitieuses.

« *La diffamation, ou plutôt la relégation de l'imagination dans un domaine spécialisé délimité par la division du travail, est un phénomène originaire de la régression de l'esprit bourgeois. (…) Le fait que l'imagination soit tolérée seulement si elle est réifiée et opposée abstraitement à la réalité ne pèse pas moins lourd sur l'art que sur la science.* » (VF p.46) Le *phénomène originaire de la régression de l'esprit bourgeois*, c'est de nier que l'art soit émancipateur, et que les sciences aient besoin d'imaginaire pour progresser. Les sciences ont des structures déterminées par des croyances et même des hallucinations. Il n'y a pas de connaissances sans perceptions, pas de perceptions sans images et projections, pas de projections sans ancrage dans des structures sociales. On le sait mieux aujourd'hui, les inventions et découvertes doivent leur naissance autant à des constructions de protocole mathématique qu'à des changements de vision du monde, de nouvelles façons d'envisager les relations de l'homme et de son environnement, de nouvelles façons d'organiser l'intérieur des disciplines.

Notre époque est devenue massivement « positiviste », durcissant et rendant même quasi impossibles les passages dialectiques entre esprit et nature, imagination et raison, concret et abstrait, histoire et structure, etc. C'est contre le manque d'éducation à la critique que se battent Horkheimer et Adorno ; à l'ensorcellement des esprits par la vulgarisation scientiste de la pensée rationnelle, ils opposent des modes imaginaires qui dévoilent la reproduction des terreurs archaïques.

Perception et projection

Le chapitre sur l'antisémitisme se prête à des raccourcis, aussi éclairants que ravageurs, qui associent la fausse conscience du positivisme aux hallucinations paranoïaques de la perception antisémite. Travaillant sur une « *préhistoire philosophique de l'antisémitisme* » (19 DR), Adorno reprend le même schéma que celui qui a été décrit dans le chapitre sur Ulysse, à propos de l'origine des langues. Au départ, terreur et mimesis. L'imitation de la nature est orientée d'un côté vers la diversité, la spontanéité et la beauté des formes naturelles, de l'autre vers la sidération que provoque la peur de mourir et de souffrir. Il semblerait que cette sidération l'ait emporté, en provoquant à son tour deux mouvements : d'une part une immobilité tragique obsessionnelle, d'autre part un comportement hallucinatoire qui projette sur le monde extérieur les terreurs de la conscience. D'une part un *« réflexe de raidissement et d'engourdissement », « schéma archaïque de l'instinct de conservation »* où *« en s'assimilant à ce qui est mort, la vie paie le tribut de sa pérennité »* (DR p.189) ; d'autre part une projection du désir de vivre dans une perception hallucinatoire où le moi va se définir comme citadelle défensive ; contre les violences qu'il attribue au monde extérieur, il se durcit et apprend à ruser ; la nature le menace, alors il va menacer la nature, organiser des formes de coercition qui lui permettront de se protéger. Soit l'engourdissement devant la tête de Méduse, soit la construction stoïcienne de la citadelle intérieure. Notre raison moderne se serait ainsi modelée en résistant au mimétisme mortifère de la terreur, en se médiatisant vers des formes symboliques de connaissance dominatrice. *« Dans un certain sens, toute perception est projection. La projection d'impressions sensorielles est un héritage de notre préhistoire animale, un mécanisme pour l'auto-préservation et l'obtention de nourriture, une sorte de prolongement de l'organe de la combativité au moyen duquel les espèces animales supérieures réagissaient – bon gré, mal gré –, à des mouvements, sans tenir compte des intentions de l'objet. »* (DR p.196) « Notre » monde a insisté sur l'agression, « notre » objectivité a hérité de la conjonction terreur-projection-perception-lutte à mort-protection. Peut-être, aurait pensé Nietzsche, à cause de cet amour tragique et solaire de la vie que la Grèce antique a rendu inoubliable…

Le positivisme en est paradoxalement une des formes les plus abouties ; car cette sacralisation de la platitude du fait, qui ne procure aucune satisfaction pulsionnelle, est la conséquence d'une insensibilisation envers la réalité, dénégation massive de la vitalité, heureuse et malheureuse, du lien. En organisant et contrôlant de cette façon la spontanéité des relations, nos cultures auraient abandonné l'élan mimétique vers la diversité, la particularité, tout ce qui peut vraiment nourrir et attirer les variations de nos vies conscientes, dans le risque de la blessure et aussi du plaisir. Et auraient insisté au contraire sur ce mimétisme archaïque issu de la terreur de la mort. « *L'absorption du différent par l'identique a remplacé l'adéquation physique à la nature… La technique réalise l'adaptation à ce qui est mort à des fins d'autoconservation, non plus comme la magie, par l'imitation corporelle de la nature externe, mais par l'automatisation des processus mentaux, par leur transformation en cycles aveugles.* » (DR p.189-190)

De la mimesis à la représentation abstraite, et de la représentation à la perception, le chemin est analogue. Chacune de nos perceptions contient des concepts, des jugements, des idéologies. Aucune n'est « naturelle », neutre ou adéquate à l'objet, dans la fausse croyance à la sacro-sainte séparation entre conscience et monde extérieur. Toutes sont en réalité guidées par des schèmes de pensée, qui sont aussi des schèmes sociaux, et liées étroitement à des formes de projection et d'hallucination, devenues protectrices et destructrices en même temps. Protectrices d'un soi intériorisé et formel, destructrices des relations vécues sous d'autres modes que la violence. Encadrant nos perceptions, il y a, disent les auteurs, le « *cercle magique de l'idée fixe.* »(DR p.203) Idée fixe, idée « *qui ne s'appuie plus sur rien dans la réalité, et s'obstine sur son vide.* » (DR p.198) L'idée abstraite, quand elle devient pure généralité, est une idée fixe. Et ce cercle magique impose une « *fausse projection* », un « *mouvement positif* » qui, au lieu de travailler à construire une perception ouverte, constamment renouvelée et enrichie, s'efforce au contraire de simplifier, ordonner et rendre semblable la diversité des émotions et de formes. « *Dans le langage de la théorie de la sélection on pourrait dire pour être plus clair que, durant la période de formation de l'appareil sensoriel humain ont survécu les individus chez lesquels la force des mécanismes de projection avait pénétré le plus profondément dans les facultés logiques rudimentaires, ou chez lesquels cette force avait été le moins diminuée par un processus de réflexion précoce.* » (DR p.203) Partout le paranoïaque a triomphé du névrosé. Car le névrosé n'est jamais prêt pour l'action : il y a dans toute pensée vivante un élément de négativité, de remise en question et de doute qui affaiblit nécessairement la volonté de décision et qui rend l'individu vulnérable. Le paranoïaque, lui, est toujours prêt pour la guerre. Et sa langue, la plupart du temps, utilitaire. « *Pour lui, tous les mots deviennent un système d'hallucinations, une tentative pour prendre possession par l'esprit de tout ce que son expérience ne peut atteindre, de donner arbitrairement un sens au monde qui fait que l'homme lui-même n'a plus de sens. »*

Quand le sens qu'on donne au monde fait qu'on n'a plus soi-même de sens, c'est la haine qui devient l'affect principal, puisque ce que l'on désire, on ne l'a pas. Ce à quoi les dominés aspirent secrètement, est empêché par la domination. *« Peu importe comment sont les Juifs en tant que tels, leur image vue comme l'image du peuple vaincu présente les traits auxquels la domination devenue totalitaire ne peut qu'être hostile : ceux du bonheur sans pouvoir, du salaire obtenu sans travail, de la patrie sans frontière, de la religion sans mythe.* » (DR p.207) Ainsi le paranoïaque cherche frénétiquement, à proportion qu'il se l'interdit, le bonheur sans pouvoir, le salaire sans travail, la religion sans mythe et la patrie sans frontière. Il amplifie de l'intérieur sa propre mutilation. « *Les dominateurs ne pourront subsister qu'aussi longtemps que les dominés transformeront les objets de leurs aspirations en objets de leur haine. »* L'antisémitisme n'a pas fini d'avoir de beaux jours devant lui.

La dialectique de la Raison est traversée tout entière, semble-t-il, par un grand geste mimétique : celui qui module et reprend le texte de Freud *La négation* (1925), en le situant dans toute la dialectique de la soumission à la domination, et en y ajoutant les éléments que Mauss dans *l'Essai sur le don*, attribue à tout échange : donner, recevoir, rendre. D'abord une position frontale, qui intègre en même temps qu'elle exclut, mimesis exprimée et mimesis réprimée, dit Adorno (DR p.195) ; perception fermeture qui construit l'identité en nommant l'extérieur comme ennemi. Puis une perception ouverture qui risque, qui nourrit la première, qui est capable de négativité vivante dans la conscience du lien nécessaire. Les deux, sans cesse et en dialectique déterminée.

La relation du sujet à l'objet est active et indéfinie, dans un mouvement constant d'aller-retour. Relation mimétique, puis projections, *« vraies »* et *« fausses ». La dialectique de la Raison* les distingue, au nom de la qualité du monde qui sera construit. La « vraie », c'est celle pour qui « *le monde extérieur est un modèle auquel le monde intérieur doit tenter de se conformer. »* Un peu sans doute comme le disait Cézanne : « *Le paysage, se pense en moi et je suis sa conscience.* »[46] L'autre, la « fausse », celle qui « *fut réprimée* », – au sens où cette répression a donné forme à une perception particulière –, probablement pour des nécessités de survie et d'affrontement, « *rend l'environnement semblable à elle-même.* » Appauvrissement, mutilation, dispersion et dissémination de la terreur, pour finir par une insensibilité mortifère, la « fausse » projection conduit à la domination, autant à la dévoration qu'au sacrifice. *« Les impulsions que le sujet n'admet pas comme les siennes, et qui sont pourtant bien à lui, sont attribuées à l'objet : à la victime potentielle. »* (DR p.195) Chacun sait bien que le meilleur moyen pour le maître de justifier l'asservissement est de diaboliser la victime et de penser qu'il veut seulement s'en défendre. Et l'on sait aussi que l'insensibilisation est une autre façon de ne pas savoir qu'on projette sa peur. Ainsi idéalisme et positivisme sont renvoyés dos à dos, parce que dans un cas « *le moi se réduit à un point* » (l'insensibilité de l'abstraction) et dans l'autre « *il s'exténue dans une stupide répétition* » (l'esprit devenu ventre). Or, disent Horkheimer et Adorno, *« la profondeur intérieure du sujet n'est constituée par rien d'autre que par la finesse et la richesse du monde extérieur des perceptions. »* (DR p.197) Il ne s'agit pas de s'affronter à l'objet et de le réduire, mais d'être par lui incité à penser et à voir, sans supprimer pour autant le face à face. Il n'y a jamais eu d'unité préconceptuelle du sujet et de l'objet, il n'y a jamais eu de fusion, mais jamais non plus de perception ni de jugement en termes exclusifs de victoires ou de défaites. Plus l'objet peut être diversement qualifié, plus le moi est enrichi et capable de plaisirs variés, plus en retour la réalité se féconde. Dans la relation sujet-objet, dit Adorno, « *la futile donnée sensorielle amène la pensée à sa pleine productivité.* » (même page), Mais d'autre part cette dernière *« s'abandonne sans réserve à l'impression prédominante »,* celle de l'unité synthétique qu'Aristote nommait le pouvoir de la forme sur la matière. Il faudrait activer sans cesse la médiation, relation qui cherche la réconciliation sans l'obtenir, de ces deux moments pour rendre à l'objet plus que ce qu'on en a reçu, et réfléchir dans un travail critique ses propres projections. L'art et la philosophie

---

[46] Cité par Merleau-Ponty, le doute de Cézanne, dans *Sens et non-sens*, Nagel, col. Pensées, Paris, 1966, p.30.

peuvent en être capables, pense Adorno, à condition que le premier ne soit pas réduit au divertissement et la seconde aux triomphes d'un idéalisme « bête de proie ». « *Entre l'objet réel et les données sensorielles incontestables, entre l'intérieur et l'extérieur, s'ouvre un abîme que le sujet doit franchir à ses risques et périls. Pour refléter la chose telle qu'elle est, le sujet doit lui rendre plus qu'il ne reçoit d'elle.* » (même page)

Avoir le monde extérieur dans sa propre conscience et le reconnaître néanmoins comme quelque chose de différent est concomitant : plus la diversité qualitative des objets apparaît dans nos projections, moins on réduit le monde à la peur qu'on en a, et plus le goût de la liberté s'allie avec le plaisir de construire des vérités. Plus la reconnaissance d'une altérité irréductible en nous est forte, – que ce soit celle de l'inconscient, des disjonctions de nos expériences, ou des fragilités du vrai –, plus l'imagination nous permet d'associer plus loin et plus richement les idées de la raison. Depuis longtemps, le positivisme est la conduite obligée et logique d'un monde toujours primitif fondé sur la construction d'identités hostiles, hiérarchisantes et hiérarchisées, incapables de voir dans l'altérité autre chose qu'un danger à combattre. Bien sûr que la nature, et la société sont dangereux pour l'individu, bien sûr que « l'autre », et « les autres » peuvent faire mourir et faire souffrir. Le nier serait de l'angélisme niais, le mensonge du loup qui veut apaiser l'agneau. Mais ce n'est jamais le tout d'un lien. Ni sa finalité obligée. A le croire on se maintient dans cette préhistoire dont on prétend toujours qu'on est sorti.

Demandez-vous alors pourquoi dans certaines périodes de l'histoire il est si facile d'obéir à des injonctions étatiques et idéologiques terroristes, de ne percevoir dans le monde que ce qu'on nous dit d'y voir, de sacraliser les opinions dominantes sous prétexte de démocratie et de liberté de parole, et vous tomberez sur des théories de la connaissance apparemment sans lien avec la philosophie politique ou l'éthique, mais qui en réalité légitiment cette perception paranoïaque et hallucinatoire de la réalité ? *« Le réalisme inconditionnel de l'humanité civilisée, qui culmine dans le fascisme, est un cas particulier de folie paranoïaque dépeuplant la nature, et, pour finir, les peuples eux-mêmes. »* (DR p.201) La terreur préhistorique devant la puissance sacrificielle que la société représente pour l'individu n'a jamais vraiment disparu, et les projections de la perception peuvent prendre les formes de la réification, de l'exclusion ou du meurtre de l'étranger, dont l'antisémitisme est une forme particulière. *« Le moi qui projette de façon obsessionnelle ne peut projeter que son propre malheur, des fondements duquel le sépare néanmoins le fait qu'il ne réfléchit pas. »* (200 DR) Ne pas savoir qu'on souffre, ne pas savoir ce qui nous manque est sans doute un plus grand malheur que d'en prendre conscience.

Toute perception humaine est civilisée : structurée selon les modes linguistiques et culturels, éduquée aux stéréotypes et idiosyncrasies dominants, hiérarchisée, – l'odorat par exemple est dévalorisé, trop susceptible d'invitation mimétique. Nos sociétés contemporaines, fondées sur les progrès exponentiels des sciences et techniques, – ce qu'on nomme domination de la nature –, répriment ce qui serait susceptible d'introduire d'autres usages du travail dans son organisation et ses productions, de proposer d'autres formes de connaissance, d'orienter autrement l'abstraction, la logique et les mathématiques. Pour Adorno l'éducation à la négativité, à des regards qui ne soient ni hypnotiques, ni indifférents, ni exclusifs, ni obsessionnels, ni « objectivants », serait un antidote : éducation à la reconnaissance de la subjectivité en chacun, de cette distance intime qui permet de réfléchir, de trouver des pensées qui ne se réduisent pas à des savoirs constitués. Reconnaissance de la valeur du temps libre. Faire vivre « *l'instinct du ciel* », comme le nomme Mallarmé, qui permet de ne pas enkyster tout à fait le malheur qui nous mutile. « *Instinct du ciel* » qui ne séparerait pas le ciel de la terre, au contraire, qui ferait surgir le ciel de la terre, comme si la station debout était capable de mieux sentir l'ancrage de ses pieds, et l'appel à des formes de vie plus libres. Prendre conscience du malheur, c'est commencer à espérer, et démasquer l'idéologie qui transforme la réalité en destin. Se battre contre l'antisémitisme, et contre un ensemble de perceptions paranoïaques, c'est se battre contre toutes les sorcelleries de la domination, et d'abord contre les frustrations et sacrifices que nos personnalités devenues identitaires et autoritaires nous imposent.

Ulysse positiviste : le séjour aux Enfers

L'ironie de *La dialectique de la Raison* est mordante : il ne s'agit pas de faire comme si de Homère à Carnap, ou Russell, ou Popper, l'histoire de la connaissance avait développé inéluctablement quelque chose qui aurait été en germe. A travers l'interprétation rétrospective d'une œuvre d'art et d'un grand texte mythique, le but est toujours de dénoncer les illusions de l'humanisme, d'en pratiquer la « négation déterminée », de retrouver les terreurs dont il a cru se débarrasser. Si la tradition oppose les figures d'un Ulysse émancipateur et d'un Sade tyran, alors montrons tout ce qu'il y a de cruel dans le comportement d'Ulysse, et de formalisme kantien dans les personnages de Sade ! Après l'avoir qualifié de nominaliste, Adorno traite le héros de l'Odyssée de positiviste, en racontant un autre épisode : la visite aux Enfers. Dans cette aventure, Ulysse est à la fois celui qui s'émancipe des sorcelleries du monde religieux, instaurant sur la nature un mutisme salvateur, et celui qui confirme, par une espèce de réalisme magique, l'ordre social et sa situation personnelle de dominant. Il va apprendre à n'avoir plus peur des morts, et même à s'en servir dans le souci de restaurer l'ordre social qu'il avait perdu. Façon toute « positiviste » de concevoir les fonctions sociales du deuil. Formalisme froid, empirisme muet.

Reprenons l'Odyssée au moment où Circé accepte de laisser partir les vainqueurs de Troie, puis leur indique le chemin qu'ils devront emprunter pour garantir le succès du retour. Chemin périlleux s'il en est ; il s'agit d'aller consulter Tirésias, le seul qui «*jusque dans la mort… a pu conserver le sens et la raison parmi le vol des ombres.* » (*Odyssée*, X, 472sq) Prévision, balisage, orientation, la maîtrise du futur est conditionnée par le savoir technique de celui qui au-delà de la vie biologique conserve la connaissance objective des lois de la réussite. Ulysse, après la mise en œuvre d'une cérémonie qui ressemble à un protocole expérimental très strict, accède, « *en verdissant de crainte* » au domaine sacré. La condition en était qu'il « *interdise à tous les morts, têtes sans force, de boire le sang du sacrifice, tant que Tirésias n'aurait pas répondu à (ses) questions.* » Or une des premières figures qui se présente à lui est celle de sa mère. Comme toutes les autres, il la repousse. Foin de toute spontanéité, de tout élan du cœur, de toute sensibilité, qui serait mortifère. Les souvenirs n'ont de sens que pour l'utilité présente, et le temps linéaire sait libérer le présent de l'empreinte du passé. Ulysse raisonnable sait déjà comment éviter les dangers du fantasme. Pas une seconde il n'évoquera la possibilité de la ramener à la vie. Cette cruauté se redouble : après que, sur l'autorisation du devin, il lui a permis de boire ce sang du sacrifice, il l'interroge : comment est-elle morte, dans quelles circonstances, mais surtout, quelle est la situation des vivants, du domaine d'Ithaque ? « *Parle-moi de mon père, et parle-moi du fils que j'ai laissé là-bas ! Mon pouvoir leur est-il resté ? … et dis-moi les pensées, les projets de ma femme.* » (chant XI) Triple cruauté, car d'abord il l'éloigne, puis refuse l'émoi d'un deuil stérile, et ne lui parle que pour l'utiliser. Enfin il peut craquer, et vouloir l'embrasser : est-ce parce qu'il apprend qu'elle s'est désespérée de le savoir disparu, et en est morte ? Est-ce parce qu'il est rassuré à l'idée que dans Ithaque rien n'est perdu pour lui ? L'émotion le submerge, le voici qui s'élance pour pouvoir la serrer dans ses bras.

Rêve ou cauchemar ? Au pays des Enfers, jamais un vivant ne peut toucher un mort. Ulysse enfin saisi d'amour ne pourra prendre dans ses bras autre chose « *qu'une ombre ou qu'un songe envolé* ». Oui les morts peuvent parler, et même on peut les voir, mais cela n'est qu'un rêve, et ce sont des images. *« Dans le royaume des morts, toutes ces images révèlent à Ulysse leur véritable nature ; elles sont des ombres, des apparences. »*(DR p.88) Avec l'Odyssée, disent Horkheimer et Adorno, *« la puissance du mythe ne s'affirme que comme imagination, comme imagerie mentale »*. Le savoir qu'Ulysse cherche à obtenir est fondé sur l'utilité, sur le souci rationnel de sa propre conservation. Il sait que les morts sont morts et que s'il faut leur rendre hommage, dans des rituels précis, c'est pour conserver une solide continuité sociale. S'ils parlent c'est, comme pour la nature devenue muette, dans des protocoles d'interrogation extrêmement encadrés. Ils n'en demeureront pas moins dans ce royaume mythique, impuissants et d'un exil irrévocable. Sa dureté opportune maîtrise les tentations du coeur et autorise leur expression seulement quand la sécurité de la réalité est assurée. D'un côté les hommes, l'efficacité du savoir, de l'autre *« les images matriarcales, bannies par la religion de la lumière. »* (87 DR) L'*Odyssée* sépare la connaissance, réaliste et positive, de l'imagination, folle et stérile ou dangereuse, hiérarchise les valeurs réciproques du mythe et de la raison. Ulysse le rusé laisse les morts enterrer les morts, et n'oublie jamais qu'il est vivant. Il se sent obligé de s'interdire la spontanéité des émotions qui pourraient le submerger, et communique sans affect avec ceux qui sont de bon conseil pour lui. Ainsi Agamemnon : « *Par l'exemple averti, sois dur avec ta femme, ne lui confie jamais tout ce que tu résous ! Il faut de l'abandon, mais aussi du secret !* » La dureté patriarcale, disent Adorno et Horkheimer, liée à *« l'ordre stable de la propriété »* (DR p.89), permet heureusement de se soustraire au monde des terreurs enfantines. Que la mort soit à craindre, l'énergie d'Ulysse pour se conserver en vie en témoigne. Que la vie soit préférable, quoi qu'il en coûte d'efforts, de ruses et de violences, c'est la leçon de l'*Odyssée*. « *J'aimerais mieux, valet de bœuf, vivre en service chez un pauvre fermier, qui n'aurait pas grand-chose, que régner sur ces morts, sur tout ce peuple éteint,* » déplore Achille aux enfers. La mort est à craindre, oui, et plus que tout. Mais la vie choisie par Ulysse sera celle où on s'incline devant les « faits », celle où l'ordre établi par les puissances dominantes guide une conception du temps où l'on espère pouvoir maîtriser sa vie de façon efficace et objective. Le positivisme, déjà. Pouvoir des morts sur les vivants, non ; c'est croyance superstitieuse et imagination mythique. Ulysse démystifie toute sacralisation mémorielle. Le souvenir ne peut nous ensevelir que si l'on oublie qu'il est d'abord au service du présent. C'est d'ailleurs, lui, le présent, la seule réalité qui puisse consoler. Ulysse rassure Achille en lui donnant des nouvelles de son fils, et il le rend content. Son savoir préfigure les mutilations des sciences contemporaines : séparant de façon radicale les morts et les vivants comme on séparerait le rêve de la réalité, l'image du concept, il fonde la connaissance sur le seul principe d'utilité, dont on sait à quel point il peut subordonner la raison au strict appareillage économique des sociétés. Ulysse n'accepte de côtoyer les morts que pour savoir comment il pourra s'en sortir. Il n'a même pas besoin d'être athée, il ne s'occupe pas de questions métaphysiques, son émancipation religieuse va de pair avec le réalisme brutal de celui qui n'a de compte à rendre qu'à l'efficacité des moyens entrepris pour le conserver en vie. Il n'a pas vaincu la mort, mais il a séparé superstition et connaissance. Il apprend que les morts ne cherchent pas à se venger, ni à dévorer les vivants ; il sait que, comme les choses, ils sont muets, ne parlent que si on les interroge, et que leur discours rentre dans le cadre précis des réponses logiques. Formalisme abstrait va avec empirisme muet, dans le monde des morts la règle est la même. La liberté passerait par là : démystifier la mythologie est une condition essentielle du progrès de l'intelligence. Mais le prix à payer doit-il être toujours aussi rude que l'insensibilité imposée par le souci d'efficacité technique ? Ulysse n'a pas le temps de porter le deuil de sa mère, sa survie est à ce prix. Mais cette éradication des émotions, cette capacité à ouvrir les portes des Enfers et à s'en servir pour l'utilité des vivants n'a-t-elle pas pour contrepartie une indifférence et un relativisme absolu qui rendent vie et mort équivalentes ?

De ces refoulements les retours peuvent être terrifiants. Il paraîtra que la Médée de Sénèque les exprime. Car elle aussi va invoquer les morts, et ce sera dans un furieux retour en arrière, à la préhistoire mythique des violences éternelles, et dans la croyance superstitieuse la plus violente. L'humanisme d'Ulysse régresse avec la tragédie latine vers le retour fantomatique des terreurs qu'on a voulu éloigner. Médée a tué son frère. Dans la crise finale, Apsyrtos incontrôlé revient pour exiger réparation : « *Quel est ce vague fantôme aux membres disloqués ? /Mon frère/Il réclame vengeance/Accordé…* » (Scène 9) La folie de l'histoire c'est qu'il demande réparation à celle-là même qui l'a tué, et que sa vengeance passera par un double meurtre, qui amplifie et enkyste le premier. Un enfant innocent assassiné, pour sauver Jason et retarder l'avancée des poursuivants, réclame la mort de deux autres enfants.

En quoi ces monstruosités peuvent-elles se rapporter au destin des morts dans l'Odyssée ? Ulysse ne tue pas les gens qu'il aime, et si sa mère est morte, c'est de chagrin, dit le récit. Mais quand il arrive aux Enfers, il doit se conformer à la froideur exigée par Tirésias s'il veut survivre ; les faits sont là, pas de reproche, pas de remords, on entérine et on passe à autre chose. De ce point de vue Médée est plus « humaine ». Sa passion furieuse, sa culpabilité ravagée fait régresser l'indifférence d'Ulysse en deçà de la plus cruelle des superstitions. Les morts que le héros de l'Odyssée a forcé à parler dans des protocoles expérimentaux très stricts, libérés de ces contraintes par la magie de Médée, envahissent le monde des vivants et sèment une terrible confusion : retour sauvage de la nature abandonnée. Homère approuve la logique des séparations. Médée vivante refuse la résignation, et prend le couteau sacrificateur pour rendre irremplaçables à la fois son frère et ses enfants. Irremplaçables, c'est-à-dire tout aussi bien momifiés dans une éternité macabre. Médée n'entérine pas, comme Ulysse le fait, la distance radicale entre les vivants et les morts, ni l'abstraction féconde et terrible qui rendrait muet leur souvenir. Comme on traite les morts, on traite les vivants, et les précautions d'Ulysse, pour s'isoler et se protéger, expriment déjà l'indifférence accordée, à partir de nos sociétés bureaucratiques industrielles, aux individus en chair et en os. Indifférence qui conduit à l'anonymat.

Tout est fait aujourd'hui, répète *La dialectique de la Raison*, pour qu'une totalité aveuglément dominante empêche les médiations, les liaisons, les différences, les sursauts et les rencontres, et transforme les vies quotidiennes en répétitions classificatoires des heures du temps. Mais personne pourtant ne peut s'empêcher d'oublier, et chacun peut se transformer en victime vampirisée d'une histoire sans futur. Médée coupable, assujettie à sa conscience, restaure l'amour de son frère pour se venger des abandons du présent. Etrangère, folle, et femme du passé, elle est chez Sénèque au-delà même du tragique, individu solitaire face au destin niveleur, noire figure solaire, unique et criminelle. Sa passion, son désarroi et son impuissance sont-ils plus humains, – aussi terribles de cruauté soient-ils –, que les habiles triomphes du héros de l'Odyssée ? Ulysse destructeur des légendes préhistoriques casse une relation aux choses qui empêchait de les rendre interchangeables. Médée restaure le caractère unique de chaque existence en le structurant dans le seul cadre du malheur fait aux vivants. Exister, ce sera exiger vengeance ou servir à la vengeance. Dans ce contexte de terreur, aucun sauvetage n'est possible. Ulysse et Médée ne sont-ils pas la même figure, envers et endroit, d'un positivisme aveuglé d'indifférence et de fureur ? On ne sait pas comment s'y prendre avec les morts et le passé : pas trop les éloigner, mais pas trop les rapprocher non plus. On ne peut pas vivre sans eux, c'est une loi de l'émotion ; on ne peut pas vivre pour eux, le besoin de nouveauté l'exige. Au lieu de tenir compte de cette aporie, le positivisme va sacraliser les deux moments, l'éloignement qui exclut autant que la proximité qui dévore ; en supprimant les médiations, les passages, la dialectique, les mouvements contradictoires de la réalité, il sous-entend qu'il n'est plus question de vivre avec, de se poser les questions des relations entre espoir et désespoir, souffrance et réparation, culpabilité et sauvetage. *« Dans l'indifférence de la conscience envers les questions métaphysiques… »*, écrit le dernier chapitre de *Dialectique Négative*, « *il se cache une horreur qui, si les hommes ne la refoulaient pas, leur couperait le souffle.* » (DN 308) Dans nos sociétés abîmées, l'instinct du ciel en chacun, comment lui donner plus de place ?

Sénèque et Néron

Pour le sage amoureux des valeurs morales et politiques de la conscience, la mort biologique est moins pire que la mort de l'esprit. Pourtant ne risque-t-on pas grand dommage à opposer les deux ? Le suicide stoïcien, quand plus rien n'est possible, est accepté et voulu par l'homme de raison ; autant il a aimé la jouissance et le bonheur de l'existence, autant il peut choisir la mort, quand viennent les impuissances et les risques de trahison des principes.

La vie politique de Sénèque témoigne de façon éclatante de cette proposition. A plus de 50 ans, revenu d'exil grâce à Agrippine, il devient le précepteur du nouvel empereur de 17 ans, puis son conseiller politique attitré. Quelques dates : 54, mort de Claude, empoisonné par Agrippine. 55, assassinat de Britannicus fils de Claude. Néron, fils d'Agrippine, accède au pouvoir. Quatre ans plus tard, assassinat d'Agrippine ; Sénèque ne condamne pas Néron. 62, il s'éloigne du pouvoir. 65, conjuration de Pison, mort de Sénèque. Huit années d'engagements, d'espoirs, de déceptions, de travail quotidien pour donner à l'Empire sa plus grande puissance, et accepter sereinement l'éventualité de la mort. Sénèque a été l'homme le plus riche de Rome, le dramaturge le plus connu et apprécié de son époque. *Médée*, *Œdipe* et *Phèdre*, ont été probablement écrites, raconte Pierre Grimal[47], en 63-64, un an avant le suicide, précédant de peu ou peut-être contemporaines du grand incendie de Rome. Son oeuvre théâtrale exprime cet

[47] Pierre Grimal, *Sénèque ou la conscience de l'Empire*, Fayard, Paris, 1991.

enfermement dans une société close dont il avait contribué lui-même pour une part, – dans sa passion à donner une unité impériale au monde –, à fermer les frontières.

Son souci principal, explique toujours Pierre Grimal, aura été d'agir, de conseiller Néron en vue de la paix civile et de la gloire ; s'il a usé de la flatterie, envers son élève comme envers le peuple, s'il a accepté, dans le but de conserver cette paix, les assassinats, les compromissions, c'est pour aider l'opinion publique à rompre avec les vieux tabous, c'est pour restaurer la tradition impériale, dans le sens d'un pouvoir unique et personnel, représentatif de l'autorité de la seule raison sur le monde. Pour fabriquer cette image d'un empereur stoïcien, il a construit tout un dispositif : il s'est servi de superstitions et de mythes, les a diffusés activement ; ainsi la légende qui racontait que les rayons solaires avaient touché Néron au moment précis de sa naissance, avant même que l'aube soit levée, légende reprise des Egyptiens, et transposée en termes romains dans la référence à Apollon. Néron-Apollon sera ce maître lumineux et sage dont la clémence exprimera dans le monde politique la souveraineté de l'ordre universel.

Que Néron ait adhéré fougueusement à cet idéal ne fait pas de doute. Mais son interprétation personnelle de la domination solaire correspondra de moins en moins à celle de son maître. *« Le Soleil est le symbole de sa propre destinée ; lui-même est promis, pense-t-il, à la divination astrale. Il l'est en vertu des lois de l'univers ; il possède le charisme suprême, que lui ont donné les Destins, et s'il éprouve quelque dévotion, c'est envers lui-même, "artiste" souverain, source de toute beauté et de toute excellence »*[48]. Néron n'exprime plus la raison et l'ordre du monde, c'est l'ordre du monde qui sera modelé sur sa personne. Pas besoin de terreur, il règne parce qu'il est lui-même, être solaire et charismatique. Ses goûts et ses talents se portent vers les arts, spectacles et distributions au peuple se multiplient, des concours de type grec sont fondés en Italie, des thermes commencent à s'élever à Rome… Néron se produit comme chanteur, musicien et cocher. *« Néron prétendit non pas sacraliser son pouvoir, mais imposer comme publics les traits de son individualité qui étaient les plus étrangers à la sphère politique et aux rapports de pouvoir… Ce fut un renversement de tout ce qui était réputé*

48 Pierre Grimal, op.cit., p 131.

être le sérieux de l'existence. » renchérit Paul Veyne.[49] Du pain, des jeux, le Sénat humilié, la grandeur de Rome magnifiée, la plèbe enthousiasmée, pendant longtemps le souvenir de Néron fut associé aux fastes de son règne.

Contradictions tragiques : la folie grandissante de l'empereur pourrait être la conséquence des leçons et stratégies du philosophe.

L'empereur court la nuit les rues de la Ville, est assailli après l'assassinat d'Agrippine d'atroces visions, et témoigne auprès de son ancien précepteur de l'inexorable avancée des souillures de la passion. Impuissant, Sénèque observe la progression du désordre de la douleur. Est-il incongru de supposer que le couple Néron-Agrippine, c'est un peu Médée, dans les terribles haines incestueuses de la lutte pour le pouvoir ? La mère qui tue l'enfant ou le fils qui tue la mère, où est la différence si l'enjeu c'est la toute-puissance ? « C'est maintenant que je suis Néron », rêve l'empereur après la mort d'Agrippine, puis de Sénèque. Et le philosophe répond que *« de même que d'une semence d'olivier ne saurait naître qu'un olivier, et jamais un figuier »*, de même de cette passion qui envahit l'âme ne peut naître que de la terreur. Destin et causalités, mêmes identités. Sénèque ne lui en veut pas. Il a pratiqué longtemps l'ascèse philosophique, se levant le matin en se disant : *« Je vais rencontrer beaucoup d'hommes adonnés au vin, beaucoup de débauchés, beaucoup d'ingrats, beaucoup d'avares, beaucoup d'êtres agités par les fureurs de l'ambition. »* [50] La lettre à Lucilius renchérit sur l'attitude quotidienne du sage : *« Il regardera tous ces maux avec la sympathie du médecin pour ses malades. Lorsqu'un bateau dont les joints se sont relâchés fait eau de toutes parts, le patron s'irrite-t-il contre les matelots et le bateau lui-même ? Il y porte plutôt remède. »* Il n'y a pas eu de remède pour soigner les terreurs de Néron, et Sénèque, comme d'autres avec lui, en subira les conséquences. Formalisme universaliste de la raison morale, – ne jamais craindre la mort –, couplé avec empirisme muet, – ne pas se plaindre et ne pas crier.

Oui, la mort de Sénèque est remarquable. Accusé d'avoir participé à la conjuration de Pison, il se suicide à 64 ans, dans des

---

[49] Sénèque *Entretiens, Lettres à Lucilius*, Ed. Laffont, col Bouquins,,Paris, 1993, édition établie par Paul Veyne, préface.

[50] Sénèque *Lettres à Lucilius*, lettre 26, dernier paragraphe.

conditions terribles, et dans l'imitation admirative du récit de la mort de Socrate. Il dit que même si la vie est préférable, la mort n'est pas à craindre : *« Qui a appris à mourir a désappris à être esclave ; il est au-dessus de toute puissance, du moins en dehors d'elle. Que lui font la prison, les gardes et les verrous ? Il a une porte libre. Il n'y a qu'une seule chaîne qui nous tient ligoté, l'amour de la vie, qui, s'il ne doit pas être rejeté, doit être diminué de telle sorte que, si un jour la situation l'exige, rien ne nous retienne ni ne nous empêche d'être fin prêts à faire sur-le-champ ce qu'un jour ou l'autre il faut faire.* » Combien fascinante et ambivalente apparaît aujourd'hui cette maxime, où la dignité héroïque de l'esprit libre se heurte violemment à la mort imposée des assassinats de masse. Sans doute Sénèque affirme haut et fort que la vie est bonne : elle est un « préférable ». La richesse préférable à la pauvreté, la santé à la maladie, le pouvoir à la soumission, la vie à la mort. La vie est bonne, mais quelquefois la mort choisie, plutôt que contrainte et subie, est une façon de continuer à aimer la vie. Sans doute. Pourtant, pour celui qui met son engagement existentiel au service de l'espoir d'une vie plus humaine et moins violente, la mort représente l'horreur, l'injustice du non-aboutissement de cet espoir, le scandale des vies de ceux qui ont souffert et n'ont pas vraiment vécu. Quelle dignité y a-t-il à mourir sans terreur, si c'est un monde de terreur qui oblige à mourir ? Alors peut-on se contenter d'une pathétique indifférence à la conservation de sa vie ? « *La société actuelle raconte encore mensongèrement que la mort n'est pas à craindre* », écrit Adorno dans *Dialectique Négative* (308). A ce mensonge il riposte que le torturé a le droit, sinon le devoir, de hurler. *« Qu'aucune amélioration intramondaine ne suffit à rendre justice aux morts ; qu'aucune ne touche à l'injustice de la mort pousse la raison à espérer contre la raison.* » (DN p.301) L'idée qu'il faille « s'entraîner à la mort », que cette mort soit l'aboutissement naturel de la vie biologique ou le choix héroïque du désespéré, est pour Adorno la *« méchanceté du bon sens fier de sa propre étroitesse… méchanceté qui aujourd'hui remplit le monde. »* Il ne s'agit plus d'héroïser le calme serein du philosophe stoïque devant les malheurs du monde, et de louer le mépris des larmes, mais de crier que ces malheurs pourraient cesser, au nom même de cette Raison dont on fait le fondement du progrès. *« La sempiternelle souffrance a autant de droit à l'expression que le torturé celui de hurler. »* (DN p.284)

Dans la tragédie d'Euripide les enfants de Médée appellent au secours, et crient leurs désespoirs. Un silence terrifiant, à travers les vociférations de Médée, accompagne le meurtre, dans celle de Sénèque. Cette première différence en dit déjà long… Le caractère insupportable de la mort doit-il être nié ? Les hurlements de l'Iphigénie d'Eschyle, conduite au sacrifice pour permettre à la flotte d'Agamemnon d'aller à la guerre sont-ils de mauvais goût dans un pays où on cultive l'héroïsme ? Ou sont-ils la garantie que le premier devoir moral c'est de protéger les vivants ?

Euripide et Sénèque, comparaison des deux Médée

Rapporté aux deux tragédies de Sénèque et Euripide, le diagnostic de *La dialectique de la Raison* se confirme. En les comparant attentivement on est stupéfait à la fois de leurs discordances radicales, et du fait que ces discordances n'aient pas été mieux pointées. Sans doute la trame est la même : l'amour, l'exil, l'abandon, le désespoir, les destructions, l'infanticide, le départ. Sans doute Sénèque admirait profondément Euripide. Mais depuis qu'on lit ces deux textes, pourquoi ne pas avoir insisté davantage sur leurs divergences ? Rien n'est commun entre ces deux femmes ; Jason non plus n'est pas le même, ni ce que dit le chœur, ni la relation aux enfants, ni l'organisation interne. N'est-ce pas symptomatique de cette « *totalité aveuglément dominante* » que de considérer globalement et en totalité l'infanticide, sans analyser ses formes et ses raisons, ou de confondre Euripide et Sénèque, sans avoir au préalable marqué les différences fondamentales entre les deux tragédies ? Perception rendue paranoïaque par l'amour du censeur…

De ces œuvres-matrices dont sont sorties des centaines d'interprétations[51], l'art contemporain, – théâtre, opéra, cinéma, musique, roman – fait éclater les divergences et contradictions. Heiner Muller par exemple monologue la cruelle et folle détresse, Christa Wolff insiste sur l'étrangère savante devenue bouc

[51] Voir le livre de Michèle DANCOURT *Prénom : Médée*, éd. des Femmes, Paris, 2010.

émissaire.[52] Elle *« découvre les traditions antérieures à Euripide, les textes d'Eumélos qui attribuent le meurtre des enfants aux Corinthiens, l'accusation d'un grammairien d'Alexandrie selon laquelle les Corinthiens payèrent quarante talents au dramaturge athénien pour qu'il calomnie Médée. »*[53] Euripide corrompu et génial, pourquoi non ?

Les tragédies antiques passent de la langue du mythe revisité, à celle de la réalité, alimentent le plaisir sadique du « il n'y a plus rien à faire puisque tout va disparaître », et laissent énigmatique le lien réel du désespoir et de la vengeance. Florence Dupont montre le rôle de la tragédie grecque, exutoire autorisant ce qui n'est pas permis dans les habitudes sociales. « *Les Athéniens venaient participer aux performances tragiques pour y pleurer abondamment ensemble leurs propres deuils grâce à la fiction tragique, parce que le deuil et les pleurs rituels étaient interdits aux citoyens dans l'espace public.* »[54] Elle explique aussi comment la tradition des *recitationes* à Rome oblige l'auteur à des virtuosités déclinant les passages obligés de la douleur à la folie et au meurtre, – dolor, furor, nefas –, qui formalisent le personnage mythologique pour distraire les auditeurs des malheurs du monde. Mais jamais une œuvre ne se réduit à sa fonction sociale, et les deux Médée, la grecque et la romaine, interrogent toujours nos consciences contemporaines. Quelles affinités, quelles associations pourront être les nôtres, à écouter leurs divergences ?

Divergences sur fond de convergence bien sûr. Sénèque admirait Euripide par-dessus tous les autres. Les deux Médée miment, chacune à leur manière, la terreur devant la réalité hostile. Projections paranoïaques d'une perception sidérée, elles « *s'assimilent à ce qui est mort* », pour faire disparaître le monde qui les blesse et « *payer le tribut de leur pérennité* » (DR p.189). Ruses de mort, menaces, les mots deviennent dans les deux pièces un « *système hallucinatoire* » qui permet de passer à l'acte, sans qu'on sache comment distinguer le monde de la folie de celui de la raison comme cruauté mentale. L'idée fixe de la trahison clôture dans un cercle magique la conscience de cette femme, même si dans

52 Christa Wolf, *Médée Voix*, roman, 1996, Fayard, 1997. Dans son roman, ce sont les Corinthiens qui tuent les enfants, et accusent Médée.

53 Michèle Dancourt p.2018.

54 Introduction à sa nouvelle traduction de *Médée*, mise en scène par Laurent Frechuret, ed. Kimé, 2009.

Sénèque la perception-fermeture est bien plus forte que dans Euripide. Dans le texte cité sur le désensorcellement de la logique, Adorno montre comment le pouvoir d'abstraire, de raisonner est profondément associé à une « *volonté qui décide* ». Penser c'est vouloir. Vouloir c'est agir ; maître de ses décisions et actions, le sujet vit sa liberté dans l'incarnation de la puissance de sa raison. La logique, dit-il, *« élimine, disqualifie ce sur quoi porte son pouvoir de décision.* »[55] La logique de la trame des deux tragédies, « *volonté qui décide* », fait disparaître « l'instinct du ciel » qui permettrait de prendre acte de la fragilité de l'amour, de la fidélité et de la compassion. Les enfants seront transformés en outils de vengeance, quantité négligeable, consciencieusement oubliés (Euripide) ou rejetés et haïs (Sénèque). Dans les deux cas, la répétition des horreurs, un malheur qui se destine à des accomplissements funestes, le refus passionné, pour cette femme exilée, que la situation devienne plus pacifique. Formalisme logique, esthétisme du mal, empirisme muet, retour à la barbarie.

On va passer par l'énumération de quelques divergences spectaculaires et dissonantes pour encore mieux comprendre que les exagérations de *La dialectique de la Raison* ne sont pas si exagérées qu'on pourrait bien le croire. Et que de même qu'il y a une logique de la charrue à la bombe atomique ou aux usines Volkswagen, la logique du progrès, de même il y en a une qui va d'Homère à Euripide, et d'Euripide à Sénèque. Logique dialectique qui mêle le pas vers l'émancipation avec celui de la cruauté.

Premièrement, les divergences dans l'organisation interne du texte. Euripide structure la tragédie autour d'un moment central : l'arrivée à Corinthe du roi d'Athènes, Egée. Présence intempestive qui va donner à cette femme exilée, impuissante et malheureuse, l'occasion de satisfaire sa vengeance d'une façon que personne n'aurait pu prévoir. A chercher les intentions du dramaturge, on pourrait en imaginer trois. D'abord faire rire le spectateur, entre deux tensions dramatiques. Egée, en mal d'enfant, est allé interroger l'oracle. Et sa prédiction, « *ne pas délier le pied qui sort de l'outre* », a valeur scatologique ; tout le monde sait, sauf Egée lui-même, parce qu'il sera ivre au moment des faits, qu'après avoir

[55] Adorno, Popper, Darhendorf, Habermas, Albert, Pilot, *op.cit.* p 23.

promis l'hospitalité à Médée il ira passer la nuit avec la fille de Pithée, roi de Trézène, son hôte complaisant ! Ensuite et surtout, explique Marie Delcourt[56], il faut donner aux Athéniens une leçon d'hospitalité : Euripide écrit sa tragédie au moment où son ami, Anaxagore, accusé d'impiété et de trahison, est exilé à près de 70 ans. Egée l'Athénien n'hésite pas à accueillir chez lui une barbare, intellectuelle, sorcière, meurtrière même, sans conditions, et sans chercher à savoir jusqu'où peut aller sa monstruosité. « *Aussi à Athènes qui venait de mettre en accusation Anaxagore et Aspasie, Euripide opposait l'Athènes qui avait accueilli Médée criminelle et harassée.* » La promesse d'Egée enfin va donner une explication cohérente au meurtre des enfants. Le spectateur athénien qui assiste pour la première fois à la représentation ne sait pas au début ce que sera l'acmé de la vengeance de Médée ; il s'en doute, mais rien n'est sûr. Cet infanticide n'est pas programmé à l'avance ; il est la conséquence inévitable d'un projet destiné à punir le traître sans perdre son honneur. A partir du moment où le roi promet de l'accueillir, Médée sait qu'elle peut à la fois prendre sa revanche et refaire sa vie. Elle ne perd pas non plus sa fertilité de mère. Le meurtre des enfants sera un dommage collatéral. Et puis mieux vaut tuer ses fils de ses propres mains que de les faire assassiner par la vindicte populaire. Le meurtre est ainsi gravé dans la logique de l'action : « *Par les démons vengeurs envoyés de l'Hadès/je ne puis pas livrer mes fils/pour que mes ennemis à leur gré les outragent. Puisqu'à tout prix il faut qu'ils meurent,/c'est moi qui vais les tuer, moi qui leur ai donné la vie. /Tout est accompli. Trop tard pour un revirement.* » (vers 1053-64)

Sénèque ne reprendra pas l'épisode. Les puristes de l'unité tragique avaient reproché cette rupture d'enchaînement logique. La Médée latine est donc autrement prévisible : « *Ma vengeance est déjà là/Ma vengeance est déjà née* » sont ses premiers mots. Pas de *deus ex machina* pour sauver la sorcière. L'esthétisme latin prend en charge une Médée déjà construite, il s'agira d'inventer une démonstration encore plus habile et plus belle pour la rendre à sa condition mythologique. Et si elle disparaît aussi dans le char du soleil, c'est pour devenir l'éternelle exilée, le monstre parfait. Définitivement infanticide : « *Si dans mon ventre peut se trouver encore quelque fœtus/Je*

[56] Marie Delcourt, *La vie d'Euripide*, éd. Labor, Bruxelles, 2004.

m'ouvrirai le corps d'un coup d'épée/Et j'arracherai l'embryon. » (scène 11)[57] Alors que la Médée d'Euripide affirme à Jason : « *Je pars pour la terre d'Erechtée, où je vivrai avec Egée le fils de Pandion* », celle de Sénèque installe son identité dans un voyage d'errance sans destination. Eternellement mauvaise, éternellement puissante, éternellement criminelle, éternellement étrangère. Logique formelle. Le frisson de la croyance bourgeoise à la fin de l'histoire peut nous parcourir. Médée pour toujours sera l'Infanticide. Nulle terre ne sera plus capable de l'accueillir. On se demande d'ailleurs si elle n'a pas halluciné la route céleste qui s'ouvre devant elle, dans l'exacerbation de sa passion : le souffle de son œil a trouvé dans l'observation des nuages de quoi nourrir son désir : survivre victorieusement à la destruction, et abandonner Jason au malheur infini de la perte. Il s'agit aussi, – en tous cas on peut recevoir de cette façon la tragédie latine –, non pas de chercher à sauver une femme particulière, Médée, mais de schématiser, formaliser le déroulement quasi physique et déterministe de l'émotion amoureuse dans la version « jalousie ». Application à un cas particulier de la théorie stoïcienne des passions : mouvement irrationnel de l'âme contraire à la nature, c'est le résultat d'une représentation fausse de la réalité, c'est une maladie du jugement. En tant que telle elle aurait pu être guérie. Ainsi Cicéron explique[58] : « *Les stoïciens pensent que toutes les passions naissent du jugement et de l'opinion. C'est pourquoi ils les définissent plus précisément afin qu'on comprenne, non seulement combien elles sont vicieuses, mais aussi combien elles sont en notre pouvoir* », et plus loin : « *De même que, lorsque le sang est corrompu ou qu'il y a trop de pituite ou de bile, les maladies et les infirmités naissent dans le corps, de même un afflux d'opinions fausses et les conflits qui les dressent les unes contre les autres privent l'âme de la santé et la rendent malade.* » On peut guérir une passion comme on traite une erreur de calcul ; en recomptant et en enchaînant dans l'ordre. Médée ne comprend pas à quel point il est naturel que Jason lui préfère une femme grecque, et de condition royale, garant d'une sécurité enfin acquise, ni combien elle aurait dû se méfier de l'exhibition de ses

[57] La traduction est celle de Florence Dupont, Sénèque *Théâtre complet* tome 2, Imprimerie nationale, Le spectateur français, 1996. Pour la commodité de lecture, Florence Dupont divise le texte en 11 scènes et 4 voix de chœur.
[58] Cicéron, Tusculanes, IV,7 et X, 23.

pouvoirs, anachroniques dans le contexte corinthien. La connaissance objective de la réalité aurait dû lui permettre de contrôler ses élans destructeurs. Du théâtre grec au théâtre latin l'indifférence au malheur quotidien et la froideur de la raison envers les souffrances vécues s'accentuent, comme si le monde impérial amplifiait aussi cette totalité macabre à propos de laquelle aucun espoir de changement ne peut jaillir, sinon la révélation d'une destruction totale. Euripide ici est plus Aufklärer que Sénèque, et la compassion des femmes athéniennes en est un signe.

Deuxième distorsion, le chœur dans les deux pièces a des positions radicalement opposées. D'abord dans la priorité inversée femme-étrangère : dans Euripide elle est d'abord femme, dans Sénèque d'abord étrangère. Ensuite dans l'accueil qu'on lui fait. Chez Euripide, comme Nietzsche l'a expliqué, le chœur joue ce rôle de transmission, au théâtre, des questions débattues tous les jours dans les places publiques ou à l'intérieur des maisons, et se scandalise des trahisons d'un mari infidèle. Dans Sénèque il ne s'agit pas de débattre, mais de restaurer l'ordre social que l'intrusion de Médée dans le monde civilisé a rompu. Le chœur est donc farouchement hostile, et conseille Jason : « *Arrache-toi à l'étreinte de la terrible caucasienne/Tu n'as connu qu'une femme aux désirs effrénés/Une femme qui te forçait à la prendre… Apprends le bonheur/Prends la jeune fille des rives grecques/Retrouve la paix/En recevant ton épouse des mains de ses parents.* » (Chœur 1). Quand chacun reste chez soi, dans ses traditions familiales et sa soumission politique à l'Empire, tout va bien. Mais qu'un général ramène chez lui une femme de haut rang, même de son plein gré, alors le conflit des cultures va provoquer désordre et désastre. On peut supposer que Sénèque ne s'occupe pas tant de montrer les problèmes liés à l'accueil des étrangers que les ravages de l'extension immodérée des frontières. Jason conquérant a pillé les richesses de l'Arménie, et Médée la colonisée, enfuie avec le colonisateur, a introduit le ver dans le fruit. Trop d'audace à emmener des étrangers avec soi si l'on ne travaille pas en même temps à un véritable cosmopolitisme, où chacun par sa raison est capable de devenir un citoyen du monde. Le chœur latin est le témoin populaire de l'histoire des Argonautes, il intervient quatre fois pour donner de la hauteur au drame de la vengeance : deux fois pour confirmer la frilosité propre à celui qui veut conserver ses coutumes sans qu'elles soient polluées par des mélanges de races : « *La terrible Arménienne quittera-t-elle la campagne grecque ? /Délivrera-t-elle de la peur/Les princes et le royaume* ? » (chœur 4) ; deux fois pour s'inquiéter des extensions exponentielles des techniques et conquêtes romaines. « *La première barcasse venue affronte la haute mer/Toutes les barrières ont été bousculées/Sur les terres vierges on édifie des villes/Le monde est sillonné de routes/Tout bouge/Rien n'est resté de l'ordre de jadis.* » (chœur 2). La « pax romana » n'est-elle pas sous le règne de Néron, trop ambitieuse ? Médée est aussi une tragédie politique, peut-être la plus directement politique des œuvres de Sénèque, une réflexion sur les frontières. Aucune compassion donc, mais une énergique terreur, ou le désespoir de celui qui craint d'assister impuissant à la fin d'un monde. Au contraire dans la tragédie grecque Médée n'est pas tant une étrangère qu'une exilée, qui parle la langue grecque, et échange avec les autres femmes sur le sort quasi-universel qui leur est réservé. Par trois fois le choeur va évoquer sa solidarité de genre, dans la plainte de l'évocation d'une condition dénigrée. Médée décline les tribulations du mariage et les femmes de Corinthe approuvent : « *Nous devons faire enchère et nous acheter un mari, qui sera maître de notre corps/Malheur plus onéreux que le prix qui le paie.* » (vers 233-34) Ensuite les douleurs de l'accouchement : la mort en couches n'est jamais glorieuse, seulement un accident de la nature, l'enfantement n'est que la venue à jour brutale et réussie des résultats des semences du géniteur. « *J'aimerais mieux monter trois fois en ligne/Que mettre au monde un seul enfant* ! » (vers 250) crie-t-elle révoltée, revendiquant sa place d'homme dans le monde civil. Le chœur renchérit en insistant sur les difficultés et les aléas de l'éducation, supportées davantage par les femmes tant que les enfants sont petits : « *Je dis que ceux qui ne savent pas ce que c'est que d'avoir des enfants/L'emportent en bonheur sur ceux qui ont postérité… /Qui voit dans sa maison fleurir ses chers petits s'use en soucis toute sa vie* » (1090-91) Sagesse populaire que le choeur latin n'évoque jamais, tant il a d'intérêt à imaginer Médée sous les traits mythiques d'une « *tigresse du Gange* » qui sait déjà qu'elle va perdre ses petits.

Un troisième élément, plus spectaculaire encore, concerne l'inversion des postures physiques. Dès sa première apparition la Médée d'Euripide revêt la figure prostrée de la femme malheureuse. Une femme qui gémit, dont le corps tout entier est envahi par le malheur, dont les sens sont abimés dans la douleur. Elle est sourde à toutes les consolations et c'est ainsi qu'elle est décrite au spectateur : « *Elle reste étendue, refusant de manger, toute livrée à la douleur/ et consumée par d'éternelles larmes,/ depuis le jour où elle apprit qu'elle était rejetée./ Les yeux baissés obstinément, la face contre terre,/ pas plus qu'un roc, qu'une vague marine,/ elle n'entend ceux qui voudraient la consoler.* »(24-29) Tirée vers le deuil de son amour, Médée est prête à mourir. Elle est déjà ensevelie dans sa maison, et ne sortira sur le seuil qu'après les demandes pressantes des Corinthiennes et pour se plaindre avec elles. Humaine, seulement humaine. Ame violente, dit la Nourrice, mais sur l'instant de cette première image, c'est une femme comme une autre. « *Ah, malheureuse, je souffre trop ! Hélas, que ne puis-je mourir* ! » (96-97). Plus tard elle suppliera Créon à genoux : « *Je t'en supplie, par tes genoux et par ta jeune épouse…* »(324) Enfin la rencontre avec Jason rappelle ce corps aimé et caressé dont elle garde toutes les traces : *« Ah ! Ma main droite, combien de fois tu l'as saisie/ ah ! mes genoux, que ce fourbe embrassait avec des paroles creuses…* »(496-97) Traduite dans les premiers vers de la tragédie latine voici ce que l'on aperçoit : Médée est déjà debout, dehors. Elle invoque les dieux du mariage et de la vengeance. Elle ne se plaint pas, elle hurle sa rage. Médée bouge, halète, court, elle est hors d'elle ; jamais en dedans, pour toujours exterritorialisée : « *Venez en ce jour, déesses de la vengeance et du crime/ Venez à mon secours… /Quand passerai-je à l'attaque ? /J'éteindrai les flambeaux dans les mains de mes ennemis,/ Le jour dans le ciel. »* Scène 1) Médée n'est pas seulement en douleur, elle ne subit pas son chagrin dans l'écrasement du malheur. Elle est active, déjà toute-puissante et triomphante, la soif de vengeance l'empêche de sentir quoi que ce soit d'autre que sa haine. Médée est furieuse, et l'analyse magistrale que Florence Dupont fait des monstres de Sénèque permet de comprendre et de décrire ce corps inhumain fabriqué pour le théâtre latin. Un théâtre fait de mots, de voix, de musique, de gestualités et de postures physiques précises et univoques, dit-elle. « *Médée est là, d'emblée en proie à la colère en même temps qu'à la douleur. Ses premières paroles sont des imprécations, son dolor est un iratus amor, elle cherche déjà son nefas… Médée allie la tenue du deuil et les gestes du furor. Elle est à la fois répugnante et inquiétante. »* Corps disloqué que celui du fou furieux, qui devient peu à peu, dans l'appropriation par le héros de sa folie, une danse et une voix. « *Quand le furieux parle, il cesse de danser, son furor se concentre dans ses mots. Il est au plus fort de la tension et de la maîtrise de soi. Toute son énergie est dans sa voix ; celle-ci atteint ainsi une puissance magique… La voix du furieux est alors tonnante et implacable.* »[59] La Médée latine suit implacablement ce schéma ; il ne s'agira pas tant d'essayer de comprendre une Médée femme et humaine, pénétrée d'une intériorité consciente ravagée, que de donner à voir comment se concrétise cette catégorie spécifique du théâtre romain, le « furor », explique Florence Dupont. Se référant aux textes de Cicéron, elle montre que l'origine de ce mot se situe dans le cadre du droit romain, et plus particulièrement de la question juridique de savoir quelle est la responsabilité d'un criminel devenu fou. « *L'irresponsabilité du furieux est souvent commentée par les juristes : il est dit que les victimes du fou le seraient de la même façon d'une tuile ou d'un animal. Un furieux est comme un muet, un sourd, un enfant, une femme, un homme endormi ou saisi de langueur, un absent, un mort. D'une façon générale, il ne comprend pas, ne perçoit pas, est insensible, il est incapable de communiquer avec son environnement.* » Or le propre de la tragédie mythologique c'est que le mode furor va devenir « *un mode volontaire de comportement. Le furieux de tragédie manipule ses passions pour se libérer de ses repères moraux et sociaux qui le constituaient comme homme. A la différence du furieux juridique qui est seulement ailleurs sans que cet ailleurs soit défini sinon négativement, le fou tragique noue avec une autre raison, une autre logique.* » [60] Logique tout entière commandée par une volonté qui décide de sa vengeance. Le corps de Médée est là pour jouer la question de la responsabilité du mal, quand ce mal est produit activement par celui ou celle qui a dépassé la douleur, n'écoutant que son idée fixe et sa passion du pouvoir. Dans sa danse macabre, Médée devient « *pur sujet pour soi, coupé de toute expérience vivante* » que le stoïcisme (déjà positiviste ?) triomphant formalise dans la subordination des vies individuelles à l'ordre réel du monde, et qu'il démonte dans l'exhibition des ravages de la passion. Médée sera une stoïcienne sans tête. Sans tête, puisque sa rationalité est celle d'un chaos démesuré. Mais stoïcienne, puisque

---

[59] Florence Dupont, *Les monstres de Sénèque*, Belin, l'Antiquité au présent, p.136-137.
[60] Ibid. p. 78-80.

la volonté reste toute-puissante, et que le meurtre est moins pire que le déshonneur. Pure extériorité, citadelle dressée pour protéger une subjectivité figée dans les terreurs de l'abandon, n'a-t-elle pas beaucoup en commun avec la perception intime de nos vies individuelles ? Paul Veyne insiste, dans l'introduction à l'œuvre de Sénèque, sur le paradoxe de ce retour médiatique contemporain au stoïcisme : alors que le stoïcien confirme l'harmonie du monde et la sagesse qu'il y a à s'y inclure comme une partie raisonnable, nous mettons l'accent aujourd'hui, à la fin du XXème siècle, dit-il, sur le non-sens de l'univers et le sauvetage des consciences dans le « chacun pour soi » comme acceptation du malheur. *« Le paradoxe est qu'un point de détail de la doctrine stoïcienne, à savoir l'autonomie du moi et la possibilité d'un travail de soi sur soi, devienne pour nous un moyen de survivre malgré la disparition de tout ce dont le stoïcisme affirmait l'existence : la nature, dieu, l'unité du moi.* »[61] Dans la tragédie de Sénèque la nourrice constate : « *Loin de Colchos/Trahie par ton époux/Ta puissance n'est plus/Il ne te reste rien.* » A quoi Médée répond : « *Il me reste Médée/regarde-moi/Je suis la mer et la terre/Le feu et le fer/Les dieux et la foudre.* » (scène 2) Stoïcisme sans tête que celui de Médée-Néron, puisque la totalité du monde a comme représentante la folie d'un individu qui se croit tout-puissant. Plus nos individualités sont écrasées, explique Adorno, plus nous insistons sur les pouvoirs absolus de nos libertés intérieures, de nos choix et projets « personnels », – pour reprendre une expression contemporaine –, dans la plus complète dénégation des hiérarchies réelles toujours aussi contraignantes et destructrices. En réalité la place magique accordée à la puissance du moi individuel se fonde sur l'angoisse des prétendues nécessités techniques et politiques, dans l'exclusion des altérités et alternatives possibles.

La quatrième disjonction entre les deux textes fait apparaître toute la visée dialectique de l'œuvre de Sénèque. Car sa Médée est tout à la fois mythique et femme des Lumières. Ancestrale dans sa monstruosité elle devient technicienne, et non plus magicienne, dans ses opérations de destruction, dans la façon dont elle prépare les philtres qui lui permettront d'empoisonner le manteau destiné à

---

[61] Sénèque, *Entretiens, Lettres à Lucilius*, Laffont, col. Bouquins, Paris, 1993, avant-propos par Paul Veyne, p VI.

Créuse. Ces deux scènes (7 et 8) n'existent pas dans la tragédie d'Euripide. Or l'auteur latin n'y montre pas tant une Médée sauvage et étrangère, dont les pratiques sont irrationnelles et mystérieuses, qu'une Médée savante, dont les pouvoirs techniques poussés au paroxysme sont capables d'utiliser les lois de la nature pour les renverser : *« J'ai fait pleuvoir dans un ciel sans nuage... J'ai faussé la marche du temps… Cérès a vu son blé mûr en plein hiver/ Par la force de ma volonté.* » De même que le navigateur utilise la force du vent pour aller contre le vent, la volonté et la ruse de Médée sont capables de maîtriser, et d'orienter selon ses objectifs les éléments naturels. Il ne s'agit donc pas du tout pour Sénèque de décrire ces pratiques magiques dont Horkheimer et Adorno montrent à quel point elles ne sont pas dans la toute-puissance, mais dans le mimétisme, l'affinité, la cohabitation avec les forces de la nature. Au contraire, il s'agit à la fois de magnifier la puissance technique et de prévenir contre son utilisation possiblement exponentielle. Médée accomplit ce que la magie classique n'aurait jamais pu faire ; elle invente un autre mythe, à la mesure de l'époque : celui de la toute-puissance possible du savoir. Elle est devenue, au-delà de la prudence de Descartes, maîtresse et dominatrice absolue d'une nature asservie, purement soumise à son propre pouvoir mécanique. Sénèque méprise la magie, il la range du côté des recettes de vieilles femmes et de la superstition populaire. Les deux scènes de sa tragédie expriment des contradictions magnifiques : monuments de références aux mondes légendaires et géographiques de la mythologie, aux caricatures attendues de la magicienne dionysiaque, nuque renversée, cheveux défaits, sang versé ; et en même temps descriptions minutieuses des pratiques scientifiques et ordonnées de la raison technique. Ordre et classification, totalité, équivalence, utilisation technique du savoir, Médée magicienne est un homme des Lumières. Médée est une « furieuse » méthodique : elle ordonne et classe, « *travaille selon les règles de l'art/ Fait des tas séparés selon la nature du poison/ Ici la violence destructrice du feu/ Là, la force paralysante du gel…* » (scène 7), raconte la Nourrice. Elle domine la nature comme le font les géographes botanistes des grands voyages planétaires. Elle possède des herbes de tous les pays : déserts brûlants d'Afrique, neiges éternelles du Caucase, le fond de la terre, les monstres du ciel, la Sicile, l'Arménie, la Mongolie, les Perses, l'Egypte, le Danube, l'Espagne… Elle réduit par sa puissance technique l'espace géographique ; elle en appelle à toutes les saisons, au jour et à la nuit. *« Plus rien ne doit rester en dehors.* » (DR p.33) Elle cherche la totalité et le système, elle vit dans le cercle magique d'une idée fixe, l'exclusivité du rapport de force dominant/dominé. Sa douleur même est technicienne : « *Douleur cherche ton argile/Maintenant tes mains savent façonner toutes sortes de crimes.* » (scène 10) Elle représente l'orgueil démesuré d'une humanité capable d'agir selon les règles d'une volonté obsédée par la toute-puissance technique. La bombe atomique, les mutations génétiques, les dérèglements climatiques… Peut-être faudrait-il lire la tragédie de Sénèque dans cette terreur délicieuse des films gore dont on peut rire des inventions parce que jamais aucune réalité ne pourra lui ressembler, et parce qu'on connaît déjà la fin, – ça finit mal et c'est bien fait –, mais aussi parce qu'il y a le frisson d'angoisse devant des transformations du monde rendues possibles par un savoir auquel le commun des mortels ne comprend plus rien. De même on pourrait imaginer que Sénèque ait pu jouer de l'image stoïcienne du feu artiste du monde, embrasement en éternel retour comme principe de résurrection. Médée païenne et iconoclaste, – « *c'est là le plus extraordinaire de ce drame, l'eau nourrit le feu, et plus on combat le brasier plus il brûle avec force, il retourne nos armes contre nous »* (scène 9, le Messager) –, imiterait dans sa passion monstrueuse le principe physique d'une nature immortelle, et rendrait ce principe d'autant plus véridique qu'elle prétendrait de façon dérisoire et suicidaire en représenter la forme. Car envolée dans le char du Soleil, Créon et Créuse assassinés, Corinthe incendiée, Jason désespéré, ses enfants en cadavres à ses côtés, le monde purifié peut recommencer… Rien n'aura changé. *« Les hommes attendent que ce monde sans issue soit mis à feu par une totalité qu'ils constituent eux-mêmes et sur laquelle ils ne peuvent rien.* »(DR p.45)

C'est enfin, cinquièmement, en ce qui concerne la paternité et la maternité de Jason et Médée que les différences entre les deux tragédies sont manifestes.

Sénèque installe en parallèle le meurtre des enfants et la castration de Jason : Médée cherche comment définitivement mutiler son mari en le laissant vivant, et c'est quand il affirme ne pas pouvoir supporter l'éloignement de ses fils qu'elle met en place la stratégie finale. Euripide dit presque le contraire. Sans doute il y a ces deux répliques, au moment de la révélation de son stratagème. – Le chœur : « *Tu oserais, ô femme, tuer ce qui est né de toi ?* » – Médée : « *Rien ne mordrait plus durement le cœur de mon mari.* » (vers 816-817), Mais Jason n'a pas revendiqué la présence des enfants près de lui ; au contraire, au début de la pièce il est prêt à la laisser s'exiler avec eux : *« Je ne veux pas te voir partir dans le besoin, et qu'avec les enfants/ vous soyez sans ressources* » (vers 461-462)… « *Cependant, sache-le, si pour les enfants et si pour ton départ/ Je puis t'aider de mes ressources,/ tu n'as qu'un mot à dire, je donnerai sans lésiner* » (610-612) La morsure supposée dans le cœur de Jason, c'est au titre d'une propriété perdue qu'elle pourrait se faire sentir, pas au titre de l'amour paternel. Il en est bien autrement dans Sénèque : « *L'amour paternel est sacré… Ils sont ma raison de vivre/ Le réconfort de mon cœur usé par les soucis/ Plutôt perdre la vue, l'usage de mes membres/ Plutôt perdre la vie.* » (fin de la scène 5) C'est que Jason est trop humain, et que Médée romaine ne peut pas aimer ses enfants comme une femme ordinaire, tendresse des baisers, caresses des touchers, enveloppements réciproques ; elle en est elle-même empêchée dans la posture verticale qu'elle tient du début à la fin de la tragédie. Fin de la nature, cassure de la culture. Elle est dans la *« volonté qui décide »*, donc dans la séparation et la froideur d'une chair devenue stérile : « *Je suis glacée, je ne sens plus mon corps, ma poitrine a tremblé* » dit-elle après qu'elle a demandé aux petits de venir l'embrasser. (scène 10) Contraste frappant avec le texte d'Euripide : « *Mes enfants,/ donnez votre main droite, que votre mère l'embrasse… O main chérie, bouche chérie,/ ô beauté, ô noblesse des traits de mes enfants.* » (vers 1070-73) Cette exaltation de la chaleur de la présence aimée s'est renversée dans Sénèque : elle ne peut pas les regarder, ni les cajoler, seulement les presser de venir la consoler : « *Venez enfants venez ma postérité/… /Venez sur moi et serrez-moi dans vos bras.* » (scène 10), Mais leur présence sera impuissante : elle ne s'effondre pas dans le retour de sa nature aimante, elle s'exile dans le froid de ses crimes passés. Le mutisme des enfants dans la tragédie latine est plus terrifiant encore que leurs cris de désespoir dans celle d'Euripide : purs objets soumis aux forces supérieures des adultes, ils ont la réalité des outils efficaces qui ne peuvent servir qu'une fois. Médée prête à quitter définitivement le monde des humains jette enfin leurs cadavres aux pieds de son époux : « *Tiens, père, garde tes enfants/ moi je m'envole emportée par le char ailé.* »(scène 11)

L'invention du meurtre des enfants, dans la pièce d'Euripide, rythme les passages du dedans au dehors, donnant du même coup à cette femme une intériorité qui est absente dans Sénèque. Les fils de Jason y ont une présence physique, ils passent d'un lieu à un autre, rentrent et sortent de la maison, et surtout appelleront au secours quand leur mère les poursuivra pour les assassiner. « *Tu entends le cri, le cri des enfants ? /O malheureuse, ô pauvre femme* » réagit immédiatement le choeur au moment du meurtre. Non, Médée n'entend pas, et déjà elle a dénié à l'acte qu'elle va accomplir sa position de réalité. La mort devient un voyage, comme le sera son nouvel exil : « *O mes enfants, mes enfants, une cité vous attend à présent,/ Une maison où me laissant à mon malheur/ Vous allez habiter pour toujours, privés de votre mère,/ et moi je vais partir pour la terre étrangère, exilée.* » (1021-24) Un peu plus loin : « *Soyez heureux. Mais ce sera ailleurs, votre bonheur ici/ Votre père l'a rendu impossible.* »(1074-75) Et quand elle accepte la réalité de l'assassinat, ce sera pour en refuser la cruauté au nom des derniers devoirs qu'elle pourra leur rendre : « *C'est moi qui dois les enterrer, et de ma main,/ Pour que nulle main ennemie ne les outrage/ en profanant leur tombe. Et ce pays de Sisyphe/ aura désormais à les honorer, à célébrer pour eux des rites, afin d'expier ce meurtre sacrilège.* » (1378-81) Preuve que cette espèce de religion des faits, comme aime à les désigner le positivisme logique, n'a pas de sens. Quand une situation est insupportable, il n'est pas possible d'en prendre acte en insistant sur sa réalité brute, il faut imaginer quelque chose d'autre, lui donner d'autres significations, au risque de ne plus rien percevoir de la cruauté qu'on dénonce en la refusant. Jusqu'à la fin Médée dans Euripide aura hésité, dans un conflit permanent entre l'organisation rationnelle des étapes de la vengeance et la réalité charnelle de l'amour maternel : « *O douleur ! Enfants que me regardez-vous ainsi ? /Que me souriez-vous pour la dernière fois ? /Que dois-je faire ? Le cœur me manque, mes amies/ lorsque je vois les yeux brillants de mes enfants/ Ah ! je ne pourrai pas* ! » (1040-44) Avant la décision : « *Rentrez, rentrez, je ne puis plus soutenir votre vue.* » Enfin elle affirme qu'elle ne pourra les tuer qu'à la condition de les avoir oubliés : « *Oublie que ces enfants/ sont ton bien le plus cher, oublie que tu les as mis au monde. / Oublie-les pour un court instant. / Tu pleureras ensuite.* » (1246-49).

L'amour maternel dans Sénèque est autrement moins tendre, mais peut-être plus terriblement manifeste de nos psychoses contemporaines, où la religion de la fécondité s'allie avec les contraintes institutionnelles de la responsabilité et de la propriété. La maternité est présentée d'abord, au début du texte, comme le signe social de l'accomplissement féminin. Du coup la vengeance sera à sa hauteur : « *Aujourd'hui je suis mère/Il me faut des crimes supérieurs.* » (Scène 1) Elle est ensuite revendiquée dans les formes hostiles de la propriété privée : enfants issus d'une mère meurtrière et d'un père volage, ces biens de famille ne sont pas partageables, il faudra les détruire : « *Qu'ils meurent, ce ne sont pas mes fils/qu'ils meurent, ils sont à moi.* » (scène 10) C'est parce qu'elle les a mis au monde qu'elle peut les faire mourir, ainsi ils lui appartiendront à jamais, intégrés à son corps, comme tous les autres crimes.

Chez Euripide c'est bien le contraire : pour pouvoir les tuer, elle doit oublier qu'elle les a fait naître. Deux figures extrêmes de la maternité ? Dans l'une — Sénèque —, la puissance de faire naître équivaut au pouvoir de tuer ; dans l'autre, – Euripide –, seul celui qui n'a pas fait naître peut faire mourir.

Enfin c'est dans l'analyse de la notion de mal que Sénèque devient le plus terrifiant. Le mal n'existe pas, déclare-t-il, c'est affaire de représentation mentale. Du point de vue de celui qui en subit les effets, il n'est pas différent d'un accident physique, une pierre qui vous tombe sur la tête, par exemple. Du point de vue de celui qui l'exerce et le projette, c'est une maladie, ses traductions physiques en sont le témoignage. Exemple de la colère : les yeux s'enflamment, le visage rougit, les lèvres tremblent, les dents se serrent, les cheveux se hérissent, les articulations craquent, la voix se transforme, « *aux mugissements se mêlent des lambeaux de phrases indistinctes...* »[62] Cette maladie dont les effets sont si physiquement repérables, on peut la guérir, mais c'est long et difficile. Sénèque, médecin des âmes, l'affirme : « *Il faut un long effort contre les maux tenaces et contagieux, non pour qu'ils cessent, mais pour qu'ils ne triomphent*

[62] Sénèque, *De la colère*, *Entretiens* et *Lettres à Lucilius*, Bouquins, p 110.

pas. »[63] Et puis il faut le vouloir. Le sage ne condamne pas Médée, comme le chœur du théâtre. Elle aurait pu orienter son caractère intrépide vers autre chose que l'obsession de la destruction. Mais il n'y a plus rien à faire. Le cancer de la haine l'a emporté pour toujours.

Qu'est-ce qui est le mieux ? Accepter la réalité et s'y plier ou la faire exploser en rasant tout autour de soi par la même occasion ? Il est peut-être moins dangereux pour les autres et plus raisonnable de se suicider quand on subit une injustice que de faire exploser le monde entier. Car au moins la vie continue. Mais le choix du « raisonnable » est-il toujours possible ? Sénèque suicidé a peut-être encore de l'espoir. Néron ne vivra pas toujours, et d'autres esprits sages résisteront au mal politique. Médée au contraire n'est-elle pas l'expression parfaite de cette totalité où le cynisme s'adore lui-même dans la destruction de tous ? « *Plus la société se dévoile impitoyablement, jusqu'au cœur de chaque situation, dans ses antagonismes objectifs, moins on peut garantir qu'une quelconque décision morale individuelle est la décision juste. Quelle que soit l'action que l'individu ou le groupe entreprennent contre la totalité dont ils font partie, cette action est contaminée par ce que la totalité a de mauvais* », écrit Adorno dans *Dialectique Négative* (p.190-191)

De Sénèque à Lacan

Florence Dupont a sans doute de bonnes raisons de se méfier à la fois de la mimesis aristotélicienne et de nos propres traditions théâtrales, de notre propension à creuser l'intimité des personnages, pour leur faire dire à peu près n'importe quoi. Pour autant il n'est pas interdit de penser que la fabrication par Sénèque du texte tragique n'est pas simplement une affaire de jeu, – au sens où nous opposons le jeu et le sérieux –, et que son expérience existentielle, d'homme politique, de conseiller du prince, d'homme de lettres et de philosophe lui donne la facilité nécessaire pour inscrire dans les codes de l'imaginaire théâtral les malheurs de sa conscience, la sienne et celle de l'époque. Les tragédies de Sénèque sont devenues, après le milieu du XXème siècle, à la mode. *« La*

[63] ibid.134.

mode, écrit Walter Benjamin, *sait flairer l'actuel, si profondément qu'il se niche dans les fourrés de l'autrefois. Elle est le saut du tigre dans le passé. Mais ceci a lieu dans une arène où commande la classe dominante. Le même saut, effectué sous le ciel libre de l'histoire, est le saut dialectique, la révolution telle que la concevait Marx.* »[64]

Dans son travail sur le matériau théâtral et les contraintes de la « *recitatio* », Sénèque fait exploser leurs cadres formels, renchérit sur notre humanité perdue. Ces contraintes mêmes lui permettent d'exposer une figure du monde plus terrifiante que celle qui s'esquisse dans la démocratie grecque, une métaphysique plus rude et sacrificielle. Pour n'être jamais consolatrice elle ressemble davantage aux terreurs de nos sociétés fermées. C'est sans doute pour cette raison que la tragédie résonne davantage dans la « mode » contemporaine. Dans son ouvrage sur « *l'acteur roi* », Florence Dupont insiste sur ce point : « *Nuremberg et ses fêtes, mieux que les représentations de la Comédie-Française introduisirent aux jeux romains et aux spectacles du triomphe. Il fallait peut-être pour comprendre le théâtre de Sénèque succomber soi-même à la fascination de la mort, vibrer de cet héroïsme noir des conquistadors et des chevaliers teutoniques.* »[65] Le théâtre de Sénèque retentit d'une démesure sans doute plus proche de nos sensibilités que le tragique grec, qui évoque l'héroïsme sous condition de la détestation de la mort. La « belle mort » grecque, c'était le choix du courage, mais ce courage allait de pair avec un amour immodéré de la vie, de la lumière, du soleil, de la terre, avec la peur de mourir. Homère dans l'*Iliade* se moque de ces dieux immortels qui ne connaissent pas le prix de la vie, ni celui de la peur. Hector s'enfuyant, la dernière heure, s'apercevant que les dieux l'ont trahi, se retourne pour regarder Achille, sa propre mort, en face, et regretter à jamais la vie. Il ne choisit pas cette mort. Plus rien n'est possible de ce qu'il a aimé, et l'affrontement, au moins, lui laissera le goût de l'espoir. De même Achille aux Enfers rencontrant Ulysse lui dit son désarroi et sa nostalgie de la terre vivante. Les tragédies de Sénèque mythifient au contraire le courage du suicide et le mépris de la mort, autant la sienne que

[64] W. Benjamin, *Œuvres* III, Folio-Essais, 2000, p. 439.
[65] Florence Dupont, *L'acteur –roi*, Belles-Lettres, Paris, 1985, p. 442.

celle des autres, si c'est devenu nécessaire à l'ordre du monde. Pas de pitié.

Adorno, dans *Minima Moralia*, parle du goût du Troisième Reich pour le sensationnel morbide : « *Le fascisme a été la sensation absolue... Sans la violence quasiment irrésistible de l'avidité pour les gros titres, qui prenait le cœur pour ainsi dire à la gorge et le faisait régresser vers un passé mythique, l'indicible n'aurait été supportable ni pour les spectateurs, ni pour les criminels... La sensation forte a englouti tout jugement : c'est ce qui la transforme proprement en agent d'une régression catastrophique.* »[66] Y a-t-il des analogies possibles avec les sensations fortes des auditeurs latins devant les prouesses démoniaques de Médée, dans le même désir d'immédiateté pour le rapt du spectaculaire, garant du plaisir tragique et pervers de la domination ? Domination au sens exponentiel c'est extermination. La Médée latine vibre de ces associations ; la fin de la pièce est une apocalypse, au sens de dévoilement : à la fois destruction, délivrance, mais aussi protestation, rage des absolus perdus. Elle clame que chez Euripide, l'espoir proposé n'était pas autre chose qu'une adaptation mesquine aux impératifs de l'auto-conservation. Qu'importent les malheurs, pourvu qu'on reste en vie, aurait dit le dramaturge grec ! Que vaut cette sagesse pour qui pense avoir tout perdu ? L'explosion n'est-elle pas préférable ?

Euripide ajoute à la légende l'infanticide, et renchérit sur le meurtre de Créuse. Le caractère inexorable du destin se présente dans des destructions amplifiées, et le rend moins fatal ; le pire est toujours sûr, mais s'il faut inventer un pire du pire, l'assassinat des enfants en même temps que la destruction d'une ville, le mal lui-même devient affaire de hasard ou de décision arbitraire. De plus la clairvoyance des femmes de Corinthe engage le spectateur, même dans le passage à la limite, du côté de la compassion et non de l'accusation ou de la faute. La frontière ne serait pas si fermée qu'on ne puisse revivre autre chose, ailleurs. Ce « réalisme » que Nietzsche lui reproche avec violence, où les questions de société sont abordées sans réticence, cet « empirisme » ressemble bien plus à celui des Lumières, capables de dénoncer l'ordre patriarcal dominant en représentant la logique mortifère de son injustice, que

[66] Adorno, *Minima Moralia* n° 150.

la représentation exaltée et terrifiante d'images figées dans des significations univoques et brutales. Mais la compassion, dans un monde terroriste, n'est-elle pas cautère sur jambe de bois ?

Lacan saura répondre. Dans le séminaire sur l'angoisse, en1962-63, il se réfère à Œdipe-roi : « *Quel est le moment de l'angoisse ? Est-ce le possible de ce geste par où Œdipe s'arrache les yeux, en fait le sacrifice, les offre en rançon de l'aveuglement où s'est accompli son destin ? Est-ce cela, l'angoisse ? Est-ce la possibilité qu'a l'homme de se mutiler ? Non, c'est proprement ce que je m'efforce de vous désigner par cette image, c'est l'impossible vue qui vous menace, de vos propres yeux par terre.* »[67] « *L'impossible vue qui nous menace, de nos propres yeux par terre* », c'est tout autant la mort, la menace de castration, mais aussi peut-être le nazisme tout entier, orientation historique identitaire monstrueuse d'un fascisme perverti par le mythe glacial d'une Rome impériale et totalitaire. Lacan choisit de lire Sénèque plutôt que Sophocle. « *Il fouille les orbites avec les ongles/ et d'un seul coup il arrache tout/ Les deux globes roulent à terre/ Ses mains restent agrippées au fond des orbites/ Il gratte et griffe les cavités/ ,Mais il ne reste plus rien.* »[68] C'est dans l'Œdipe de Sénèque qu'il s'arrache les yeux, pas chez Sophocle. Au contraire. Œdipe désespéré se précipite dans la chambre de Jocaste pour la découvrir pendue, la détache. « *C'est un spectacle alors atroce à voir. Arrachant les agrafes d'or qui servaient à draper ses vêtements sur elle, il les lève en l'air et il se met à en frapper ses deux yeux dans leurs orbites. » Ainsi ne verront-ils plus, dit-il, ni le mal que j'ai subi, ni celui que j'ai causé… » Et tout en clamant ces mots, sans répit, les bras levés, il se frappait les yeux, et leurs globes en sang coulaient sur sa barbe…* »[69] Outre la différence fondamentale de situation, – chez Sophocle, Œdipe sera pour toujours lié à Jocaste, dans Sénèque, il agit seul –, il faut ici insister sur la symbolique du retournement. L'Œdipe grec, jusqu'à la rédemption à Colone, restera dans un aveuglement intérieur, l'Œdipe latin jusqu'à la fin des temps transmutera l'amour en haine et l'impuissance en volonté héroïque, exultation du rejet hors de soi d'une partie de soi. Qu'un morceau de nous, déchu, tombé à terre, nous regarde de l'extérieur, n'a pas du tout le même sens qu'un

---

67 Lacan, *Séminaire livre X, l'angoisse,* Seuil, Champ freudien, 2004 p 190.

68 Sénèque *Tragédies, Théâtre complet vol* II trad. Fl. Dupont p 448.

69 Sophocle *Tragédies, Œdipe-roi*, trad. P. Mazon 1962, Gallimard-Folio 1974 p 242.

passage à l'intérieur de soi d'un organe destiné à percevoir ce qui vient du dehors, on en conviendra. Et que Lacan choisisse pour parler de l'angoisse de castration cette représentation latine n'est pas rien. D'autant que, si la transcription du séminaire est juste, il confond Rome et Athènes en associant l'Œdipe de Sénèque et l'Œdipe à Colone de Sophocle. Dans le passage qui précède l'extrait déjà cité, Lacan décrit ainsi la scène terrible où Œdipe – celui de Sénèque – s'arrache les yeux : « *Il voit ce qu'il a fait, ce qui a pour conséquence qu'il voit — c'est le mot devant lequel je bute — l'instant d'après ses propres yeux, boursouflés de leur humeur vitreuse au sol, confus amas d'ordure, puisque, pour les avoir arrachés de leurs orbites, ses yeux, il a bien évidemment perdu la vue. Et pourtant, il n'est pas sans les voir, les voir comme tels, comme l'objet-cause, enfin dévoilé de la dernière, ultime, non pas coupable, mais hors des limites, concupiscence, celle d'avoir voulu savoir. La tradition dit même que c'est à partir de ce moment qu'il devient vraiment voyant. A Colone, il voit aussi loin qu'on peut voir, si loin en avant qu'il voit le destin futur d'Athènes.* »[70] D'avoir voulu tout savoir, d'avoir voulu savoir l'inceste, Œdipe le paye par le sacrifice, non de sa vue, – il verra toujours ses yeux le voyant –, mais de ses yeux, qu'il jette hors de lui comme pour leur donner la possibilité de lui renvoyer à jamais son désir et sa terreur, sorte d'éternel retour de la damnation. Comment dans ces conditions pourrait-il trouver à Colone, guidé par Antigone, une rédemption quelconque, et promettre prospérité à celui qui a bien voulu lui donner asile ?

La « confusion » de Lacan ne met pas en question le déroulement de sa pensée. Le choix de Sénèque est au contraire un élément de plus dans la construction et l'analyse de l'objet « *petit a* », objet « *chu* », promesse d'incomplétude, de séparation, de finitude, de naissance et de mort. Utiliser Sénèque au lieu de Sophocle lui est indispensable. Mais elle en dit long, malgré tout, sur le climat de la fin du XXème siècle.

Autant que la référence adornienne au nazisme, certains ont pu percevoir dans ce choix de l'aveuglement d'Œdipe des références à d'autres apocalypses. Ainsi Eric Marty, dans son travail « *Pourquoi le*

---

[70] *Séminaire X* p 190.

XXème siècle a-t-il pris Sade au sérieux ? »[71], insiste sur un des séminaires précédents, celui de 1960, *L'éthique de la psychanalyse,* où Sade et Antigone se partagent l'attention du maître. « *Par le crime, il est au pouvoir de l'homme de délivrer la nature des chaînes de ses propres lois* »[72], dit Lacan à propos de Sade. Et dans le cours du 18 mai : « *L'homme a appris à un moment à lancer et à faire circuler, dans le réel et dans le monde, le discours des mathématiques, qui, lui, ne saurait procéder à moins que rien ne soit oublié.* » Cette chaîne de déductions ressemble au destin *« au point que nous en sommes à nous demander si le discours de la physique, engendré par la toute-puissance du signifiant, va confiner à l'intégration de la nature ou à sa désintégration.* »[73] De l'apocalypse nazie à celle d'Hiroshima, la conséquence est bonne. Ce moment du cours ne fait-il pas écho aux diatribes de *La dialectique de la Raison* soulignant que *« le sens même de la science est devenue problématique* » (p.14) et que « *la domination universelle de la nature se retourne contre le sujet pensant.* »(p.43) Lacan, comme Adorno, associe le formalisme tueur au trop-plein du fait brut.

Pour Lacan l'angoisse d'Œdipe n'est pas l'angoisse de la perte, mais celle d'un immobilisme saturé. S'il jette ses yeux en dehors de lui, comme Médée jette ses enfants aux pieds de Jason, c'est parce que ni pour l'un ni pour l'autre il n'y a de place à l'intérieur d'eux-mêmes pour quelque chose qui les attacherait de façon vivante et douloureuse au monde extérieur.

Face à cette violence spectaculaire et agie, Freud est plus « grec », ou « juif », insistant davantage sur le malheur de la situation que sur les tentatives désespérées de l'amplifier pour y remédier. Il définit l'angoisse de castration comme l'angoisse de perdre ce qui pourrait relier le petit garçon à sa mère. *« La haute évaluation narcissique du pénis peut se justifier par le fait que la possession de cet organe garantit la possibilité d'une nouvelle union avec la mère (avec le substitut maternel) dans l'acte du coït. Se le voir ravir équivaut à éprouver une nouvelle séparation de la mère, ce qui signifie être livré, sans recours contre cette*

---

[71] Eric Marty *Pourquoi le XXè siècle a-t-il pris Sade au sérieux*, Seuil, Fiction and Cie, 2011 p 217.

[72] Lacan *Séminaire VII, l'éthique de la psychanalyse* p 303.

[73] Lacan *L'éthique de la psychanalyse*, p 277 cité en note de la page 218 du livre de E. Marty.

détresse, à une tension de besoin déplaisante (comme lors de la naissance). »[74] L'angoisse ne concerne pas la perte du pouvoir, mais celle du lien. La Médée d'Euripide garde le lien, en prenant ses enfants avec elle pour les ensevelir selon les règles. Celle de Sénèque, qui affirme n'avoir plus besoin de rien ni de personne, qui met en acte l'abandon, en jetant ses enfants, et qui s'envole, définitivement errante, – « *Je pars comme j'en ai l'habitude/Je m'envole emportée par le char ailé* « –, qui affirme sa jouissance de ne plus jamais pouvoir être mère, exprime davantage la destruction totale. L'une préfère la mémoire, l'autre choisit l'amour de la mort plutôt que l'espoir de construire du nouveau, fut-il dérisoire ou inattendu. Jason récupère ses enfants, définitivement perdus. Sa puissance de terreur à elle est corrélative de son impuissance à lui, leur stérilité à tous les deux est totale. Il s'agit donc de la disparition d'un monde, et pas seulement d'une famille. La destruction visée par Euripide concerne un épisode, de même que dans la nature il y a disparition et renaissance ; mort biologique dans le cadre dionysiaque de l'éternel retour de la vie. Dans Sénèque il s'agit d'une « mort éternelle », comme l'explique Eric Marty à propos de « *l'invention de la seconde mort* » dans la pensée de Lacan et des références conjointes à l'Apocalypse et à Sade : « *idée d'un anéantissement absolu, visé par la pulsion de mort, idée qui s'oppose "à la régénération résultant du cadavre que nous enterrons.* »[75] De cette idée aucun sujet ne pourra jamais naître, car les extrêmes impossibles du Rien et du Tout empêchent désir, altérité et mouvement. Le « Rien » du formalisme et le « Tout » du fait brut. Abstraction formelle et empirisme muet. « *Va/Parcours le ciel et les espaces légers de l'éther/Va témoigner partout où tu iras/Que les dieux n'existent pas* », s'abandonne le Jason de Sénèque, en réponse aux derniers mots du Chœur dans Euripide : « *A l'inattendu les dieux livrent passage/Ainsi se clôt cette aventure.* »

Lacan et Sénèque expriment les fantasmes conjugués d'une société qui exclut et condamne, qui jette l'individu et lui transmet une volonté de puissance mythique. L'essor des sciences de la nature, orientées vers des techniques de transformation et de

---

[74] Freud, *Inhibition symptôme et angoisse*, traduit par Michel Tort, PUF, bibliothèque de psychanalyse, 4ème édition, 1973, p 63.

[75] Texte de Sade, *Histoire de Juliette*, cité par Eric Marty, p 233 et 231.

domination, a contribué à « réifier » les consciences, en généralisant l'image d'un monde sans « manque », où chacun est en fin de compte assujetti aux conditions de production dominantes en croyant au contraire afficher sa liberté et ses choix individuels. Répétition d'une intériorité subjective transformée en chose, abandonnée et isolée dans son malheur, l'angoisse est à la fois le signe de l'impuissance et la protestation contre cette impuissance. Abstraction, froideur, totalité aveuglément dominante, immédiateté des réactions, le positivisme social rejoint le discours le plus effrayant du mythe, celui qui tétanise et conduit au désastre. L'immanence du monde s'exprime dans le fait que l'espoir lui-même est considéré comme une idéologie fausse. Médée n'accepte plus d'avoir reçu ses fils du sperme vivant de son époux, alors elle les incorpore, morts, dans une fécondité devenue solitaire (Euripide), ou les exile, égorgés, dans le sort commun d'abandon qui la relie à eux (Sénèque).

Pourtant l'angoisse n'est jamais nécessairement le dernier mot. Ainsi Adorno affirme encore : « *Le "Malaise dans la civilisation" de Freud a un contenu profond qui pouvait difficilement lui être présent ; non seulement la pulsion d'agression s'accumule dans la psychè des êtres socialisés jusqu'à l'impulsion ouvertement destructrice, mais la socialisation totalitaire couve objectivement son terme antagoniste sans qu'on puisse dire aujourd'hui s'il s'agit de la catastrophe ou de la libération.* » (DN p.270) Même déflagration finale dans Euripide et Sénèque ; dans l'un la femme emporte ses enfants assassinés avec elle ; dans l'autre elle les jette dans le monde qu'elle vient de détruire. Laquelle des deux pourrait exprimer l'espoir ? Bien fou qui peut le dire. De la sensation forte à l'impitoyable, de l'impitoyable à l'inconsolable, de l'inconsolable à « *la foi inébranlable dans l'homme* » (DR p.127), les deux Médée s'alourdissent l'une l'autre. L'une plus tragique, où une terrible ouverture est proposée, dans un avenir qui cependant laisserait inchangé l'état des choses ; l'autre, au-delà du tragique, et plus proche de nous, dans l'immanence close des terreurs du monde. La Médée de Sénèque amplifie l'invention d'Euripide. En quoi les deux disent quelque chose de vrai ? Car « *seule l'exagération est vraie. La nature essentielle de la préhistoire est l'apparition de l'horreur suprême dans le détail.* » (DR p.126) Ulysse, revenu à Ithaque, pend les servantes infidèles et castre le bouvier. Médée tue ses enfants, dans l'hésitation et l'angoisse d'abord, puis dans une cruauté délirante et raffinée ensuite. « *Dans l'ère bourgeoise, les gouvernants en sont sans doute arrivés rarement au meurtre de leurs épouses et de leurs enfants.* » Mais, continue le texte, qu'il s'agisse des bourgeois modernes ou des seigneurs des temps anciens « *lorsque le pouvoir était en jeu, ils ont accumulé des montagnes de cadavres.* » Pour désensorceler l'indifférence au mal, il faut désensorceler ces murailles dressées entre l'esprit et la nature, la raison et le sensible, le concept et le concret.

CHAPITRE 4
STROPHES
ET CATASTROPHES
DE LA NATURE

Le concept de nature

« *Si je devais caractériser pour vous en quoi le type de pensée pour lequel je plaide diffère de la pensée positiviste, je dirais que la pensée non positiviste est précisément celle qui ne se contente pas de la logique déjà coagulée de l'exclusion, – la logique qui dit "ou bien ou bien...", "ou bien médiatisé, ou bien immédiat", "ou bien le concept, ou bien la pure non-conceptualité" —, mais analyse les phénomènes dans le but d'ébranler ce genre d'évidences* », explique Adorno dans son cours sur Aristote (*Métaphysique* p.112). Logique de l'exclusion : division intérieur-extérieur, autochtone-étranger, sujet-objet, esprit-nature ; pas de nature dans l'esprit, pas d'esprit dans la nature. Que cette logique ait été nécessaire dans la construction de la puissance dominatrice de l'identité occidentale, est pour nos auteurs une certitude. Mais les « progrès » de civilisation auraient pu dialectiser ces conquêtes ; or c'est au contraire une « coagulation », une fixation, un durcissement des frontières qui a accompagné l'histoire conjointe de l'intériorité et de la subjectivité. « *L'emphase philosophique sur le pouvoir constitutif du moment subjectif* » a interdit de prendre acte des porosités entre le dedans et le dehors, des moments de nature dans le sujet, des fragilités de l'esprit devant la conscience de la condition mortelle, et surtout, dira Adorno, des souffrances, des terreurs, des désirs et des amours. « *Ainsi des espèces animales comme le dinosaure triceratops ou le rhinocéros traînent avec elles la cuirasse qui les protège comme une prison qui leur est poussée sur le dos, et dont, – c'est du moins ce qui apparaît d'un point de vue anthropomorphique –, ils cherchent en vain à se défaire. L'emprisonnement dans l'appareil de leur survie pourrait bien expliquer la sauvagerie particulière du rhinocéros, comme celle, inavouée et pour cette raison bien plus terrible, de l'homo sapiens.* » (DN p.144) Ainsi a pu se construire et perdurer, en réaction, la haine pour ce qui est différent, à l'origine des murs et carapaces destinés à protéger une mythique identité ; forme particulière d'une illusion de type religieux, celle de la domination du monde, celle d'une puissance centrée sur la rationalité technique. « *Si la maîtrise de la nature fut condition et étape de la démythologisation, il faudrait maintenant que cette dernière s'étende à cette domination, si elle ne veut pas devenir malgré tout la victime du mythe.* » (même page) « Maîtrise » de la nature : un fait et sans conteste un « progrès ». Mais le travail de la philosophie, toujours nécessairement contemporaine, est maintenant de démythologiser les illusions liées à ce progrès. Nous, héritiers des Lumières et de l'espoir de liberté par expansion des progrès techniques, sommes opprimés et réprimés dans nos aspirations à la gratuité, au bonheur, aux élans d'enthousiasme envers la profusion, la diversité et la beauté de la vie ; opprimés dans nos singularités, nos corps, nos pulsions, nos sensibilités, au nom de l'ordre et de la sécurité. Ces oppressions appellent vengeance, et nous sommes conduits à la haine tourbillonnante contre ce qui nous manque, au dégoût de soi déguisé en apologie de la volonté et de l'autonomie, au mépris de tout ce qui ne s'adapte pas aux règles de nos sociétés fermées.

Paru en 1929, *Malaise dans la civilisation* de Freud se termine ainsi : « *La question du sort de l'espèce humaine me semble se poser ainsi : le progrès de la civilisation saura-t-il, et dans quelle mesure, dominer les perturbations apportées à la vie en commun par les pulsions humaines d'agression et d'autodestruction ? A ce point de vue, l'époque actuelle mérite peut-être une attention toute particulière. Les hommes d'aujourd'hui ont poussé si loin la maîtrise des forces de la nature qu'avec leur aide il leur est devenu facile de s'exterminer mutuellement jusqu'au dernier. Ils le savent bien, et c'est ce qui explique une bonne part de leur agitation présente, de leur malheur et de leur angoisse.* » Horkheimer et Adorno orientent politiquement ces affirmations déjà légendaires. Il ne s'agit pas tant de « *dominer les perturbations apportées à la vie en commun par les pulsions humaines d'agression et d'autodestruction* » que de critiquer et sauver la source de ces pulsions : oui, la contradiction entre individu et société n'a jamais été levée jusqu'à présent, oui, la puissance technique n'a jamais été aussi dangereuse ; mais non, le malheur et l'angoisse ne viennent pas tant de la conscience d'une plus grande capacité de destruction, que de la souffrance, conscience diffuse de l'assujettissement aux dominations, aliénations, exploitations, qui maintiennent l'individu dans des stéréotypes ritualisés, identifications au statu quo, plaisirs vengeurs du sacrifice, capables d'exacerber le ressentiment, et la haine, autres noms de l'amour trahi. La philosophie a construit une maison de verre dans laquelle elle s'est enfermée, explique encore Adorno dans le cours sur la Métaphysique d'Aristote ; il faudrait que par l'activité dialectique de négation elle soit capable de traverser ces murs, non qu'elle prétende refaire l'histoire, ni se débarrasser de tout ce qui en elle a conduit à la fureur des partages et divisions, – car on ne peut pas penser sans diviser –, mais qu'elle reconnaisse « *avec humilité sa domination sur la nature* » et « *se rétracte en elle.* » (DR p.55) Se rétracter aux deux sens du terme : le contraire de persister, et puis aussi rentrer en soi pour au moins reconnaître que les libertés promises et définies par la domination ne sont pas des vraies libertés. Les puissances sociales sacrifient aux sirènes de la fausse sécurité, qui pratiquent l'administration des foules dans le soupçon permanent de l'ennemi, extérieur et intérieur. Les progrès dans la connaissance, la maîtrise et l'utilisation des forces naturelles n'ont pas garanti des confiances meilleures, n'ont diminué ni l'angoisse, ni la conscience de l'impuissance individuelle. La détermination d'un monde en termes de guerre et de rapport de forces n'a pas été dialectisée.

La nature ne ressemble pas plus en réalité aux matériaux bruts que transforment à l'infini les techniques modernes qu'elle ne ressemblait aux divinités cruelles des légendes. « *Lorsque l'ordre objectif de la nature a été abandonné en tant que préjugé et mythe, il ne reste que la nature en tant que masse de matière.* »(DR p.108) Nature comme « *masse de matière* » est encore un mythe. Le même qui la figure comme simple « *multiplicité mathématique* » (DR p.41), ce qui ne lui donne pas plus de vérité que son identification au destin. Ni l'une ni l'autre de ces représentations ne sont de bonnes portes pour orienter le travail de réflexion ; c'est à partir de l'analyse du malheur et de la souffrance qu'il faudrait repérer sa forme : celle qui dessine ce qui est dominé, et aussi ce qui domine. La domination de la nature a conduit à la froideur, à l'indifférence, au repli sur des identités gelées, et aux amplifications de la peur : « *Il n'est aucun témoignage de culture qui ne soit en même temps un témoignage de barbarie* », c'est l'épitaphe inscrite sur la tombe de Walter Benjamin, à Port-Bou. Penser et agir pour que Auschwitz ne se répète pas est devenu un impératif catégorique, et la difficile réflexion sur le concept de nature fait partie des pratiques de cet impératif.

Le premier chapitre de *La dialectique de la Raison* explique que l'expression « *domination de la nature* » est doublement pléonastique. « Nature » sera le nom de ce qui est dominé, corps, objets, animaux, planètes, tout ce qui est soumis à l'utilisation en vue de la puissance. Mais « *nature* » est aussi le nom des formes historiques et structurelles de la domination, à cause de la première conscience de la disproportion des forces. « *Nature* », alors, équivaut à société, divinités, destin, autres noms du mythe dans ses prétentions au gouvernement des individus. La « *nature* » est donc à la fois la totalité englobant les singularités, et aussi la diversité des réalités effectives qui se définissent par leurs différences. Individu et société : l'individu voit la société comme nature mythique ; la société se représente l'individu comme nature à réduire. Nature, c'est permanence de la violence. C'est puissance de la mort et de la dégradation des êtres. C'est donc non seulement société, mais aussi histoire, dans la traduction benjaminienne des catégories de ruine et périssement. Histoire et nature, disait *l'Origine du drame baroque allemand*, s'inscrivent dans une « *tête de mort* ». Manifestation de ce qui est assassiné et qui disparaît ; manifestation de ce qui paraît inéluctable et à quoi il faut se résigner ; manifestation de ce qui paraît tantôt absurde ou tantôt orienté. La question de savoir ce qu'est la nature ressemble à celle de savoir ce qu'est notre histoire... Adorno, dans les dernières pages de *Dialectique Négative*, reprend mot pour mot sa conférence de 1932 : « *voir toute nature – et tout ce qui peut en tenir lieu – comme histoire, et toute histoire comme nature.* » (DN p.280)[76] « *Voir toute nature comme histoire* » : la nature n'a jamais

[76] conférence donnée en 1932 devant la section francfortoise de la Kant-Gesellschaft, « *l'idée d'histoire de la nature* », in Adorno, *L'actualité de la philosophie et autres essais*, trad. P.

été vierge de conscience, esprit, action, travail humain ; elle est devenue le résultat visible de tout ce en quoi les hommes dans tous les pays du monde l'ont transformée. « *Voir toute histoire comme nature* » : comme expression de la terreur et de la nostalgie. « *L'histoire humaine, celle de la domination croissante de la nature continue l'histoire inconsciente de la nature : manger et être mangé.* »(DN p.277) Les fragments de *La dialectique de la Raison* ont clairement une dimension allégorique, dans le sens que lui donne Walter Benjamin ; c'est bien pour cela qu'ils n'ont pas seulement valeur de document, et qu'ils ne figurent pas comme une première étape, reprise autrement dans les publications des deux auteurs. Ils sont quelque chose comme des rêveries théoriques, où images et écriture appellent, dans leurs références au passé et au présent, des interprétations qui soient des démystifications. « *Alors que dans le symbole, par la sublimation de la chute, le visage transfiguré de la nature se révèle fugitivement dans la lumière du salut, en revanche, dans l'allégorie, c'est la facies hippocratica de l'histoire qui s'offre au regard du spectateur comme un paysage primitif pétrifié. L'histoire, dans ce qu'elle a toujours eu d'intempestif, de douloureux, d'imparfait, s'inscrit dans un visage – non : dans une tête de mort.* »(ODBA p.178) Ulysse, Sade, les origines de la technique, les manipulations de l'industrie de l'information, le concept de progrès, le balayage théorique sur l'antisémitisme et les religions monothéistes, sont des « *paysages primitifs pétrifiés* » auxquels des archéologues-médecins cherchent à donner du sens. La tête de mort demande qu'on parle à sa place : qui a vécu là ? Qui a souffert là ? Qui n'a jamais obtenu réparation ? Qui souffre encore là ? Comme tous les autres, le concept de nature a des couleurs. La sienne ne transige pas : rouge et noire. Noire de l'oppression, rouge du cri de la souffrance. « Nature » est à la fois le qualitatif sensible du monde des choses, contre le quantitatif mathématique de l'objet scientifique ; c'est le nom de la pulsion, refoulée ou orientée vers les satisfactions et progrès des civilisations ; c'est à la fois le nom de ce qui opprime et de ce qui est opprimé. Pas de nature séparée de la culture, de l'histoire, de l'esprit, de l'humanité ; pas d'histoire, de culture, de civilisation, d'esprit, d'humanité séparables de la nature ;

Arnoux, J. Christ, G. Felten, F. Nicodème et M. Nicodème sous la direction de J.O. Begot, Paris, éd. Rue d'Ulm, coll. Versions françaises, 2008.

pas d'esprit sans corps, pas de chair ni de corps sans esprit. Le sens du sensible dépasse la seule signification conceptuelle, et le concept, traduit dans le mot, hérite des énigmes de ses références concrètes. « *En dominant la nature, l'homme a délimité le cercle à l'intérieur duquel la critique de la raison pure a relégué le penser... C'est ainsi que la Raison rejoint la mythologie dont elle n'a jamais su se libérer.* » (DR p.42-43) La mythologie dit : destin ; la raison scientifique dit : causalité et subordination à l'unité des catégories de l'entendement. Dans les deux cas, on entend : séparation, oppression, hiérarchie, indifférence, fausse objectivité.

Les dernières pages du premier chapitre de *La dialectique de la Raison* reprennent et amplifient la complexité de ces analyses. Elles enchaînent une série de propositions qui donnent à la fois la mesure du caractère impitoyable, violent et mortifère, des progrès de civilisation, et de l'espoir insistant, persistant, de pouvoir dénoncer et relâcher les liens de cet impérialisme. En ce qui concerne l'espoir, les toutes dernières lignes sonnent comme un programme : « *Aujourd'hui, au moment où l'Utopie de Bacon, la "domination de la nature dans la pratique" est réalisée à une échelle tellurique, l'essence de la contrainte qu'il attribuait à la nature non dominée apparaît clairement. C'était la domination elle-même. Et le savoir, dans lequel Bacon voyait "la supériorité de l'homme" peut désormais entreprendre de la détruire.* » (DR p.57) Dénoncer la complicité entre les avancées du « progrès » et des organisations politiques mutilantes, c'est devenu possible, et c'est bien ce à quoi œuvre la théorie critique. Le programme sonne comme un programme politique ou esthétique : ne pas oublier l'oubli de soi, décrire, – critiquer et sauver –, des logiques de connaissance dont les deux grands moments sont celui de la séparation, et celui de l'oubli de ce qui a été séparé.

Celui de la séparation : la conceptualisation est « *l'outil idéal* » pour se mettre à distance et « *saisir toutes les choses par où elles se laissent saisir* » (p.55) L'activité du concept conduit au jugement, à ce qui sépare, organise, hiérarchise, trie. Il n'y a donc aucune pensée véritable qui ne soit séparation, et tentative de domination. L'intuition intellectuelle n'existe pas. Unité, unification et fusion sont des mythes, mais des mythes désirables. Faux espoirs de faux absolu. Souffrances d'avoir exclu, et d'avoir été exclu. Désir insistant de réparation et de proximité. Il faut donc prendre acte : d'une part de la nécessité de la séparation, pour penser, – le non précède le oui – ; d'autre part de la transformation de la séparation en domination ; « *mécanisme coercitif* » (p.54), logique de l'alternative, « *nature divisée* » qui a permis la division accélérée du travail, et le développement exponentiel des techniques et des savoirs scientifiques.

« *Le penser, dont le mécanisme coercitif reflète et perpétue la nature, se reflète également lui-même comme nature oublieuse d'elle-même, comme mécanisme coercitif.* » (DR p.54) Ce qui fonctionne comme « *mécanisme coercitif* », c'est la logique de l'alternative, – ou bien l'esprit, ou bien la nature, ou bien l'imagination, ou bien la raison, ou bien le mythe, ou bien la science, – ou bien… ou bien…. Nature divisée, l'esprit connaissant sépare, hiérarchise et exclut, imitant en cela l'organisation meurtrière qu'il croit percevoir dans le travail de la totalité face aux multiplicités individuelles. Le vocabulaire utilisé ici, concernant les mécanismes de la connaissance, est d'une économie au premier abord déroutante : mythe, aveuglement, aliénation, mutilation, oubli de soi, sacrifice, méconnaissance, non-réconciliation, faux absolu, sont les attributs de cette « nature » dominée que les Lumières ont appelée de leurs vœux, et d'une connaissance « oublieuse » de ce à quoi elle est reliée. Ce mécanisme coercitif rend la nature, – histoires, sociétés, relations aux autres et à soi-même –, « *oublieuse d'elle-même* », « *aliénée à elle-même* », « *non réconciliée* ». L'esprit, qui est nature, – puisqu'il n'y a pas autre chose que de la nature, ou de la société, ou de l'histoire, ou du conflit entre le caractère périssable de toutes choses et la mémoire de ce qui passe –, en se représentant le monde comme objet, muet, posé devant, — ob-jet – , en se construisant comme sujet, – intériorité solidement fondée – , « oublie » qu'il appartient au monde qu'il se représente, se rend étranger, dans sa prétention dévorante à l'identité, et surtout oublie qu'il oublie. Ce redoublement l'empêche de se reconnaître. La faculté de représentation et de maîtrise, – langue, technique, religion, art, culture –, mutile la réalité complexe, difficile à saisir, en faisant comme s'il n'y avait jamais de reste dans toute activité de compréhension et de savoir ; plus on s'éloigne de la nature, plus on a besoin d'oublier, et d'oublier qu'on a oublié. Ce serait le premier travail d'une pensée critique, d'une pensée tout court, de reconnaître les formes de cet oubli et de commencer à en rendre justice. « *La Raison est plus que la Raison, elle est la nature devenue intelligible dans son aliénation. Dans la connaissance que l'esprit a de lui-même comme nature divisée, c'est la nature qui s'invoque elle-même comme dans la préhistoire, non plus directement par son nom présumé de mana, qui signifie toute-puissance, mais comme quelque chose de mutilé et d'aveugle.* » (DR p.55)

La complexité et la diversité de la nature, reconnue en partie dans l'expérience de l'inhabituel, était à l'origine du « cri de terreur », de l'invention du « mana », altérité, imprévisibilité, toute-puissance irréductible et compacte ; le passage de la magie à la science, de la mimesis à la représentation abstraite, éloigne d'autant le « mana », simplifie, organise, nomme, divise, hiérarchise ; rend invisible la terreur « oubliée », qui cependant demeure, comme un « *paysage primitif pétrifié* ». « *La Raison est la radicalisation de la terreur mythique.* » Radicalisation, construction de mécanismes d'enfouissements, de méconnaissances et de rejets. Mais il y a des restes du cri de terreur, et ils insistent : enfance, corps, pulsions, objets, – vivants et non vivants –, plaisirs, jouissances, tentations d'abandon, d'unification et de réunification. Et survivent. « *Survivance de la nature dans le sujet.* » (même page) Freud est bien convoqué, de façon souterraine. La « *survivance de la nature dans le sujet* » a beaucoup à voir avec l'inconscient psychique, signe de la conjonction de l'oubli et de la persistance de ce qui a été mutilé et refoulé : « *survivance de la nature* », de son aveuglement, de son aliénation, – le non-identique, divisé, séparé, mais toujours vivant et agissant, comme vestige, vertige, réalité souffrante. Et l'injonction émancipatrice de ne pas oublier l'oubli ressemble aux complexités du travail analytique. De même que le souvenir et la mémoire ne rendent pas compte de ce qui continue à agir, de violence et de résistance, de même on ne peut séparer théorie et pratique : c'est le même qui mutile, qui veut connaître, et qui souffre. Ne pas oublier l'oubli, c'est plus que se remémorer, c'est travailler à un espoir de réconciliation et de transformation des forces qui ont permis l'oubli. « *En vertu de cette survivance de la nature dans le sujet où réside la vérité méconnue de toute civilisation, la Raison s'oppose à la domination en général.* » (DR p.55-56) S'opposer à la domination, au sens de s'y adosser ; la « *rétracter* ». Car dans l'acte de dominer il y a autre chose que du triomphe ; il y a de la souffrance et de la peur, dans leurs radicalités insistantes ; cela ne justifie pas la domination, ni ne supprime la culpabilité ; il s'agit d'en pratiquer la négation déterminée, revenir en arrière, changer de forme, critiquer et éclairer dans de nouvelles interprétations. Comment y parvenir ? Sûrement pas dans la platitude positiviste de jugements soi-disant objectifs et prétendument dépourvus d'inscription historique et sociale ; mais pas non plus dans un affrontement direct avec les forces mutilantes et séparatrices. L'objectif de « critiquer et sauver » la raison des Lumières dans ces fragments philosophiques se traduit par la recherche de nouvelles lignes de crête : ni renoncement, – adaptation ou ascèse –, ni guerre ouverte, – reconduction de rages et de murs dressés. Œuvrer aux progrès d'une pensée intransigeante à l'égard de la société, une pensée capable de dénoncer « *le faux absolu qui est le principe de la domination aveugle.* » (p.57) Sauver l'absolu et désigner le faux. Penser, c'est forcément exercer une coercition, c'est un travail. Comme tout travail, il y a violence, effort, transformation, durcissement. Mais c'est un travail particulier : se retourner, critiquer, espérer, ne pas nier les mutilations, mais chercher à trouver les cicatrices, dans le lien du passé au présent. « *Le rapport de dépendance avec la nature, c'est sa domination sans laquelle l'esprit n'existe pas. En reconnaissant avec humilité sa domination sur la nature et en se rétractant en elle, il détruit sa prétention dominatrice qui l'asservit justement à la nature.* » (DR p.55) Se rétracter, au double sens de désavouer l'esprit triomphal de cette domination et changer de forme, devenir plus « étroit », dans le rétrécissement naturel inhérent à toute expression de la douleur.

En faisant comme si la nature était ennemi à combattre, l'esprit des Lumières poursuit l'alternative mortifère qui le reconduit à ce qu'il voulait fuir. Il invente une représentation de la nature qui justifie qu'il s'en écarte et qu'il la domine, mais les procédés de cette domination le conduisent à se comporter dans l'imitation de ce qu'il veut soumettre : le mécanisme coercitif de la pensée reflète et perpétue la radicalité violente de la nature, l'exclusion des morts individuelles. La représentation, le concept abstrait, en confondant distance, domination, hiérarchie et rapport d'hostilité, imite la violence du danger qu'elle invente (quelque chose qui serait encore pire que la mort naturelle) pour mieux justifier l'acte nécessaire et douloureux de séparation. Le négatif est toujours premier, au sens logique. Pour fonder en séparant, mais aussi pour aspirer à la prétendue unité perdue. Il ne produit pas que de l'exclusion ; il produit la nostalgie d'une positivité qui n'a jamais existé, sinon comme « reste » de ce qui a été mutilé pour se sauver. Ainsi naissent dans le même mouvement la domination et l'utopie de réconciliation, l'exclusion de la nature et sa « *survivance* » dans le sujet. La nature de la pensée s'exprime à la fois comme terreur devant la mort, et passion d'y survivre. Désir de détruire les portes de l'enfer. A la fois ennemie et dominée, réduite à une pure homogénéité de matière, la nature a son origine dans l'aliénation, construction de l'identité par construction et exclusion de l'altérité, haine et nostalgie de cette altérité construite. Adorno, en 1932, au moment de la conférencc « *l'idée d'histoire de la nature* »[77], avait affirmé que dans un cercle on ne peut commettre d'erreur en se déplaçant, mais que le tout est de rentrer par la bonne porte. Dans *La dialectique de la Raison*, pour interpréter l'expression « *domination de la nature* », la bonne porte est ouverte sur l'analyse des relations identité/non-identité/altérité, ou totalité/non-totalité/négativité, ou tout aussi bien oppression/non-oppression/réconciliation. La nature est le non-identique d'une identité enfermée, elle est ce qu'on a exclu, puis oublié pour construire l'identité ; non pas une altérité sauvage, mystérieuse ou éloignée, plutôt l'objet réprimé des affinités entre le sensible et l'esprit. Elle est ce qui fait que l'esprit se trompe quand il définit le monde comme totalité calculable et mathématisable, ou quand il fait du fond de la raison quelque chose de seulement intelligible qui l'opposerait au sensible. Mais il se trompe aussi quand il en fait une force disproportionnée de mort avec laquelle il faut ruser, monstruosité dont il faut se sauver, ou qu'il faut imiter pour pouvoir l'apprivoiser et la vaincre. Que ce soit l'esprit du mythe ou celui du progrès scientifique, il s'est agi toujours d'opprimer. Ce qui est rassurant et triste à la fois, c'est que l'histoire de ces oppressions a partie liée avec celle des émancipations.

---

[77] Adorno, *L'actualité de la philosophie et autres essais*, op.cit. p 39.

La science et le mythe

« *La nostalgie des hommes prisonniers de la civilisation, le désespoir objectif de ceux qui durent se transformer en éléments de l'ordre social : voilà ce dont s'est nourri l'amour pour les dieux et les démons, c'est vers cette nature sublimée que les hommes tournèrent leur adoration. Le penser a son origine dans le mouvement de libération de cette nature terrible, qui fut finalement entièrement asservie.* » (DR p.114) Démythification comme émancipation : l'Odyssée est un monument à la gloire de la libération de cette terrible nature. Ulysse, première figure balbutiante du sujet, est exemplaire de cette dialectique dans laquelle la fermeté du désespoir n'empêche jamais l'utopie de l'espérance. Ulysse est capable de vaincre les puissances qui promettent la répétition et la mort. Il sait nommer, il cartographie, il oppose à l'aventure nomade la figure patiente, mais encore hésitante, de la construction de son identité. Cette unité acquise, au travers de la succession de ses aventures, témoigne des avancées de la liberté. A ce titre, il est plus fort et plus moderne qu'Œdipe. Le commandement de la Sphynx, dans une perspective qu'on pourrait dire pédagogique, c'était : « Réponds à ma question et résous cette énigme. » Œdipe obéit, détruit la Sphynx, mais enclenche la fatalité qui le conduira à la mutilation sacrificielle. Face aux Sirènes Ulysse obéit à sa curiosité : il écoute leur chant et ne résout pas l'énigme de leur séduction ; mais il n'en meurt pas, parce qu'il a rusé avec le contrat initial. Tout n'était pas prévu : il a bouché les oreilles de ses matelots et il s'est fait enchaîner au mât. Façon de dire qu'il ne faut pas affronter directement les puissances maléfiques, mais qu'on peut rester vivant en inventant une conduite imprévisible et un nouvel ordre de causalités. Les dieux et puissances dominantes ne sont pas toujours les vainqueurs. Adorno et Horkheimer souscrivent à ce projet. Dans la continuité des démystifications de l'Odyssée, ils appellent mythique toute pensée qui, aujourd'hui aussi, suicide le présent et promet un avenir ravagé par des modèles de comportements identitaires. *« Le destin, la naturalité du mythe sont le fait d'un manque de maturité totale de la société, d'une époque où la réflexion sur soi n'avait pas encore cours, où le sujet n'existait pas encore. »* (DR p.263), Mais la démythification ne conduit pas nécessairement à la démystification, la dénonciation des tigres en papier n'empêche pas d'en figurer d'autres tout aussi impitoyables et trompeurs. On ne libère pas les hommes en les rendant souverains : il s'agit là d'un nouveau mythe, celui de la toute-puissance. Ses nouveaux rituels, dans le monde des Lumières, se sont organisés dans la ferveur des laboratoires scientifiques. Comme si, des mythes tragiques antiques aux attendus des sciences modernes, et de l'hégémonie prise par les mathématiques appliquées, il y avait à la fois rupture et continuité, pour des sociétés toujours répressives.

Adorno et Horkheimer utilisent le concept de mythe pour énoncer trois propositions : un mythe est toujours une force de mort, parce qu'il est l'expression du destin, c'est-à-dire du pouvoir dominant, donc ennemi de la liberté. Deuxièmement, la façon dont les Lumières le définissent, comme pensée infantile et irrationnelle, ne correspond pas du tout à la façon dont il était perçu, en particulier dans ses relations à la magie. Enfin l'opposition radicalisée entre le mythe et la raison reconduit à d'autres mythes, celui du progrès en particulier.

Tous les mythes, disent Horkheimer et Adorno, sont placés « *sous le signe de la discipline et du pouvoir* » (DR p.26). Ils expriment le verrouillage du penser sur lui-même au profit de la stabilité sociale. La légende mythique est toujours là pour confirmer la toute-puissance de la répétition, la légitimité des couples vengeance-sanction, délit-expiation, la réalité unique de l'immanence et l'impossibilité de toute nouveauté. *« Les mythes signifient la nature se répétant elle-même.* »(p.34) Construits à partir de la terreur, ils reproduisent cette terreur. C'est à ce niveau que Horkheimer et Adorno prétendent en pratiquer une négation déterminée. Du mythe, il y en a partout, et il ne s'agira pas tant de l'éradiquer, au nom d'un pouvoir nouveau tout aussi dominateur que le précédent, que de démystifier ses « *fausses clartés* ». Il y en a partout où l'objectif est : unité, totalité, fermeture. Oui, il faut critiquer le mythe, parce qu'il représente un lieu particulier de crédulité et de pouvoir, propice à développer l'ignorance, le mensonge, la croyance en un ordre des choses immuable, et la confusion entre justice et injustice. Car il « enchante » l'histoire ; il dit que rien n'est nouveau sous le soleil ; que tout événement est une répétition ; il dit qu'il dit des vérités éternelles. Il dit qu'il y a du destin. Il veut tout expliquer.

Destin signifie : regard justicier des dieux sur les comportements individuels ; représailles formellement réparatrices sur celui qui a tenté d'échapper aux lois éternelles qui ont été dictées à sa condition. Ainsi l'explique Solon : *« S'il arrivait que quelqu'un échappe au châtiment et que la fatalité dont les dieux le menacent ne l'atteigne pas, elle finira sans aucun doute par s'accomplir, et des innocents – ses enfants, ou une génération ultérieure – devront expier le forfait. »* [78] Elimination de l'incommensurable, renonciation à tout espoir, principe d'immanence et de répétition, il dit que ce qui doit arriver arrive, et qu'on ne peut y échapper. Hors du temps et de la liberté, il parle de ce qui est là depuis toujours, de ce qui est prévu depuis toujours. *« Dans le mythe, tout moment du cycle est l'acquittement du moment précédent. »* « *Sagesse trompeuse* » (DR p.30), point d'aveuglement de chaque société répressive, autrefois comme aujourd'hui, il est l'ennemi de la liberté. Dès qu'il y a totalité, il y a mythologie.

Mais il y a une façon de vouloir détruire le mythe qui est tout à fait conforme à cette prétention de totalité qui en est la marque. La raison devenue science le considère comme une forme infantile et superstitieuse de pensée. Or c'est le signe d'une crédulité positiviste, comme s'il y avait une continuité progressive jusqu'à nos manières de nous comporter et d'agir. Continuité en ce qui concerne la domination, sans doute, mais il s'agit plutôt alors d'avoir fait du sur-place. En ce qui concerne les figures du rapport à soi, c'est la discontinuité qu'il faut montrer. Le « sujet » du rituel magique n'est ni synthétique ni identitaire. L'idée moderne qu'il y a un « principe de réalité », espèce de transcendantal immanent, à quoi il faudrait subordonner et opposer un principe non de plaisir, mais de fantasmatique imaginaire est elle-même historique et datée. Car là où idée et réalité ne sont pas radicalement distinctes, il ne saurait exister de « *surestimation des processus psychiques par rapport à la réalité* » (p.28) ni de sous-estimation obligée, d'ailleurs. L'invention des mythes a proposé des modalités particulières pour donner du sens aux humaines terreurs, pour dépasser, ou plutôt enrichir, diversifier, altérer, distinguer le simple souci de conserver sa vie. Il faut insister sur l'idée que les Grecs ne croyaient pas à leurs mythes à la façon dont nous croyons qu'ils y croyaient, comme l'explique

[78] Solon, fragment 13,25, cité par *La dialectique de la Raison* p 26.

complètement Paul Veyne[79]. La qualification du mythe comme une pensée naïve, pré-rationnelle et anthropomorphique, est mythique. Elle cautionne la croyance dans la supériorité sans conteste de notre civilisation technicienne. Il s'agit d'une construction moderne sans fondement, dont il faudrait chercher les intérêts en les reliant à ces prétentions hiérarchisantes du pouvoir de la science sur la littérature et l'art. L'humanité ne s'est pas toujours représentée son désir de puissance sous la forme de la maîtrise globale et totale d'une nature sans esprit. Le reproche d'anthropomorphisme, que les Lumières adressent aux constructions mythiques, signe pour Horkheimer et Adorno, le « *petit esprit* » de celui qui, à demi cultivé, se croit réaliste parce qu'il s'est dépeuplé, et avec lui tout autour de lui, de sa propre richesse subjective, incapable de comprendre qu'il y a du sens et de l'intelligence ailleurs que dans les calculs rigides d'un principe d'immanence qui veut tout ramener à ce qui a la forme de l'actuellement connu, comme si de toute éternité les images du monde en avaient été les approches plus ou moins déformées ou plus ou moins approximatives. Dans le mépris soi-disant « éclairé » des façons de vivre et de penser du passé, dans la dévotion sociale envers ce qui se prétend « scientifique », et même dans les sciences elles-mêmes, pour autant qu'on ne veut pas y percevoir le jeu des forces contradictoires qui s'y affrontent, là comme ailleurs, il y a le même anthropomorphisme que celui dont on accuse le passé, ou plutôt la projection rigide des carapaces que la conscience moderne a construites pour se protéger de ce qu'elle définit comme altérité. Il y a beaucoup de raison dans les mythes, puisqu'il s'agit d'expliquer et de défier. Il y a de l'émancipation, et les quelques pages de *La dialectique de la Raison* où l'analyse de la pensée magique est abordée fonctionnent comme un éloge d'une attendue réforme de l'entendement : dans la magie du mimétisme et de la proximité, on trouve une attention micrologique aux détails, une inscription locale et temporelle dans la réalité matérielle, un « *tâtonnement vers la concordance* » (DN p.42) qui ont été perdues dans les rationalités séparatrices et techniques de pratiques intellectuelles devenues à leur tour hégémoniques. Il y a des affinités entre pensée magique et pensée dialectique, Adorno le

[79] Paul Veyne, *Les Grecs ont-ils cru à leurs mythes?* Seuil, Points essais, 2000.

répète : affinité avec ce qui est incommensurable, particularités sans généralisation, localisation et matérialisme, mouvement fluide et troublé dans la relation à la réalité, néanmoins capté et fixé par une pensée dont l'instabilité permanente cherche sans cesse à s'accorder à la rigueur des langues.

La raison, quand elle s'arroge le statut de l'autonomie absolue, séparée de l'affect et de l'image, montre ouvertement sa prétention à la domination, en oubliant à quel point il y a du mythe dans ses prétentions. Un autre ouvrage d'Adorno, plus tardif, *Modèles critiques*[80], propose de mettre en parallèle deux formes de terreur : celle qui s'exprime dans le mythe, « *la peur de l'aveugle nature* » ; il ajoute : « *c'est en luttant contre ce mythe que les grandes religions ont acquis leur contenu de vérité* » ; façon d'affirmer qu'il y a quelque chose à sauver non pas peut-être dans leurs exigences fidéistes, engluées dans le désir exclusif d'affirmation de soi, mais dans leur texte et ses interprétations, possibles expressions de différences sans domination. La deuxième terreur est celle « *d'un gouffre de non-sens* » et serait consécutive à la volonté de séparation radicale entre la raison et ses objets, qui introduirait à une radicalité immanente, paradoxalement exclusive de tous les caractères concrets de la matière. L'article reprend la conjonction, énoncée en 1944, entre ce non-sens et la construction d'automatismes de processus mentaux. L'effort constant de domination a rendu nos sociétés imperméables à la pitié et la douleur : « *La formule mathématique est régression utilisée consciemment tout comme l'était déjà le rite magique ; elle est la forme la plus sublimée du mimétisme. La technique réalise l'adaptation à ce qui est mort à des fins d'autoconservation, non plus comme la magie, par l'imitation corporelle de la nature externe, mais par l'automatisation des processus mentaux, par leur transformation en cycles aveugles.* » (DR p.190)

La critique du mythe, sa négation déterminée, ne devraient donc pas tant être l'affirmation des supériorités de la raison sur l'imagination que la nécessité impérative de démystifier les forces qui font croire que les dominations sont inéluctables. Dans *Minima Moralia*, Adorno dénonce la terrifiante sagesse ancestrale de cette berceuse enfantine où la sécurité du petit enfant s'annonce conditionnée par l'exclusion et la disparition des pauvres et des

[80] Adorno *Modèles critiques*, article *sujet-objet* p 262 sq.

étrangers. : *« Ecoute le chien du voisin qui aboie. /Le chien a mordu l'homme, il a déchiré l'habit du mendiant,/Le mendiant court vers la porte,/Dors dans le calme et la paix. »* (§ 128) Faire venir le prétendu danger en même temps qu'on affirme pouvoir le circonscrire et le surmonter, c'est bien ordonner le monde en deux parties opposées : d'un côté la supposée douillette intimité familiale, de l'autre le monde extérieur où rodent voleurs et malfaiteurs, et même pire, le pauvre mendiant famélique qui fait souvenir du déni de solidarité. Le mythe de la nécessité d'un ordre fondé sur l'injustice et l'exclusion des opprimés et des étrangers, n'appartient pas qu'aux époques antiques. Il est aussi inscrit dans nos époques contemporaines. Adorno cite son ami Walter Benjamin *« Tant qu'il y aura des mendiants, il y aura du mythe ; seule la disparition du dernier d'entre eux signifierait la réconciliation du mythe. »* Réconciliation qui serait à la fois reconnaissance de notre fragilité, admiration pour toutes les conduites capables de l'exprimer, démystification critique des prétentions à se sauver en durcissant le système identitaire, effort constant pour se placer imaginairement dans le rapport de force du côté de ceux qui la subissent plutôt que du côté de ceux qui l'exercent.

Dominations mythiques des principes de déterminisme et d'équivalence

Dans *La Dialectique de la Raison*, les formules tendant à montrer à quel point science et mythologie se confondent sont légion. Causalité et destin, même postulat de nécessité ; la loi scientifique, même a priori de répétition ; la mathématisation du monde, même principe d'immanence ; la fonction d'utilisation et d'efficacité, même obsession : l'autoconservation, dont le nom est aussi la terreur de la mort. Ces principes rationnels, dit le livre, sont associés au formalisme démocratique et au fétichisme de l'échange généralisé ; à mettre en regard aussi avec tout ce que ce qu'ils imposent d'appauvrissement, de régression et de sacrifices dans la perception de la réalité, dans l'expérience banale et dans la conduite pratique de la vie. C'est bien une des difficultés de la lecture du texte que de mesurer à quel point pour les auteurs l'idéologie positiviste des sciences a envahi la morale sociale et la vie politique, en sacralisant des impératifs sacrificiels.

Horkheimer et Adorno ne prétendent pas renier la fécondité et l'ambition émancipatrice de la rationalité scientifique. Aucune liberté ne peut se passer de la réflexion sur l'enchaînement objectif des déterminations. Car cet enchaînement témoigne du fait qu'il n'y a rien d'autre que du lien, un lien qu'il faudrait cependant traduire plutôt dans les modèles du rhizome et des discontinuités, que dans ceux des successions directes et prévisibles. « *Si on s'adressait à la causalité comme à une détermination, – aussi médiatisée qu'elle soit –, des choses elles-mêmes, en une telle spécification s'ouvrirait, dans son opposition à l'unité indifférenciée de la pure subjectivité, la perspective de la liberté. Elle vaudrait comme ce qui diffère de la contrainte… et ce n'est pas la moindre raison pour laquelle qui veut la liberté doit insister sur la nécessité.* » (DN p.196) Dialectique de la raison, dialectique de la nature. Le lien comme autocritique de la séparation.

L'enjeu, comme toujours, est d'ordre pratique et émancipateur. Deux analyses, celles des concepts de déterminisme et d'équivalence, vont expliquer en quoi leur usage est celui d'une « *auto-aliénation* » du sujet, devenu nature compacte et figée, enfermée et adaptée à la logique de l'histoire comme appareil de survie. En réalité, la causalité, c'est le signe de « l'*enracinement de l'homme dans la nature, que celui-ci prolonge comme domination de la nature… La subjectivité de la causalité entretient une affinité élective avec les objets, elle est le pressentiment de ce que le sujet leur a fait subir.* » (DN p.211) Démythologiser ces principes, c'est dégager la connaissance de l'unité et de la totalité dans laquelle la priorité, et l'a priorité, du sujet transcendantal l'enserrait. Adorno dans *Dialectique Négative* pratiquera la négation déterminée des empires kantiens et positivistes : contre l'idéalisme transcendantal qui fait du déterminisme un principe subjectif de connaissance, et contre le relativisme positiviste qui fait du scepticisme la première condition du progrès, il affirme que le sujet n'est ni souverain ni docile observateur. De même que le sujet transcendantal kantien considère que connaître c'est subordonner les relations entre les objets à des lois, de même nous sommes devenus capables de nous percevoir nous-mêmes comme des objets. Plus nous identifions rageusement le monde à nos structures de pensée, écrit-il dans les chapitres sur la causalité kantienne, plus nous renions en nous leur différentiel de matière, plus nous nous traitons nous-mêmes comme nous traitons les choses autour de nous : sur le mode de la consommation et de l'utilisation. Dans une série de paragraphes serrés sur la question des relations entre sujet et objet, en 1963[81] il attribue au concept de loi la « *solidité concrète* » et l'impénétrabilité du « *monde social avec lequel les vivants ont à lutter* ». La loi que le savant prescrit à la nature – sommet de l'objectivité – « *est l'expression parfaite du sujet comme de son auto-aliénation : à l'apogée de sa prétention formalisante, le sujet fonctionne comme un objet.* » « *Comme un objet* » : non pas comme un ensemble de déterminations objectives et contradictoires, dont la perception dialectique pourrait ouvrir des pistes pour l'émancipation, mais comme natures compactes et figées, enfermées et adaptées à la logique de l'histoire comme appareil de survie.

Aujourd'hui on se dit moins métaphysicien et ambitieux que ne l'étaient les savants des Lumières. L'imaginaire d'un déterminisme absolu est devenu un obstacle épistémologique, un mythe dont la raison doit se défaire. Mais en même temps, en refusant toute réflexion philosophique sur la question des relations entre perception, réalité et vérité, on construit encore un modèle structurel fermé et fascinant qui prend encore l'allure d'une religion.

Autant le kantisme que le positivisme relèguent la liberté dans le domaine improbable des postulats de la raison pratique. Dans un texte terrifiant de désespoir, Kant est capable d'écrire : « *On peut donc accorder que s'il était possible pour nous d'avoir de la manière de penser d'un homme, telle qu'elle se montre par des actions internes, aussi bien qu'externes, une connaissance assez profonde pour que chacun de ses mobiles, même le moindre, fût connu en même temps que toutes les occasions extérieures qui agissent sur ces derniers, on pourrait calculer la conduite future d'un homme avec autant de certitude qu'une éclipse de lune ou de soleil, et cependant soutenir en même temps que l'homme est libre.* »[82] Terrible paradoxe qui sépare

---

[81] Adorno, *Modèles critiques* article *sujet-objet*, déjà cité, p 271.

[82] Kant *Critique de la raison pratique* trad. F. Picavet PUF 1965 p 105 livre 1 « *l'analytique de la raison pratique* » ch.3 « *Des mobiles de la raison pure pratique* ».

sans que jamais il n'y ait de réconciliation possible. Du point de vue de Dieu, ou du déterminisme newtonien, nos conduites sont prévisibles autant qu'un événement quelconque de la nature. Elles sont des effets, dont les causes résident dans les lois conjuguées de la psychologie, de la sociologie, de l'histoire, de la biologie, de la chimie, de la physique, de la géographie, etc. Kant définit la liberté sur le mode d'une causalité transcendantale. Nos actes nous appartiennent, de l'intérieur. En tant que tels ils sont libres et nous en sommes la cause, même si de l'extérieur, il était possible de les prévoir, comme étant les effets de déterminismes connaissables. De par l'exigence morale de liberté, nous devons être propriétaires de nous-mêmes, même si l'ensemble des mobiles de nos actes n'est que l'effet d'une série de déterminismes conjoints. Alors que notre enfermement dans le monde de la nature et de la société nous oblige à nous soumettre à des mécanismes de causalités, notre responsabilité d'être pensant nous contraint à assumer nos actes, et à les traiter comme des choix. La conscience devient alors ce maître terrible et cynique qui nous rend responsables de ce dont nous ne sommes pas vraiment coupables, et inversement. Cette dialectique tourbillonnante de la cause et de l'effet ressemble exactement au destin des héros de la tragédie grecque ; enfermés dans le texte écrit pour eux, dans la succession inéluctable de la faute héréditaire, et pourtant se dressant face à lui, responsables et libres. Adorno soulignera dans *Dialectique Négative* à quel point cette définition de la liberté comme forme particulière de causalité renchérit sur la force du destin. *« Mobile », dit-il, est « un concept du mécanisme causal. Quand bien même la prémisse serait valable, la conclusion serait non-sens. Elle serait tout juste bonne à inclure encore métaphysiquement dans la causalité totale – par une connexion mythique du destin – l'individu qui s'y trouve déjà empiriquement inclus, en le chargeant au nom de la liberté d'une faute qui n'en serait pas une dans la perspective d'une détermination indiquée comme totale. Par sa culpabilité la détermination de l'individu serait renforcée en pénétrant jusqu'au plus profond de sa subjectivité. »* (DN p. 200)

Le principe du déterminisme est en affinité avec celui de destin parce que d'un point de vue empirique, l'effet n'est pas autre chose qu'une suite passive de la cause. Kant vient de le dire. En ce sens il est cohérent avec le formalisme quantitatif, et avec un objectif d'unité et de totalité.

Dans l'utilisation profane du vocabulaire causal, cette identification de l'effet à la cause joue à plein. Le livre de Paul Veyne, « *Les Grecs croyaient-ils à leurs mythes* », consacre une page ravageuse aux images que nos spontanéités associent à ce concept de cause : *« Rien de plus empirique et de plus simple, en apparence que la causalité ; le feu fait bouillir l'eau ; la montée d'une classe nouvelle amène une nouvelle idéologie. Cette apparente simplicité camoufle une complexité qui s'ignore : une polarité entre l'action et la passivité : le feu est un agent qui se fait obéir, l'eau est passive et elle fait ce que le feu lui fait faire. »* Ces métaphores sont bien déterminées par la mythologie de l'unité et de la dépendance. *« Or, une métaphore en valant une autre, on pourrait tout aussi bien parler du feu et de l'ébullition ou d'une classe montante et de sa révolution en des termes différents, où il n'y ait plus que des sujets actifs : on dirait alors que, lorsqu'est réuni un dispositif comprenant une casserole, de l'eau et une infinité d'autres détails, l'eau "invente" de bouillir ; et qu'elle le réinventera, chaque fois qu'on la mettra sur le feu… »* Passage aux droits de l'altérité… La classe nouvelle est le produit des contradictions des classes existantes. Mais ce qu'elle invente va dépasser la pure continuité logique des causes. Ainsi des droits de l'homme dont on pourrait critiquer une des lectures qu'en fait Marx. Ils ne sont pas l'expression de l'idéologie répressive et propriétaire de la bourgeoisie, ils en sont l'invention, au sens où ils n'existaient pas avant, comme pourrait le dire Foucault, et où ils traduisent tout ce qui de la révolution bourgeoise permet d'imaginer de la dépasser. Témoins historiques et déterminés d'une lutte contre des oppressions particulières, ils expriment dans leurs formulations les contradictions à venir de cette classe, mais ils créent aussi leur propre spécificité. De même que l'eau peut « inventer » de bouillir, les déclarations des droits de l'homme pourraient bien « inventer » des résistances nouvelles dont il faut privilégier historiquement l'esprit d'émancipation, y reconnaître leur vitalité possible dans des circonstances analogues de revendications d'existence avant d'y voir l'effet cohérent et impuissant d'une nouvelle domination de classe. En termes adorniens, on distinguerait donc les deux métaphores : action/soumission, rien de nouveau sous le soleil ; et action/action, qui reconduit malgré tout, mais d'une autre façon, – ce qui est important –, aux nécessités anciennes, puisqu'elle maintient toujours la liberté dans le cadre de la nécessité ou du destin. Pour rester dans le registre de cette nouvelle métaphore, on pourrait aussi penser, en répétant Benjamin, mais aussi Vernant et Vidal-Naquet, que le moment de la tragédie grecque et de la naissance du droit, où le héros prend en charge la faute des ancêtres et vit activement son destin au lieu de le subir, transforme déjà le sens unitaire de la causalité. Il « invente » la catégorie juridique de responsabilité, comme l'eau « invente » de se transformer en gaz ; l'effet alors n'est pas un simple effet de répétition, une conséquence passive, mais produit ses propres représentations nouvelles.

Homère et Euripide changent l'esprit du monde, même si leurs émancipations expriment aussi des régressions. Ulysse déjoue les règles du destin, au sens où il invente tout seul les moyens de tromper la vengeance de Poséidon ; Médée dans Euripide invente le meurtre des enfants, mais jusqu'au bout hésitera. Le caractère imprévisible de son passage à l'acte montre la vérité des phrases d'Adorno, et que dans toute décision il y a un hiatus, entre les « mobiles » et l'action ; il y a quelque chose qui échappe à l'expression des causes et des raisons. Médée n'est pas folle par nature ; et si mythique elle était, elle est devenue humaine, femme entre toutes les femmes. Sa volonté passionnée, obstinée sur elle-même, ne la sépare pas de la conscience de son malheur, et du redoublement que librement elle va instituer : non seulement répudiée, mais infanticide. « *Arme-toi, mon cœur* », traduit Marie Delcourt (« Oplidzou ») ; « *cuirasse-toi* », traduit Louis Méridier (éd. Budé), insistant peut-être davantage sur son enfermement volontaire dans la prison de sa résolution. Or le choeur ne pourra inscrire à son tour cet acte incompréhensible et contradictoire, – je les tue et je les aime –, dans la logique de l'identité, que par la référence d'une part à la loi du destin, répétition du crime : « *Qui du sang des siens a souillé la terre/reste marqué par la souillure,/et les dieux en écho au crime/renvoient aux maisons des souffrances égales* », d'autre part à la tradition légendaire : une autre femme déjà a tué ses enfants, Ino, que les dieux avaient rendue folle. L'argument reste faible, car Ino s'est tuée avec ses enfants, pas Médée. Médée ne meurt pas, pire, elle rejoint Athènes, c'est pourquoi elle terrifie les spectateurs, passés et présents. Elle échappe à la fois à la responsabilité, à la culpabilité, à la répétition et à l'esclavage. La fin du texte d'Euripide renvoie la question de la causalité et de la culpabilité dans le domaine de la sophistique. Réponse de la bergère au berger. Si tu es malheureuse, c'est bien ta faute, avait ironisé le Jason triomphaliste dans la démonstration du bien-fondé de son mariage avec Créuse. Médée rit à son tour. Si les enfants sont morts, la faute, dit-elle, en revient à Jason. Et ce triomphe donne au spectateur l'impression vertigineuse d'une décision délivrée du mal et du bien, et même du calcul des déterminations. Cependant, qu'il s'agisse d'Ulysse ou de la Médée d'Euripide, l'échappement à la causalité ne peut se faire que dans le cadre du sacrifice. Sacrifice dans la maîtrise pour Ulysse, sacrifice dans le retour au mythe dans l'utilisation que Sénèque fait d'Euripide. *« Le processus de démythologisation a autant réfréné la causalité, héritière des esprits qui agissent dans les choses, qu'il l'a, au nom de la loi, renforcée »,* écrira plus tard Adorno dans *Dialectique Négative* (DN p.209)

Ne pas penser la liberté sous la contrainte de la loi sera un leitmotiv de sa philosophie. Ne penser la causalité, ni sous le régime d'une subjectivité architectonique, ni sous celui d'une énumération de relations sans sujet. A la subjectivité kantienne, aux déterminations unitaires et totalisantes de la causalité il faudrait substituer une objectivité d'affinité. Dans la connaissance il y a de la ressemblance, mais elle n'est pas une subsomption de l'objet connu aux catégories logiques de la pensée abstraite, c'est une mimésis, qu'il faut déconstruire en comprenant que déterminisme et causalité sont des principes scientifiques exprimant dans le mode technique ce que la sujétion signifie dans le mode social et politique. *« Une causalité réfléchie permet de penser la liberté comme possibilité de la non-identité. »* (DN p.210) Réfléchie veut dire ici qu'on puisse en pratiquer la négation déterminée, d'une part en insistant sur les disjonctions, ruptures, contradictions mêmes entre différents réseaux de causalité et de déterminations qui agitent un individu ou une société particulière, d'autre part en rattachant ces déterminations aux contextes de violence technique qui incitent à les rechercher et les utiliser. Le sujet connaissant n'est pas miraculeusement isolé de ces contraintes. Lui aussi est nature, conjointement ce qui opprime et ce qui est opprimé. Connaître et faire agir ce qui dans l'identité du sujet-maître incline vers des altérités, des altérations différenciées, des refoulements, des renoncements, des névroses, permettrait de ne plus subordonner, ou identifier la nature à l'esprit, et de montrer au contraire ce qui de l'esprit participe de la nature opprimée. La perspective dialectique « *voudrait sauver ou aider à produire ce qui n'obéit pas à la totalité, ce qui lui résiste ou qui est seulement en train de se former comme potentiel d'une individuation qui n'existe pas encore.* »(VF p.16) La liberté ne se laisse pas définir, pas plus que la morale : *« « La seule morale sociale serait finalement d'en finir une bonne fois avec la mauvaise infinité et le maudit échange de valeurs équivalentes.* » (DN p. 233)

Mauvaise infinité que ces principes d'immanence et d'équivalence, qui relèguent la question de savoir ce qu'est la vérité, – et la réalité –, dans le domaine sulfureux des questions sans réponse. Et condamnent la connaissance à rester dans le monde des quantités mathématiques. Enjeu de pouvoir, enjeu de renoncement aux plaisirs des questions vitales. Il y a là une limitation drastique du sens, que Horkheimer et Adorno stigmatisent en insistant sur l'appauvrissement conséquent de nos modes de penser et d'agir. Cette limitation est liée aux transformations économiques, division du travail et multiplication des échanges. On désolidarise le travail scientifique de ses enjeux métaphysiques de recherche de la vérité, c'est-à-dire de connaissance de l'humanité autre qu'en termes statistiques et quantitatifs. Le principe du déterminisme qui s'est délocalisé, qui est passé du statut de principe métaphysique à celui de principe scientifique, qui est devenu un outil théorique efficace pour construire des expériences et prévoir des résultats, laisse telle quelle l'analyse philosophique classique, par exemple celle qui oppose sujet et objet. Si ce qui est à connaître se transforme inévitablement en inconnue d'une équation, alors son altérité disparaît et c'est le visage d'un système qui apparaît, non plus la diversité de ce qui échappe à la totalisation. « *Le totum est le totem* » (DN p.295), « *le tout est le non-vrai* » (*Minima Moralia* p.47). Or le fétichisme de la totalité va de pair avec l'irrationalité mythique de la loi du plus fort. De ce point de vue le relativisme contemporain est tout à fait cohérent avec ce retrait de la science dans des domaines toujours plus particularisés et séparés. On va opposer des domaines de connaissance où il y a des « vérités » toujours rectifiables et indissociables de la maîtrise technique de la nature, et des domaines pratiques, art, politique, par exemple, où il n'y en a pas, et où agissent des principes comme la distraction du loisir, le rapport de forces ou la communication des opinions. La notion d'absolu dans tous ces registres est définitivement perdue et retranchée dans les domaines de la croyance ou du goût. Liberté, gratuité, désintéressement, justice, sont devenus des idéaux de l'imagination et non de la raison. Relativiser tous les discours et faire de la science « neutre » le critère de l'objectivité, c'est renforcer ce qui dans la métaphysique traditionnelle est associée à l'idéologie de la domination. Car ce relativisme, en apparence démocratique, conduit inévitablement à penser le monde politique en termes de statistiques, de majorité et de minorité, sans se préoccuper le moins du monde de justice et de vérité, ce qui pourtant serait le fondement de toute réflexion véritablement rationnelle, c'est-à-dire indépendante d'un souci sophistique quelconque de gagner ou de perdre.

Immanence aussi dans ce fétichisme de l'équivalence où on quantifie les échanges pour pouvoir s'exonérer des liens, des dettes ou des culpabilités. Comment pourrait-on mesurer, comparer l'incomparable, sinon en le réduisant à ce qui en est le moins intime, le moins essentiel, le plus extérieur, le plus formel : le quantitatif et l'abstraction. Dans ce monde contemporain où tout est mesuré à l'aune de son prix, de sa faculté à être échangé, ou consommé et jeté, et non pas à être utilisé durablement, dans l'attention minutieuse du sujet pour l'objet, l'équivalence a la forme d'une figure mythique. Nos sociétés bourgeoises ont hérité de toute cette mathématisation utilitariste de la nature et des sociétés, qui ne parlent d'égalité que pour masquer la réalité de la hiérarchie et la duperie des formes économiques de contrats. Contrat social, contrat de travail, contrat de mariage, le terme propose une illusion de relation d'équivalence, dans la pure liberté des consciences. En réalité ce sont toujours des relations de subordination qui sont créées par cette cession frauduleuse de biens et de services. Ce n'est pas du temps abstrait qu'on vend dans le travail, mais sa vie même, ce ne sont pas des engagements idéaux et formels qu'on formule dans le mariage, mais une subordination qui sera toujours contrainte, et l'idée de la réciprocité des droits et des devoirs est une façon de culpabiliser ceux qui n'y trouvent pas leurs comptes de solidarité et de conscience critique. Ainsi le modèle mathématique pénètre toutes les strates des idéologies politiques et sociales, et empêche de voir que nos démocraties sont fondées sur le « *triomphe de l'égalité répressive.* »(DR p.30) Quand l'échange est fondé sur l'équivalence des prix, des opinions ou des quantités, et pas sur la qualité, l'utilité concrète, le besoin individuel et le désir de paroles vraies, il reste un contrat « pétrifié », englué dans des abstractions identitaires. « *Autrefois, les fétiches étaient soumis à la loi de l'équivalence. Désormais c'est l'équivalence qui devient un fétiche.* » (DR p.34) Le progrès scientifique est le corollaire d'une démocratie dont le vrai nom est le rapport de force statistique.

Causalités, destin, conduites sacrificielles

Après cette critique radicalisée des dominations idéologiques des principes scientifiques, Adorno introduit Ulysse, ses tentatives pour démystifier les puissances naturelles préhistoriques, et son maintien abusé dans la posture du vainqueur. L'Odyssée tout entière, dit-il, combine le mythe et le travail rationnel ; toute entière elle apporte le témoignage de la dialectique de l'Aufklärung.

Ulysse vit encore dans la perspective du caractère inexorable du cycle naturel, et dans la disproportion des forces entre la nature et les pouvoirs de la conscience. Son embarcation est précaire, et les courants féroces. Charybde et Scylla incarnent une loi plus ancienne encore que celle de l'ordre olympien. La puissance des roches marines est plus dangereuse que celle des dieux, avec lesquels on peut ruser. Il a pu sauver ses compagnons des envoûtements de Circé, il ne le pourra pas autant au passage des roches mythiques. Circé l'a prévenu : quand le navire passera devant Scylla, six des navigateurs seront dévorés, c'est le prix à payer pour se sauver. Ulysse ne conteste pas, et ne dit rien aux matelots. Alors l'inévitable se produit. Causalité imparable. « *Tandis que nos yeux regardaient vers Charybde d'où nous craignions la mort, Scylla nous enlevait dans le creux du navire six compagnons, les meilleurs bras et les plus forts : me retournant pour voir le croiseur et mes gens, je n'aperçois les autres qu'emportés en plein ciel, pieds et mains battant l'air et criant, m'appelant ! … Non, jamais de mes yeux je ne vis telle horreur, à travers tous les maux que m'a valu sur mer la recherche des passes.* » (Odyssée XII) « *Contrat pétrifié* » explique Adorno. Ulysse s'est-il résigné ou bien a-t-il espéré jusqu'au dernier moment trouver les moyens d'éviter l'inévitable ? Causalités, division du travail : ainsi l'entrepreneur va « sauver » l'entreprise en sacrifiant une partie des ouvriers. Equivalence, « *boussole du moindre mal* », commente Adorno. (DR p.47), Mais moindre mal pour qui ?

Comme à l'habitude, le texte de *La dialectique de la Raison* pratique un défilé accéléré vers les origines, vers ces « *paysages primitifs pétrifiés* », pour encadrer ce « *moindre mal* » dans les horreurs des comportements mythiques et sacrificiels. Ruse et nécessité. Une grande partie du premier chapitre insistait sur les catastrophes de la croyance positiviste au progrès scientifique. Une grande partie de la digression sur l'Odyssée insiste sur le concept de sacrifice, et sur celui de renoncement, clé de la compréhension du caractère d'Ulysse. Mythe, destin, Lumières et sacrifice sont en corrélation réglée. Le destin est dans l'ordre idéologique ce que le sacrifice est dans l'ordre pratique.

Adorno souligne d'abord l'idée que ce terme, résolument d'ordre religieux, – sacrifice, sacer, sacré –, appartient surtout au monde de l'économie et de la conservation du pouvoir. A l'origine, sans doute, une nécessité de sauvetage. La construction naissante d'un corps social qui devait être fort pour s'opposer aux puissances de destruction des autres tribus, et des éléments naturels, a rendu probable ce rituel. Au départ donc, la rareté, le manque ; mais pas seulement. Les pratiques sacrificielles sont impossibles sans justifications idéologiques : isolement et sacralisation de la victime d'un côté, restauration, augmentation de la force du corps social de l'autre. Procédure de dons-contre-dons, le cannibalisme s'est poursuivi au-delà de son besoin vital, en devenant un ensemble de procédés magiques destinés non plus à assurer la simple survie matérielle du groupe, mais la permanence de sa structure de domination. « *Il est possible qu'à une certaine époque de la préhistoire les sacrifices aient recelé une sorte de rationalité sanglante, qui n'était sans doute guère séparable – dès cette époque – de la soif de privilèges.* » La survie matérielle du groupe est aussi liée à la survie de la structure du groupe : structure de domination qui imite ce qu'on croit être massif dans la relation à la nature, la disproportion des forces. Nature violente et rigide ; pour persévérer dans l'existence il faut imiter cette violence et cette rigidité. Ainsi le sacrifice devient-il la conduite requise que la ruse des dominants invente pour confirmer leur puissance, au-delà de la nécessité matérielle. *« De même que la chasse pratiquée systématiquement procurait suffisamment d'animaux à la tribu pour éviter que l'on mange des membres de cette tribu, de même les chasseurs et trappeurs malins durent être désorientés par les guérisseurs qui leur commandaient de se laisser dévorer. »* (DR p.65-66) Hiérarchie des classes… Hobbes est revisité : la compétition ne s'exerce pas entre des individus épars, affamés et terrorisés, – guerre de tous contre tous –, les maitres du langage exercent déjà leurs dominations et comprennent l'intérêt de la fabrique des illusions. Il ne faut pas imaginer la préhistoire plus bête qu'elle n'est. *« Dès son origine, l'humanité a dû découvrir que la communication avec la divinité que représente le sacrifice n'a rien de réel. »* (p.65) Ruses du pouvoir, mystification des masses.

Ces mécanismes perdurent aujourd'hui, si tant est que ce qui compte, c'est le cadre social dans lequel se passe la cérémonie, qui matérialise les exigences du pouvoir, à quoi est soumise l'opinion collective. Pensons aux conduites des places boursières… L'efficacité magique est auto-constituante : seule la croyance en ses effets lui permet d'obtenir ces effets. Le groupe a besoin de croire à la puissance du sacrifice, pour continuer à vivre ses propres mutilations, même quand elles ne sont plus nécessaires. « *Chaque sacrifice est une restauration, démentie par la réalité historique dans laquelle il est entrepris. Mais la foi respectable dans le sacrifice est peut-être déjà un schéma devenu mécanique, et suivant lequel les opprimés s'imposent une fois de plus l'injustice qui leur fut infligée, afin d'être en mesure de l'endurer. »* L'entreprise idéologique qui le transforme en service rendu à la société, la conviction que l'individu a toujours des devoirs envers ce groupe qui l'autorise à vivre, sont des moteurs de l'ordre politique. Quand la victime devient sacrée, ce n'est pas un petit bénéfice pour elle, comme Nietzsche l'avait déjà montré, que de croire à cette inversion de la violence. De subie et contraignante elle devient volontaire et consentie, et à ce compte on peut l'étendre à d'autres que soi.

Le sacrifice est donc fondé sur une forme particulière de contrat : entre les hommes et les dieux, entre les dominants et les dominés. Contrat de dupes. « *Aussi longtemps que l'on sacrifie des individus, aussi longtemps que le sacrifice implique l'opposition entre collectivité et individu, la duperie sera une constante objective du sacrifice.* » (DR p.65) Que se passerait-il si l'on ne croyait plus aux « vertus » sécurisantes des sacrifices imposés ? Le livre se retourne sans arrêt vers cette préhistoire légendaire, dont il énumère les pièges et dont nous ne sommes pas encore sortis. La conscience naissante de la puissance de la nature se manifeste sous la forme de la terreur ; mais à cette terreur répond la ruse salvatrice qui substitue la puissance sociale à la puissance naturelle. Le sacrifice fait croire qu'on peut s'unir aux divinités de la vie et de la mort, dans un mimétisme cruel qui répète le crime ; mécanisme dialectique de l'offrande : piéger celui à qui tu donnes, pour le forcer à la bienveillance, piéger celui que tu offres, pour ne pas en venir à la contrainte physique. Don et contre-don : on sacrifie pour recevoir en échange la promesse d'être exaucé, ou pour empêcher le malheur, ou pour confirmer son pouvoir ; le sacrifice est une procédure collective d'assurance sur la vie. C'est « *le modèle magique de l'échange rationnel.* » (DR p.63) Ce modèle dévoile déjà la fausseté de toute transaction commerciale. Echange trompeur, où la prétendue équivalence cache le jeu infini du rapport de forces. S'unir aux dieux, et à la puissance sociale, pour le bien de tous, c'est le postulat du sacrifié. Tromper les dieux et les individus particuliers, dans son propre intérêt, c'est la conviction des forces dominantes. « *Tous les sacrifices des hommes, s'ils sont exécutés systématiquement, trompent le dieu auquel ils sont destinés : ils le subordonnent à la primauté des buts poursuivis par les hommes et réduisent son pouvoir à néant. Et la duperie dont est victime la divinité est transférée insensiblement dans celle que les prêtres incrédules pratiquent auprès de la communauté des croyants.* » (DR p.64) *Prêtres incrédules*, qui subordonnent leurs pratiques à la conservation de leur pouvoir. Ce ne sont pas seulement les dieux qui sont détrônés par les sacrifices qu'on leur rend, ajoute Adorno : c'est le rêve déjà enfoui d'une cohésion sociale qui serait fondée sur la solidarité et non sur l'oppression. En jouant sur la sacralisation de la victime sacrifiée, réunie au dieu-nature et séparée de la société par son statut d'exception, on assure la permanence de la domination. Et on laisse aux rêveries de l'imagination le souvenir mythique d'un ordre paisible passé.

L'ordre n'est jamais paisible, et les légendes antiques en disent la cruauté en même temps que le génie. Dans la saga des aventures des Argonautes, Jason en a hérité. Pour restaurer son droit, il doit ramener la toison d'or, reste mythique d'une bête divine, que Pélias l'usurpateur lui demande d'aller chercher en Colchide, où elle est vénérée. A l'origine de ses aventures, il y a le souvenir de Phrixos et d'Hellé, fils et fille d'Athamas, roi de Béotie. Premier acte : leur belle-mère veut leur mort, pour installer ses propres enfants au pouvoir. Par ruse, elle impose aux femmes du pays de semer des grains de blé qu'elle a au préalable grillés ; devant la catastrophe de la pénurie, elle exige le sacrifice des deux enfants. Double tromperie. Duperie de la population, duperie des dieux. Il faut qu'il soit bien crédule, le peuple, pour accepter de semer des grains infertiles ; soumission aveugle à l'autorité, contre l'expérience et le travail de la tradition. Famine organisée dans des objectifs de domination. Pour tuer les enfants, il faut d'abord affamer le peuple. La recette politique est vieille comme le monde : qui veut noyer son chien l'accuse de la rage. Pas de transgression cependant des lois de la nature, puisqu'aux semailles prochaines le blé poussera à nouveau. Mais les dieux innocents auront à cœur de réparer l'injustice royale. Deuxième temps : Hermès, pour les sauver, leur envoie un bélier volant à toison d'or ; la petite fille, Hellé, se noie en chemin, Phrixos arrive en Colchide, l'extrémité orientale du Pont-Euxin, dans le Caucase mystérieux, où le roi Aiétès, futur père de Médée, l'accueille. Troisième temps : Le bélier est sacrifié, offert à Arès, dieu de la guerre. Un dragon veillera nuit et jour sur la toison, Phrixos restera en Colchide où il épousera Calkhiopè, la fille du roi. Leurs enfants, plus tard, rejoindront la nef des Argonautes. En sacrifiant le bélier à Arès, dieu de la guerre, alors qu'il appartient à Hermès, dieu du voyage, des échanges et du commerce, Aiétès révèle ainsi le caractère inéquitable et injuste de la plupart des transactions humaines : chacun veut plus que l'autre, il n'y a pas de contrat vraiment juste, la guerre et le commerce sont les deux faces de la même violence, qui se retourne souvent contre celui qui l'a commise. En accueillant l'enfant grec, et en thésaurisant l'or de la toison, Aiétès lui-même devient la dupe du destin. Il n'est pas à l'origine de la première trahison, et pourtant il payera : sa fille l'abandonnera, son fils mourra, le pays sera vaincu, et son pouvoir disparaîtra. Sacrifice, pouvoir, agriculture, don et contre-don, échange commercial et guerres futures, on peut noter le génie dialectique, qui permet d'inverser les apparentes relations de raison. Car le sacrifice, en Colchide, est malgré tout plus raisonnable que la machination furieuse imaginée par Ino : même s'il est sacrilège, – la bête était sacrée –, il exprime le progrès vers des violences moindres. En Béotie, terre grecque, on pratique les sacrifices humains ; en Colchide, terre étrangère, on sacrifiera des images, ou des illusions : preuve de l'archaïsme du national par rapport à la modernité du sauvage !

Modèle magique d'un échange fondé sur le rapport de force, le sacrifice se définit comme *« le signe d'une catastrophe historique, un acte de violence que subissent à la fois les hommes et la nature. »* (DR p.65) En tant qu'il est l'expression idéologique d'un mode social fondé sur l'aliénation, l'exploitation, l'intérêt des puissants, il est corrélatif du mythe, et de son associé, le destin. Travailler à renoncer aux pièges du comportement sacrificiel est un premier pas vers l'émancipation. Partout où il y a sacralisation ou simple admiration du sacrifice, il y a mythologie. *« Toute démythisation se présente comme l'inéluctable expérience de la vanité et de l'inutilité des sacrifices. »* (DR p.67) Vanité et inutilité pour ceux qui en sont les dupes, bien sûr ; mais aussi pour ceux qui les ont préparés et décidés, puisque le sacrifice réduit l'objectif de conservation de soi à un principe de réalité où le piège est constant, la sécurité illusoire, et l'espoir de réconciliation dénigré.

La Raison d'Ulysse : émancipations, ruses et renoncements

L'Odyssée, pense Adorno, témoigne de cet élan démystificateur vers une conscience plus individualisée, et non sacrificielle, un « moi » nouveau. *« Le soi – l'individu – est justement l'homme qui ne s'attribue plus le pouvoir magique de substitution. »* (DR p.65) Chant réservé aux astuces techniques d'un peuple marin, l'Odyssée raconte les craintes et les victoires d'une société qui peu à peu comprend mieux les lois de la nature et sait les utiliser à son profit. L'espoir infini proposé par Ulysse est celui d'une subjectivité plus heureuse, autant de l'art poétique de ses aventures, que des joies enfantines de la puissance des faibles. Il montre à l'évidence que la tromperie est parfois salvatrice et la déloyauté utile. Se méfier du chant des Sirènes, des promesses de Circé ou des Lotophages, fermer la confiance et à son tour jouer au plus malin, voilà un des chemins de l'émancipation. Ulysse « *aux mille tours* » change la donne : capable de tromper ceux qui veulent le tromper, il triomphe des anciennes oppressions. Il déjoue la règle du plus fort, abat les anciennes hiérarchies. Il berne les forces de la nature et propose d'installer l'humanité sociale au centre du monde. Ses ruses lui permettent de se conserver en vie. Mais il ne va pas au-delà, il ne change pas le cadre général d'une société-nature qui le met en péril, mais lui assure aussi sa place de vainqueur. Sa faiblesse s'est transformée en puissance, il s'est sauvé de contrats préhistoriques sacrificiels. Pourtant son identité et son aliénation sont à ce point liées que le chemin qu'il emprunte construit des régressions en même temps qu'il avance : ses ruses l'empêchent de mourir, en forgeant un caractère plutôt défini comme un système de cicatrices que comme l'heureux résultat d'expériences fécondes. Il sera malgré tout mutilé par la nécessaire rigidité des formes qu'il oppose au caractère compact des forces diverses auxquelles il s'affronte. Ulysse, écrit Adorno, « *est une victime sacrifiée pour l'abolition du sacrifice.* » (DR p.69) Il « *abolit le sacrifice* », il protège sa vie et garde ses désirs. Mais cette abolition garde sa tournure sacrificielle, car il se trompe sur ses besoins et du coup ne peut pas les satisfaire. En surmontant les pièges que les monstres de la nature opposent aux navigateurs, il conquiert une liberté qui n'existait pas auparavant. Pourtant ses ruses le conduisent à des renoncements qui sont autant de conduites auto-mutilantes.

Le texte de Horkheimer et Adorno propose de lire le récit de ses aventures comme un roman bourgeois où se dessine la figure d'un individu solitaire et refermé sur des prétendues autonomies : Ulysse est le premier Aufklärer, mais c'est un Aufklärer méfiant, isolé, « *poursuivant avec témérité (son) intérêt atomistique.* » (DR p.74) L'humanité qu'il promeut est solitaire, immanente, ne comptant que sur ses propres forces, puissante. Au cours de son voyage il est abandonné des dieux. Dans le monde enchanté des monstres qu'il rencontre, aucun olympien ne vient l'aider : « *Ce que je sais bien, moi,* reproche-t-il à Athéna qui l'accueille au rivage d'Ithaque, *c'est que ton dévouement était à mes côtés quant au pays de Troie, les fils de l'Achaïe ont mené la bataille. Mais du jour que l'on eut saccagé sur sa butte la ville de Priam et que, montés à bord, un dieu nous dispersa, dès lors, fille de Zeus, je cessai de te voir ; je ne te sentis pas embarquée à mon bord pour m'épargner les maux. Tout le temps que j'errai, je ne connus jamais que doutes en mon cœur, jusqu'au jour où les dieux me tirèrent des peines.* » (Odyssée, XIII, 310 sq.) La déesse répond, confiante après coup : « *Oh ! Moi, je n'ai jamais douté ; je savais bien qu'un jour tu rentrerais, après avoir perdu le dernier de tes hommes.* » Athéna devrait se méfier. Elle aussi pourrait bien disparaître. Après Ulysse, les Grecs ne croiront plus aux dieux à la manière dont y croyaient les anciens… Ulysse s'éloigne des séductions du mythe. Il les a remplacées par la jouissance de sa débrouillardise et de ses « mérites ». Mais en échange il renonce définitivement à une partie de lui-même : l'affinité avec ce qui lui est naturel. Ses plaisirs pour n'être plus mortels ont été transformés : juste mesure, domination, nostalgie. Il est redevenu propriétaire d'Ithaque, et l'apôtre aristotélicien de la vertu du juste milieu, de la mesure et de la maîtrise ; vertu revendiquée pour sauver d'abord sa propre personne, à l'occasion ensuite les autres, mais pas toujours. Il anticipe la sagesse bourgeoise et populaire qui ne conçoit pas de bonheur sans résignations, compromis, renoncements, adaptations plus ou moins contraignantes aux codes sociaux du vivre-ensemble. « *Pour l'idéal bourgeois, le naturel n'est pas la nature amorphe, mais la vertu du juste milieu. La promiscuité et l'ascèse, la surabondance et la faim, bien qu'antagonistes, s'identifient comme puissances de destruction. En subordonnant la vie entière aux exigences de sa conservation, la minorité qui détient le pouvoir garantit, en même temps que sa propre sécurité, la pérennité de l'ensemble. Depuis Homère jusqu'aux temps modernes, l'intellect dominant a cherché à naviguer entre le Charybde de la satisfaction libre et incontrôlée et le Scylla du retour à la simple reproduction ; il s'est toujours méfié de toute boussole qui n'était pas celle du moindre mal.* » (DR p.47) L'hédonisme d'Ulysse est modéré, les seuls excès qu'il s'autorise sont ceux du triomphe et de la victoire : ceux-là sont à consommer sans modération. En opposant plaisir et réalité, Homère inaugure cette figure métaphysique majeure qui subordonne le premier au second, l'enfance à l'âge adulte, et fait de l'adaptation raisonnable et libre à un monde violent et injuste la règle du bien-vivre. Ulysse oppose aux ruses-séductions de la nature ses ruses d'humaniste viril : il prévoit, il calcule, il échange, il troque ; et dans ce lieu mythique où la seule loi est la loi du plus fort, il ne croit pas aux promesses de bonheur. Il est même capable de sacrifier ses compagnons de jeu pour sauver le navire.

Ces manœuvres vitales réduisent l'émancipation que pourtant il promeut. Car il se sauve du danger comme le lapin pris au piège s'en tire en se sectionnant la patte. Il a abandonné une bonne partie de sa spontanéité, de la crédulité de l'enfance, de la confiance dans les forces extérieures. Il a gardé l'idée que tout est rapport de forces, que le monde est dangereux et que pour s'en sortir on ne peut pas jouer librement avec les autres et avec soi-même.

On peut donc lire à la suite d'Adorno l'Odyssée comme un roman bourgeois, et aussi comme un roman initiatique, récit du passage de l'enfance à l'âge adulte, dans une interprétation toute moderne et « bourgeoise » où l'adulte prétend abandonner et dévaloriser l'enfance comme la raison se sépare du mythe. L'enfance c'est en même temps et d'un même mouvement, la promesse de bonheur et la crainte du lien. Promesse de bonheur, naturalité de la spontanéité et de l'élan vital ; crainte du lien, qui fait vivre, mais peut aussi faire souffrir par la disproportion des forces. Le moi adulte, nature identique, tenace et virile est élaboré dans l'apprentissage d'un écart salvateur avec ce qui va paraître dangereux : la satisfaction libre, l'appel de la beauté, le jeu gratuit des forces, l'amoralité, la jouissance de son corps vivant. Malgré tout, cet apprentissage est corrélé avec une nostalgie fondamentale, celle de la réconciliation. « *La crainte de perdre le moi et d'abolir en même temps la frontière entre le soi et une autre vie, la crainte de la mort et de la destruction est intimement associée à une promesse de bonheur qui était, à tout moment, une menace pour la civilisation.* » (DR p.49)

La dialectique de la Raison prend acte des nécessités de cette construction bourgeoise. L'apprentissage des séparations, réel/imaginaire, réel/désir, spontanéité/volonté, est devenu le lot des civilisations les plus puissantes. Il faut aussi, dit le livre, mesurer ce que ces formes de maturité ne disent pas : qu'il y a des utopies de réconciliation qu'on ne peut pas abandonner, et que la guerre n'est pas le tout de l'humanité. A l'oublier, on transforme la modération et le juste milieu en rage identitaire, et la promesse de bonheur en désespoir solitaire. *« L'humanité dut se soumettre à des épreuves terribles avant que le moi, nature identique, tenace, virile de l'homme fut élaborée, et chaque enfance est encore un peu la répétition de ces épreuves. L'effort fourni pour sauvegarder la cohésion du Je laisse encore des traces à toutes les étapes de l'évolution de ce Je, et la tentation de le perdre a toujours été associée à la détermination de la conserver. »*(DR p.49) Dans la forme poétique des aventures d'Ulysse, l'Odyssée garde la nostalgie de ces tentations, dans la constitution de son caractère elle en fait un héros debout et solitaire.

Roman bourgeois, elle est bien un monument en faveur de l'humanité libre, mais la rationalité du récit retourne la liberté contre elle-même parce qu'elle pratique trop souvent la logique de l'exclusion. Entre l'oubli et le calcul (les Lotophages), l'obscénité et l'ascèse (Circé), l'apaisement de la faim et l'interdit alimentaire (les vaches du Soleil), l'abandon esthétique et l'utilité économique (les Sirènes), la vie sans projet et les stratégies de la survie (les Cyclopes) Ulysse choisit et décide. Pas tout à fait cependant. Il a appris qu'il faut ruser avec les songes pour les empêcher de nous nuire. Il ne les a cependant pas abandonnés, il les a transformés en littérature et poésie. L'Odyssée est le roman où l'enfant maintient le plaisir des images multiformes de la nature, et celui d'inverser le rapport de force, – le plus faible devient le plus fort. Ses victoires gardent dans leur linéarité, et comme dans un souvenir vivant, la nostalgie d'une époque passée, rêvée, épique, où la nature parlait, où les hommes et les dieux n'étaient pas séparés. La poésie du monde fantastique dans lequel il navigue restitue ses droits au bonheur enfantin des légendes, même s'il s'en distingue. Car s'il y a des renoncements ils ne sont pas aussi terribles que le sacrifice préhistorique l'était. Ulysse ne cherche pas à supprimer son plaisir, il n'en abandonne pas toutes les satisfactions. Il aime écouter, il garde sa colère, il ne refuse aucune curiosité. Simplement il les domine, donc les restreint et les transforme. Adorno met l'accent sur ces transformations, non pour les condamner, mais pour les sauver en les critiquant : la force des légendes n'est pas seulement celle d'un destin mortifère, c'est aussi celle d'un espoir malheureux de réconciliation. Ulysse ruse avec les Sirènes, pour avoir la jouissance sans avoir le risque mortel. Cependant, le vertige de cette écoute, il l'ôte à ses compagnons, en leur bouchant les oreilles. Eux ne sauraient pas échapper aux filets de la tentation.

Même conduite avec Circé : il ne renonce pas aux risques de sa beauté, mais évite le danger du retour à la vie animale en lui faisant prêter le serment Olympien, la promesse que le plaisir sexuel le laissera indemne et entier, pas différent, toujours le même. « *Le pouvoir de Circé qui soumet les hommes au point de faire d'eux ses esclaves se transforme en la soumission de Circé à celui qui, par son renoncement, a refusé de se soumettre à elle.* » (DR p.85) Les matelots, eux, n'ont pas eu sa prudence, et ont été transformés en bêtes domestiques avant même d'avoir goûté aux joies du plaisir amoureux. A son retour à Ithaque, il se domine, il patiente, et c'est pour mieux se venger ; il n'a pas vaincu sa colère, il l'a différée : Ainsi se parle-t-il en faisant le compte des servantes qui se prostituent auprès des prétendants : *« Tout son cœur aboyait… Ainsi, jappait son âme, indignée de ces crimes ; mais, frappant sa poitrine, il gourmandait son cœur : « Patience, mon cœur ! C'est chiennerie bien pire qu'il fallut supporter le jour que le Cyclope, en fureur, dévorait mes braves compagnons ! Ton audace avisée me tira de cet antre où je pensais mourir ! … C'est ainsi qu'il parlait, s'adressant à son cœur ; son âme résistait dans l'endurance, pendant qu'il se roulait, d'un côté et de l'autre… méditant les moyens d'attaquer, à lui seul, cette foule éhontée.* » (Odyssée, XX, début) Ulysse « éclairé » a compris qu'on ne peut jamais tout avoir, tout de suite, et cet usage, adulte et raisonnable, du temps, lui permet de réaliser ses buts. Aucun de ses compagnons n'a pu acquérir cette nouvelle perception du monde, car bien peu d'humains échappent aux délices des situations infantiles et des illusions magiques. Ils n'ont pas voulu sacrifier leur plaisir immédiat ; engloutis dans la nature, ils n'ont pas survécu.

Adorno explique les retournements que le passage du sacrifice au renoncement exprime de souffrant et de douloureux. *« L'esprit subjectif qui fait perdre son âme à la nature ne domine cette nature privée d'âme qu'en imitant sa rigidité, lui aussi devenu âme qui perd son âme. »* (DR p.70) Par ses ruses et ses victoires, Ulysse a confirmé la croyance qu'on ne peut pas vivre sans se battre et se défendre, croyance qui devient nécessairement vraie à partir du moment où on en fait une conception du monde. La ruse est salvatrice pour qui est dans le piège, elle ne détruit pas le piège. Ulysse se bat, mais s'il se croit victorieux c'est qu'il croit aussi que les tigres qu'il affronte ne sont pas des tigres de papier, il reconnaît leur pouvoir et il continue à les mythifier : *« c'est justement l'esprit dominant la nature qui revendique sans cesse la supériorité de la nature dans la compétition. »* (DR p.70)

Sans doute dans l'Odyssée la logique de l'exclusion n'est pas encore tout à fait « *coagulée* ». Il sait que les puissances qu'il défie sont aussi des puissances capables de lui donner du plaisir. Il veut à la fois l'aventure et la vie. « *Les aventures d'Ulysse représentent toutes de dangereuses tentations… tel un éternel novice, il cède à chaque nouvelle sollicitation… »* (DR p.61), Mais s'il accepte le danger, il le fait davantage subir aux autres qu'à lui-même. Il aurait pu éviter de passer par la route de Charybde et Scylla, il aurait pu sans doute aussi s'éloigner des Sirènes, ou ne pas aborder l'île du Cyclope. Mais sa curiosité l'a emporté. Ses plaisirs, autant ceux de l'enfance que ceux de maître et de propriétaire, il les garde. Il crie son vrai nom après sa triomphale victoire sur le Cyclope, au risque de noyer le bateau sous les pierres lancées par Polyphème furieux. Il parle avec sa mère, mais c'est au détriment de tout élan spontané qui aurait pu le tuer. Sa vengeance à Ithaque est démesurée, et ce doit être Athéna qui arrête la guerre civile « *A quoi bon, gens d'Ithaque, cette cruelle guerre ? Sans plus de sang, quittez la lutte et tout de suite ! »* (chant 24)

Malgré tout, Ulysse a dû apprendre à renoncer. Et ses désirs ne pourront survivre que sous forme de nostalgie poignante. *« Interdit de la promiscuité et domination virile* » auprès de Circé, c'est-à-dire, dit Adorno, « *renoncement permanent à l'instinct* » ce qui devient en fin de compte *« auto-émasculation symbolique. »*(DR p.84) Quant aux Sirènes, l'abandon à la beauté magnifique du chant devient renoncement à cet abandon. *« Auditeur passif, le ligoté écoute un concert comme le feront plus tard les auditeurs dans la salle de concert, et son ardente imploration s'évanouit déjà comme les applaudissements. »* (DR p.50)

De l'Odyssée à nos jours, la conséquence est bonne : tous nos plaisirs, formes historiques de l'humanisme vainqueur, sont en réalité dominés par les contraintes de cette identité formelle dont Homère a proposé les prémisses. Leur sens même et leurs contenus ont changé : d'élan vital pour la beauté du monde, ils ont pu être orientés pour quelques-uns vers la satisfaction sadique de la maîtrise et de la conquête. Subordonnés aux règles sociales, quand ils sont exprimés dans les conduites autorisées des comportements collectifs, ils sont devenus tristes et résignés. *« Ce n'est qu'avec les progrès de la civilisation et de la Raison que la subjectivité fortifiée et la domination consolidée réduiront la fête à une simple farce. Les maîtres introduisent la notion de jouissance rationnelle, comme un tribut payé à la nature qui n'est pas maîtrisée... Le plaisir devient objet de manipulation jusqu'à ce qu'il disparaisse entièrement dans les divertissements organisés... »* (DR p.115) La plupart de nos plaisirs sont mutilés, au sens où, encadrés par la conviction toujours prégnante qu'on ne peut rester en vie qu'à condition de se défendre dans un monde hostile, ils en restent à la nostalgie malheureuse d'une immédiateté où la conscience s'abandonne aux fausses protections communautaires.

Ulysse Aufklärer sait désormais qu'on doit se maîtriser si l'on veut que son autorité soit reconnue et sa survie sociale assurée. Il a appris à différer et à se vaincre, il a subordonné son goût pour la beauté des choses au calcul technique de leur utilisation concrète. Ulysse, disent Adorno et Horkheimer, c'est *« un soi qui se domine continuellement et qui, ce faisant, néglige sa vie, qui sauve sa vie et ne s'en souvient plus que comme d'un errement. »* (DR p.69) *« Il néglige sa vie »*, il néglige cette part essentielle de vie organique, spontanéité heureuse des images utopiques. Il renonce à Calypso, aux fleurs des Lotophages, à la paresse, à la présence nue et mortelle de la beauté du chant des Sirènes. Rien ne peut le faire dévier de son but, – revenir à Ithaque —, aussi dans son obstination refuse-t-il toutes les tentations, auxquelles ses compagnons, moins rusés ou moins humains succomberont : *« L'homme rusé ne survit qu'au prix de son propre rêve, qu'il rachète en se démystifiant lui-même comme il démystifie les puissances extérieures. Il ne peut jamais tout avoir, il doit toujours savoir attendre, être patient, renoncer, il n'a pas le droit de goûter au lotus, ni aux bœufs d'Hypérion, et lorsqu'il navigue entre les rochers, il doit tenir compte de la perte des compagnons, que Scylla arrache du navire. Il se tire de toutes les situations, c'est sa manière à lui de survivre, et toute la gloire dont il se couvre, à ses yeux comme aux yeux de autres, confirme simplement ce fait : la dignité du héros n'est acquise qu'au prix de l'humiliation subie par toutes les aspirations à un bonheur total, universel, sans partage. »* (DR p.71) Dormir avec une déesse, devenir animal, fleur, succomber aux chants mythiques des mères ancestrales, ce sont des dangers mortels dont on ne se tire pas vivant.

L'aventure, le nomadisme ne seront donc pour lui que des épisodes destinés à être dépassés. Ulysse est un sédentaire, à la différence de Jason ; un sédentaire propriétaire et commerçant, dont les techniques de pouvoir ne se cantonnent plus seulement à l'affrontement direct et guerrier, mais se rassemblent autour de la ruse et du calcul tactique. Sans doute se perd-il dans un monde mystérieux, magique, improbable, inattendu ; et sans doute pour longtemps gardera-t-il le souvenir poétique de ses peurs et de ses victoires. Mais il s'est préservé ; il sait qu'il est Ulysse, fils de Laërte et roi d'Ithaque ; il a derrière lui sa réputation de vainqueur de Troie, et déjà la certitude qu'on chantera ses exploits ; ceux de la guerre, ceux de son voyage. C'est désormais un véritable adulte : renoncement à la satisfaction de la pulsion, souveraineté du temps de l'action, de l'efficacité, de la seule intelligence qui oriente le présent vers un futur en progrès. L'humanisme naissant et émancipateur du héros s'est construit dans la victoire sur le mythe, et cette victoire consacre le sacrifice des séductions gratuites qu'il pense mortelles.

Ainsi lui aussi prend sa part au banquet du sacrifice, au nom des impératifs de la conservation de sa vie et de la société où il s'efforce de revenir : il démystifie le droit du plus fort, mais il se reconduit lui-même à sa place sociale de dominant. Il fait donc office à la fois de victime et de prêtre. Le premier libérateur, et malheureusement pas le dernier floué.

Pourtant dans cette démythification il permet d'espérer autre chose que le rapport de forces : *« Il est une victime sacrifiée pour l'abolition du sacrifice. Son renoncement souverain, combat avec le mythe, représente une société qui n'a plus besoin du renoncement et du pouvoir : elle atteint la maîtrise d'elle-même non pour exercer sa violence contre elle-même et contre les autres, mais en vue de la réconciliation. »* (DR p.69) Il a combattu la naturalité du destin, les contrats pétrifiés des forces préhistoriques. Il a dégagé l'essence de nos civilisations : émancipation, progrès, survie, culture, rationalité, espoir. Mais la terreur est restée la plus forte. « *L'histoire de la civilisation est l'histoire de l'introversion du sacrifice. En d'autres termes : l'histoire du renoncement.* » (DR p.68) Oui, le renoncement est un progrès, si on le compare au sacrifice. Progrès parce qu'on reste en vie, progrès parce qu'on a compris la vanité des sacrifices, progrès parce qu'on garde l'utopie de la non-violence, de la réconciliation entre soi et les autres, soi et la nature, soi et le monde, soi et le bonheur. La pratique du renoncement, dit Adorno, peut représenter « *une société qui n'a plus besoin de renoncement et de pouvoir.* » Mais l'enveloppement du renoncement dans un cadre général de rapport de forces, d'hostilité et de terreur le maintient dans le contexte sacrificiel qu'il était destiné à remplacer. Ulysse reste une « *victime sacrifiée pour l'abolition du sacrifice. »*

Quand pouvoir et domination demeurent des objectifs reconnus et approuvés, c'est que le monde est faux, « non-vrai », dit Adorno. Un monde qui impose de renoncer à nos pulsions les plus érotiques, les plus amoureuses, est un monde face auquel on est bien obligé de ruser pour survivre. Les astuces d'Ulysse sont « *le développement subjectif* », l'expression individuelle de cette catastrophe sociale, car la « nature » à quoi il s'oppose utilise l'amour, ou la tendresse, comme pièges mortels. *« La ruse n'est rien d'autre que le développement subjectif de la non-vérité objective du sacrifice. »* (DR p.65) Celui qui ruse dit que le sacrifice n'est pas nécessaire, qu'il est une « *non-vérité objective* » ; mais en rusant il est pris dans la conception du monde (celle de l'alternative, ou tuer, ou être tué) qui l'oblige à ruser ; mentir, calculer, abstraire, attendre, trouver des détours, sont indissociables du renoncement aux pulsions, à la nature, puisque leur satisfaction entraînerait la mort ; renoncer alors devient une conduite auto-sacrificielle soft, du moins tant que les conceptions du monde ne changent pas. C'est pourquoi Adorno dit que dans un monde formé par des oppositions et des hiérarchisations, – individu/société, minorité dominante/majorité dominée, nature/esprit –, ruse et mensonge sont salvateurs, oui, du point de vue de nos vies biologiques, mais pas du point de vue de nos aspirations à la paix ou à la réconciliation avec nous-mêmes. Dans ce type de relations, les autres apparaissent « *comme ennemis ou comme points d'appui, toujours comme instruments, comme objets.* » Ruser implique qu'on devienne solitaire, et qu'on se méfie des puissances, celles des autres et celles de ses plaisirs, qu'on rationalise le souci de se conserver. Ulysse surmonte les obstacles naturels par sa seule intelligence, – en ce sens il instaure un désordre fondateur et libérateur –, mais ses calculs techniques sont fondés sur les sacrifices d'une partie de sa nature à lui, de la matérialité de ses désirs, de sa relation aux autres ; il résiste aux Lotophages, à la régression vers une enfance irresponsable et rêveuse ; il résiste à Circé et aux jouissances du sexe sans lendemain ; il résiste à la gourmandise, même à la faim, il résiste à toute pensée dont l'origine serait la recherche de plaisir. Or *« a pensée qui tue le désir, son père, est rattrapée par la vengeance de la bêtise »*[83], pense Adorno en insistant sur la cruauté du héros à son retour. Ulysse triomphe des monstres grâce à sa volonté, mais confirme en revenant à Ithaque un ordre social fait de répétitions, sans aucune possibilité de rupture pour un monde plus libre. *« Le rachat du soi par la rationalité – qui est autoconservation – est un troc, autant que l'était le sacrifice. Le soi persistant dans son identité qui surgit après la suppression du sacrifice, redevient immédiatement un sacrifice rituel rigide que l'homme célèbre pour lui-même en opposant sa propre conscience au contexte naturel. »* (DR p.67) L'identité qui se construit dans une perspective de guerre est forcément mutilée par avance des confiances et des souplesses qu'elle aurait pu rencontrer dans sa relation aux autres. L'intelligence distante et rusée sacrifie ce qui est inefficace et sans calcul, ce qui accepte de donner sans savoir ce qu'on pourra recevoir, la spontanéité de la recherche du plaisir et du jeu.

Et puis la ruse aussi a ses limites. L'épisode de la passe entre Charybde et Scylla en témoigne : pas de feinte possible, pas d'affrontement direct, les monstres tuent toujours. « *Pauvre ami !* », prévient Circé, alors même qu'Ulysse est revenu du domaine des morts, « *tu ne vois toujours que guerre et lutte. … Scylla ne peut mourir ! C'est un mal éternel, un terrible fléau, un monstre inattaquable ! La force serait vaine ; il n'est de sûr moyen contre elle que la fuite.* » (Odyssée, chant XII) La ruse n'est pas toujours suffisante…

Enfance et maturité participent du même monde historique : les rêveries de l'enfance sont corrélatives des violences adultes. Dans cet univers la domination domine jusqu'au dominant, et le sacrifice est reconduit. Jamais un sacrifice ne peut être juste, ou vrai, ou

[83] *Minima Moralia* n° 79, p 117.

libre ; aucune mutilation ne peut être heureuse ; et même si quelquefois il n'y a pas moyen de faire autrement pour défendre ses buts, on ne peut pas dire qu'il faille la sacraliser. Expression du malheur du monde, même les ruses qui réussissent sont fondées sur des situations dont le thème principal est la peur, la conscience d'un dehors funeste et terrifiant, et dont l'objectif est de se sauver, d'abord soi-même.

Sans doute est naïve, infantile, et fausse, cette image d'une rencontre heureuse, immédiate, entre les choses du monde et sa propre conscience. Il faut voir la nature comme histoire et l'histoire comme nature ; jamais d'immédiateté, toujours des médiations et de la dialectique. Les aventures d'Ulysse sont poursuivies par le souci inévitable de domination, et sa lutte victorieuse contre les images mythiques est le témoignage d'une émancipation qui conduit à des formes sociales encore coercitives et aveuglées. Cependant, que peut être une vie qui se méfie de l'enfance, du rêve, de l'émerveillement, des satisfactions de la spontanéité et de la liberté ? C'est par ce sursaut de poésie et d'images que l'Odyssée *« tout entière apporte le témoignage d'une dialectique de la Raison.* » (DR p.58)

La question devient : comment s'émanciper sans utiliser pour soi et retourner contre soi la violence des causes ? Comment échapper à ces habitudes sacrificielles qui permettent, sous couvert de rationalité humaniste, maîtrise, volonté, domination de la nature, de cautionner les injustices subies ? Pas de réponse, qui ne reconduirait pas à ce positivisme haineux de l'adaptation ? Pas de réponse, mais des exigences vécues sous le mode impérieux de la lucidité critique. Ulysse a bien fait d'éviter les pièges de ces contrats mythiques destinés à le faire disparaître. Adorno parle ainsi de la rencontre « *heureusement manquée* » entre lui et les Sirènes. Il a bien fait, et il n'est pas question de magnifier « *l'exaltation aveugle de la vie aveugle* », de vouloir liquider la raison émancipatrice pour s'enivrer de nouvelles mythologies subordonnées comme toujours au principe archaïque du sang et du sacrifice. Trouver quelque chose qui ne se sacrifie pas à la fausse identité, ce serait donner au concept de conservation de soi un sens plus réconciliateur que celui du souci de sa survie : « *bonheur sans pouvoir, salaire obtenu sans travail, patrie sans frontière, religion sans mythe* », affirme le fragment « *Eléments de l'antisémitisme* » (DR p.207), dégageant ici ce à quoi tous les dominés peuvent aspirer secrètement. Il ne s'agit donc ni de plénitude, ni de renoncement, mais de critiquer dans nos subjectivités toujours-déjà médiatisées par l'histoire et la culture les répressions exercées sur les espoirs de transformations vers des mondes plus justes. Tant que nos subjectivités seront figées dans le refus terrifié de quelconques altérités, tous vivants confondus, tant que la logique de l'identité commandera la construction de nos caractères particuliers, le désir de se conserver sera prisonnier de la totalité mortifère d'une société violente. Pour se conserver, il faut se sauver. Sans aucun doute. Mais se sauver de quoi, et se sauver pourquoi ? Pour continuer à s'adapter à ce monde qui a perdu l'esprit ? Car le risque terrible, c'est de ne plus savoir à quoi on a renoncé, d'être privé de toute possibilité d'imaginer une autre forme de conscience de soi. Le pire dans le renoncement, c'est quand ce à quoi on a renoncé ne nous manque plus. Il y aurait donc, d'après la façon dont Adorno imagine la construction du psychisme chez Ulysse, un traumatisme constitutif de nos subjectivités modernes, traumatisme de la séparation et de la conquête dont on décide qu'elles sont définitives. *« La domination de l'homme sur lui-même sur laquelle se fonde son soi, signifie chaque fois la destruction virtuelle du sujet au service duquel elle s'accomplit ; car la substance dominée, opprimée et dissoute par l'instinct de conservation, n'est rien d'autre que cette part de vie — en fonction de laquelle se définissent uniquement les efforts de conservation de soi – ce qui doit justement être conservé. »*(DR p.68) Supprimer l'aptitude à la spontanéité, au bonheur, à la ressemblance mimétique avec ce qui est matériel, vivant, sensible, supprimer cette force d'enfance qui témoigne des naturalités de la conscience, c'est supprimer ce qui devrait être conservé au nom même de la vie de l'esprit. « … *Aussitôt que l'homme se sépare de la conscience qu'il a d'être lui-même nature, toutes les fins pour lesquelles il se maintient en vie, le progrès social, le développement de toutes les forces matérielles et spirituelles, voire la conscience elle-même, sont réduites à néant.* » (même page)

Roman bourgeois et roman initiatique, l'Odyssée reste dialectique, parce qu'elle ne fait jamais disparaître ce à quoi elle s'affronte. Elle reste, en même temps que la construction d'un homme nouveau, dans l'apologie de l'enfance, de ses enthousiasmes transgressifs, de ses insolences et de ses souffrances. C'est ce qu'Athéna, quand elle se dévoile à Ulysse à son retour sur Ithaque, lui reproche : « *Pauvre éternel brodeur ! N'avoir faim que de ruses!... Tu rentres au pays et ne penses encore qu'aux contes de brigands, aux mensonges chers à ton cœur depuis l'enfance… Trêve de ces histoires !* » (chant XIII, 291-299) L'époque d'Homère n'a pas fait disparaître le lien amoureux et terrifié de la conscience à la nature, l'âge adulte de l'humanité n'a pas encore pris ses marques. Les renoncements d'Ulysse n'ont pas reconduit les sacrifices préhistoriques.

Comment s'en sortir ?

Il faudrait donc démystifier cette opposition des âges, celui de l'enfance et celui de la maturité, dont les deux siècles précédents ont fait la condition d'un désenchantement salvateur, montrer combien encore la peur des autres et de soi-même est vivace, combien les superstitions sont agissantes, dans l'expression et la dénégation du malheur. L'âge véritablement adulte ne ressemble pas nécessairement à l'image traditionnelle d'un caractère faussement patriarcal : prétendument souverain et maître de lui, mais en fait adapté, soumis, frustré et rétréci, ce qu'on appelle aujourd'hui « raisonnable ». Comme il y a un mythe du progrès, il y a un mythe de l'âge adulte, et c'est celui d'un passage définitif d'un état de sujétion et de minorité à un état de responsabilité et d'autonomie : séparation des fantasmagories irréalistes des élans enfantins, acceptation volontaire, mais résignée des restrictions et répressions, combat de la lumière du savoir sur les ombres de l'obscurantisme, éloge du travail contre les nonchalances de la paresse. Il y a une légende rayonnante des représentations de la fin de l'enfance. Face à elle Adorno aurait pu en proposer une autre : reconnaissance, en même temps que séparation, de la force, de la valeur des formes utopiques de tendresse maternelle. L'identité d'Ulysse est faite du souvenir vivant des souplesses de l'enfance ; ses ruses sont associées en même temps au désir fou de rencontrer des êtres de nature hybride, matriarcale ou préhistorique, à la terreur de leur puissance de mort, à la construction chronologique des précautions à prendre pour les affronter sans s'y perdre. Le récit de l'Odyssée permet de rendre dialectique le mouvement entre identité et altérité, de ne refuser ni l'appel ni les dangers de l'altérité. Peu à peu cependant la fermeté de cette conscience souveraine, dont les ruses démystifient le pouvoir de ce qu'elle croit être une force de régression, s'émancipe de ces puissances au point d'annoncer la fin de l'enfance et de décrire l'homme nouveau sous les traits d'une « *nature identique, tenace, et virile.* » L'âge « positif » deviendra alors celui où les mythes sont vaincus, au risque de hiérarchiser une fois pour toutes les relations du même et de l'autre, du masculin et du féminin, de l'autochtone et de l'étranger, de la volonté et du désir.

Que serait alors une civilisation non menacée par cette promesse conjointe d'aventure et de bonheur ? Ne serait-il pas possible d'y penser plus sérieusement ? La maturité consiste-t-elle à dépasser, ou abandonner, ce qui est désigné par l'esprit raisonnable comme signe d'irréalisme : les affinités avec ce qui ne nous ressemble pas, la nature « oubliée », la souffrance, la fragilité, l'art et l'imagination ? Freud serait bon initiateur aussi, qui conseille de toujours se souvenir que « *le moi n'est pas maître dans sa propre maison* », et que le but d'une psychanalyse n'est pas de lui restituer cette place, à cause de laquelle la maladie s'installe et proteste. L'âge véritablement adulte pourrait être celui qui retrouve l'enfance dans la perspicacité inquiète de l'éloignement de soi, et la conviction que jamais la conscience n'est et ne sera transparente à elle-même. Ce n'est pas la raison éduquée, détachée du passé ou des superstitions qui permettra de mettre à jour, et de dénoncer le scandale de toutes les pauvretés, économiques et névrotiques. Cette raison ressemblerait trop à la raison scientiste, combattante du rêve, obstinée dans la conquête et modelée sur les postulats d'une logique seulement formelle et d'un réalisme fade. Si cette capacité libre et gratuite de réflexion, qui a toujours accompagné l'activité émancipatrice de l'esprit, n'utilise pas le travail du négatif dans l'autocritique permanente de ses productions, en vue de ses propres démystifications, elle continuera à cautionner ce qu'elle veut combattre : le mythe dans l'affirmation récurrente d'un destin sans réplique.

Notre conception positiviste et moderne de l'âge adulte signe les découragements superstitieux de celui qui se félicite encore de ses renoncements. Destin est le nom archéologique de ces superstitions. Car elles expriment à l'intérieur des consciences le manque de liberté qui existe à l'extérieur. Elles disent que nous ne sommes pas libres et que nous avons peur, pas seulement de la mort mais des relations sociales qui nous échappent et dans lesquelles nous ne nous reconnaissons pas. Croire au sens de l'histoire vers un avenir radieux, qui impose des sacrifices aux générations présentes, ou au contraire affirmer que la violence et le goût du pouvoir appartiennent par nature à l'humanité, et qu'il n'y a rien à faire, dans les deux cas le mythe révèle sa présence : pour prévenir le malheur qui vient, on l'accepte comme condition d'un futur plus heureux ou d'une naturalité fatale. La croyance au progrès ou l'affirmation de structures naturelles et anhistoriques sont les deux formes de l'opium contemporain : expression de la détresse et protestation contre la détresse. Condamner les mythologies du passé, en y opposant le réalisme et l'efficacité du présent, c'est jouer de cette mystification générale qui dénonce les injustices du passé pour mieux cacher celles d'aujourd'hui. *« La condamnation de la superstition a toujours signifié à la fois progrès de la domination et mise à nu de celle-ci. »* (DR p.55) Opposer principe de plaisir et principe de réalité, c'est rendre rigide le souci de conservation de soi, au point de multiplier les sources de terreur au lieu d'essayer de s'en libérer. « *La Raison est la radicalisation de la terreur mythique.* » Plus on destine l'enfance à la maturité, l'histoire à des finalités prévues, plus on radicalise le déni du malheur et la peur de la mort. Adorno et Horkheimer appellent mythique cette conception du monde qui ne prétend vaincre la terreur qu'en amplifiant ses images, et qui fait de la conscience adulte un ensemble de renoncements terrifiés ou agressifs qui conduisent à oublier la conscience d'un possible travail d'émancipation.

Adorno et Horkheimer, au moment de la réédition du livre, en 1969, disent qu'ils l'écriraient autrement, s'ils avaient à le faire. Peut-être comme un manuel de stratégie. Apprendre à désinvestir l'objet du renoncement. N'y a-t-il pas d'autres plaisirs possibles que ceux auxquels on a besoin de renoncer dans un monde où on pratique la logique de l'exclusion, soit tuer, ou être tué ? Jouissons sans entrave, oui, à condition de savoir que les objets et formes de la jouissance ne sont pas forcément ceux auxquels pensent nos imaginations aliénées. Répression éduquée, oui, à condition que l'éducation ne conduise pas à la docilité stérile et à l'imagination empêchée. Autocritique, dit Adorno. Ce dont je rêve et que je me refuse, ce n'est pas ça. Rêver autrement, d'autre chose, dans un autre contexte. Penser une société qui n'a plus besoin de pouvoir, c'est penser une société qui n'a plus besoin de renoncement. Mais de cette réconciliation on ne peut connaître les formes, sauf dans quelques rares expériences subjectives, qu'il faudrait justement essayer de cultiver, sans savoir quelles seront leurs formes ni comment on peut les prévoir. *« Natures divisées »* que les nôtres, et pour longtemps.

Le retour de Médée

L'Odyssée raconte un passage de l'enfance à l'âge adulte. Mais aujourd'hui, disent Horkheimer et Adorno, ce ne sont pas les sujets qui sont devenus adultes, mais la domination elle-même, grâce aux prouesses et aux accomplissements des grands principes de la physique et de la logique, grâce « *à l'état d'esprit et aux actes des maîtres du fascisme.* » (DR p.126) Le tragique c'est qu'au moment où les revendications de la réalisation concrète des droits subjectifs deviennent possibles, le cadre politique libéral de nos progrès techniques et de nos échanges commerciaux induit une oppression toujours plus grande de nos particularités sensibles. Notre civilisation n'a jamais été aussi proche d'avoir les moyens matériels pour réaliser une universalité concrète, et jamais aussi proche non plus d'une puissance technique capable de provoquer des catastrophes, naturelles et politiques, terrifiantes.

La « massification » des foules est concomitante de ces progrès. La culture est diffusée par les grands groupes économiques au pouvoir, la diversité des moyens de communications n'a pas supprimé la contrainte de l'identité, et la logique de la guerre s'est universalisée, puisqu'il faut bien combattre ce qui veut nous faire mourir. Dans ce contexte personne ne peut survivre indemne, et s'il s'agit toujours de condamner l'apologie du sacrifice et du renoncement, il s'agit aussi de prendre acte de leurs permanences et même de leurs violentes résurgences. Parlant des apologies sadiques du crime dans les œuvres de Sade, *La dialectique de la Raison* rappelle : « *Dans l'ère bourgeoise, les gouvernants en sont sans doute arrivés rarement au meurtre de leurs épouses et de leurs enfants, à la prostitution et à la sodomie, plus rarement en tous cas que les gouvernés qui ont hérité des coutumes des seigneurs d'époques antérieures. En revanche, lorsque le pouvoir était en jeu, ceux-ci ont accumulé des montagnes de cadavres, même dans des siècles plus récents.* » (DR p.126) Rien pourtant qui puisse égaler les récentes exterminations organisées et la puissance destructrice des récents appareils militaires.

Dans ce monde de « *non-vérité objective* », un des objectifs sera donc de travailler à délivrer le non-identique, la non-totalité, la non-violence pour dénoncer le culte de l'identitaire, du totalitaire et de la violence comme dernier mot du langage. Il faut en appeler aux capacités critiques des résistances de ceux qui ont encore la chance d'exercer plus librement leurs sensibilités et leurs amours des corps et de la vie. Adorno répète sans arrêt qu'il faudrait exiger non pas un « moins » mais un « plus » de singularité subjective ; un sujet qui ne prétend pas tant à la maîtrise qu'à se connaître dans la nécessaire médiation aux objets et aux autres que lui. Un sujet qui puisse s'occuper de sauver la réconciliation tout en sachant qu'elle est utopique et sans espoir (autocritique). Mais, pour la minorité et le système dominants, dans le cadre toujours vivant de ce que Marx a appelé la lutte des classes, l'utopie est encore dangereuse, *« l'utopie d'une humanité qui, n'étant plus dénaturée à ses propres yeux, n'a plus besoin de dénaturer quoi que ce soit. »* (DR p.127)

Nous ne sommes plus dans le monde aristotélicien de la mesure et de la prudence, qui mettent chacun en garde contre les excès des conquêtes ou les tristesses de l'animalité ; nous sommes orientés vers Kant, vers les hauteurs excessives de l'appel du sublime ou les réalités de la banalité du mal. « *La Raison de l'ère moderne fut placée dès le début sous le signe du radicalisme : en cela elle se distinguait de toutes les phases précédentes de la démythologisation.* » (DR p.102) « *Radicalisation de la terreur mythique* », voici ce que la Raison en progrès est devenue, dans une course en avant suicidaire, qui n'est même plus occupée par le souci de sa conservation. La maîtrise de soi est devenue exigence d'autorité absolue sur soi, discipline de fer, ou même devoir d'a-pathie.

Kant affirme que la dignité de la loi morale en nous humilie nos aspirations au plaisir et au bonheur, idéaux de l'imagination et non de la raison, il les subordonne à la loi universelle et formelle de la non-contradiction dans les principes de nos actions. Il y a deux façons de traduire ces injonctions. La première est racontée dans le fragment sur Sade, « *Juliette, ou Raison et morale* » : les pervertir en disant qu'il faut toujours humilier ce qui relève de ses propres particularités, renoncer à ce qui pourrait tendre à satisfaire profondément ses tendances propres, travailler le mépris de soi, au nom des logiques sociales du pouvoir et du savoir. Car quoi de plus individuel que le sensible ? Si le monde se décrit en termes de faiblesse et de force, d'organisation logique et de planification efficace, il faut tuer en soi les mouvements de la nature et des corps : faiblesse que la pitié, faiblesse que l'empathie, faiblesse que la tendresse ou que la solidarité… Alors il est possible de restaurer le sacrifice antique. L'individu devient la victime obéissante et mutilée d'un ordre qu'il justifie sans le réfléchir. C'est la version sadienne du kantisme. « *La condamnation des sentiments était déjà implicite dans la formalisation de la raison. En tant que pulsion naturelle, la conservation de soi a mauvaise conscience comme toutes les autres impulsions, seule l'efficacité et les institutions destinées à lui servir, c'est-à-dire la médiation indépendante, l'appareil, l'organisation, le système, jouit, dans la pratique comme dans la connaissance, du prestige de la rationalité ; les émotions sont amenées à partager cette rationalité.* » (DR p.102) Pas de consolation possible devant ce désastre. Mesure et maîtrise, qui permettent à Ulysse de se sauver, lui seul et non les autres, ont abouti à la destitution de l'individu.

Deuxième orientation, tout au contraire. *Sapere aude*. « *Aie le courage de te servir de ton propre entendement.* » Dissidence obstinée, qui ne perd pas de vue les valeurs de l'universel et ne le confond pas avec l'impérialisme des faits. « *L'imagination exacte d'un dissident peut voir plus que mille yeux auxquels on a mis les lunettes roses de l'unité et qui ensuite confondent ce qu'ils perçoivent avec l'universalité du vrai, et régressent.* » (DN p.43) Il s'agit de réaffirmer qu'il ne faut jamais céder sur des principes, matériels et non formels, qui sont en même temps des raisons collectives de vivre justement, sans mutilation et sans domination. C'est l'utopie de l'Aufklärung, la sortie vraie de la minorité. Il n'y a pas non plus dans ce cas d'apologie de la mesure, ni aucun appel à de quelconques renoncements qui permettraient d'accepter la vie comme elle est. C'est au contraire une injonction à suivre la ligne de crête que vise le concept d'humanité ; c'est une autre façon de se sauver, en restituant à la rationalité sa pleine puissance de sensibilité. Ne rien lâcher sur les principes, comme l'écrit Lacan dans *l'Ethique de la psychanalyse*, c'est ne rien lâcher sur la critique, sur la pensée de la vérité. « *Il n'existe qu'une seule expression pour la vérité : la pensée niant l'injustice.* »

L'Odyssée est le récit dialectique de la relation entre émancipation et autorité. La démythification a permis de passer de l'empire du destin à la liberté du déterminisme et de la pensée par raison. Mais, parce qu'elle est restée solitaire, et surtout individualiste, la liberté d'Ulysse est une « robinsonnade », une fausse utopie. Et la vertu du juste milieu une gracieuse méthode pour laisser la violence en l'état, et même la cacher. Dans Homère cependant, l'enfance a gardé sa grâce et sa vitalité heureuse, et les renoncements leurs caractères de modération. Au moment de la tragédie, ces bonheurs ont disparu. Et dans l'après-tragique, tel que Nietzsche situe Euripide, c'est fini. Ulysse s'en sort parce qu'il ne mutile pas sa souffrance, il écoute sa peur, il l'objective et trouve la parade. Médée est de l'autre côté. Parce qu'elle est étrangère et parce qu'elle se situe du côté des dominés. Ulysse a sa place dans la société, toute sa place. Médée n'en a pas. C'est pourquoi elle est capable de transformer sa douleur en fureur, et peut oublier définitivement le malheur ; parce qu'il est insupportable et sans espoir, elle le multiplie à l'infini par des actions sans médiations. « *Il faut bien peu souffrir/pour pouvoir encore ruser et calculer* », rétorque-t-elle à la nourrice dans la tragédie de Sénèque. « *Nature non réconciliée, s'étant aliénée à elle-même* » (54 DR) c'est le moins qu'on puisse dire pour une femme qui utilise ses enfants comme moyen de vengeance. « *Il n'y a d'autre repos pour moi/que dans le spectacle d'un monde s'effondrant pour accompagner ma ruine.* » (Sénèque, fin de la scène 4) La nourrice, – encore du côté de la nature par sa fonction sociale –, n'est pas dupe non plus de cette hypocrisie des morales de la résignation : « *Il faut savoir encaisser les coups les plus rudes/Sans un mot/ rester impassible/ Afin de pouvoir ensuite riposter/ Seule la colère qui se cache est efficace/ Avouer sa haine c'est perdre sa vengeance.* » (scène 2) Jason le traître renchérit. Les caricatures qu'il propose de la modération et du renoncement sont d'une mauvaise foi déconcertante, comme pour montrer leur inutilité et leur collusion avec le pouvoir en place. Dans Euripide il dit à Médée : « *Tu pouvais demeurer dans ce pays et sous ce toit/ si tu te prêtais sans humeur aux décrets les plus forts.* » (vers 448-9) Et quand il tombe dans le piège qu'elle lui a tendu : *« Enfin tu reconnais le parti qui doit l'emporter ! C'est te conduire en femme de bon sens. »* (vers 912-13) Toute visée dialectique a disparu. Les choses sont en place, l'ordre corinthien est confirmé, sans qu'il soit besoin de croire qu'il pourrait être mis en danger. Sénèque est paradoxalement plus lucide : la peur reprend ses droits, la résignation passe en partie du côté du camp des dominants. Jason avoue crûment le fond de sa conduite : « *j'ai peur des rois, des sceptres menaçants.* » (scène 5) On pourrait l'approuver de se plier au règne du plus fort, s'il n'était pas inconscient de la puissance d'une nature capable de se retourner contre lui. Jason à courte vue, qui oriente sa conduite au plus pressé de sa conservation. Médée étrangère, nature mutilée et abandonnée, dans son frisson de terreur, reprend les droits des catastrophes.

Les tragédies de Médée ne ressemblent pas comme l'Odyssée à des rituels d'initiation, de passage à l'âge adulte. Elles confirment que l'enfance est à abattre, et non à transformer. La saga des Argonautes combine les voracités d'un système économique expansionniste, – la légende des exploits des Argonautes et de leurs conquêtes maritimes –, avec les répétitions de meurtres spécifiques. A quatre reprises des enfants sont sacrifiés : Phrixos et Héllè, d'abord. Puis, au début du voyage des Argonautes, la rencontre avec les Lemniennes donne à voir une société où les femmes ont massacré systématiquement les enfants mâles. Episode célèbre ensuite, de celui où, dans sa fuite avec Jason, Médée tue ou fait tuer son petit frère. Enfin Euripide reprend pour le transformer le rite corinthien, souvenir mythique du meurtre des fils de Médée. Tous enfants, tous innocents. Médée sera alors comme une enfance sans destin et sans place.

Sans destin, sans mémoire, sans langue expressive ni vivante, sans patrie, sans mère, sans les bonheurs de la naissance ni du sensible.

Du destin il y en a, pourtant, en apparence. Euripide et Sénèque en rappellent les références : ayant trahi sa patrie, elle sera trahie. Ayant tué son frère, elle tuera ses enfants. Principe d'équivalence : « *L'un pour mon père/L'autre pour mon frère/Le compte y est/J'ai assez de mes deux enfants.* » (Sénèque scène 10) Ses actes, elle les revendique, il s'agit donc bien encore du moment de la liberté tragique et de l'appropriation de soi. Principe de causalité.

Mais cette appropriation s'exprime comme une expropriation. Sénèque surtout en fait état : *« Si dans mon ventre peut se trouver encore quelque fœtus/Je m'ouvrirai le corps d'un coup d'épée/Et j'arracherai l'embryon.* » (Scène 11) Médée est dans la haine de la maternité, et le texte de Sénèque renchérit sur les plaintes de son homologue grecque. C'est qu'elle est d'abord fille de son père. A aucun moment, dans aucune des deux tragédies, le nom ni la présence de sa mère ne sont évoqués. C'est clair dans Sénèque : « *Je brillais autrefois aux côtés de mon père/J'étais une noble héritière/La petite-fille du Soleil/... Noble, heureuse, puissante/Mon rang était celui d'une reine/Je brillais.* » (scène 3) Dans Euripide la référence virile sonne comme un désespoir de plus : *« J'aimerais mieux monter trois fois en ligne/que mettre au monde un seul enfant.* » (Vers 250-51) Son savoir, ses exploits, sa place de grande prêtresse, tout l'a orientée vers la maîtrise de la nature, et la dénégation des plaisirs de l'enfance. Morceau d'anthologie, dans la tragédie d'Euripide, que ces plaintes du chœur qui énumèrent les soucis amenés par la maternité : « *Je dis que ceux qui ne savent pas/ce que c'est que d'avoir des enfants/l'emportent en bonheur sur ceux qui ont postérité.* » (vers 1090-92).... « *Qui voit dans sa maison fleurir ses chers petits/s'use en soucis toute la vie. »* (vers 1069) Etre parent est un métier, un métier ingrat et impossible : adapter au plus vite les enfants à leurs rôles sociaux, sans certitude d'y réussir, tant les hasards malheureux peuvent être nombreux. Education mortifère qui casse le plaisir pour aller vers le devoir. Parent de cœur écrasé par le parent social, le lien filial est dégagé de toute spontanéité, tout entier tourné vers la socialité. Démystification matérialiste de l'amour maternel : « *Ces liens découlent de la peur qu'ont les géniteurs d'être abandonnés dans leur grand âge, et le soin intéressé qu'ils prennent de notre enfance doit leur procurer la même attention durant leur vieillesse* », reprend Adorno citant le personnage de Dolmante, dans *La philosophie dans le boudoir.* (DR p.124) Médée l'avait confirmé : « *Ah ! Je le jure, pauvre de moi, j'avais en vous tous mes espoirs/Vous deviez nourrir ma vieillesse, morte m'ensevelir dignement de vos mains/C'est ce que tous les hommes souhaitent.* » (Euripide 1032-33)

Sans doute dans Euripide la vie sensible sourd à travers son amour maternel : « *mes yeux attendris débordent de pleurs* » (904) « *Contact délicieux/tendre peau, douce respiration de mes enfants* » (1075-76) Et le choeur rappelle la matérialité concrète de la relation : « *Imagine la plaie sur le corps des enfants/imagine le meurtre que tu veux assumer.* » (851-52), Mais les moments de tendresse, la séduction des grâces et des jeux des petits, la remémoration de ses propres plaisirs, enthousiasmes, ancrages qualitatifs dans les diversités multiples d'une nature polymorphe, l'anarchisme utopique, rien de tout cela ne peut plus guider Médée.

Hurlante, dans Sénèque, elle est devenue aphasique ; ce silence de la raison la transforme en animal sauvage : « *tigresse du Gange,* » dans la tragédie latine, lionne « *plus sauvage que la Scylla du détroit tyrrhénien* » dans la grecque (1343) ; et même en puissance minérale « *faite de roc ou bien de fer* » (Euripide 1278).

Expropriée encore dans Euripide, par la nécessité de l'oubli : « *Oublie que ce sont tes enfants* », soliloque-t-elle avant de rentrer dans la maison pour les assassiner. Etre devenue sans mémoire, sinon celle de l'énumération presqu'abstraite de ses forfaits et des serments d'amour. On pourrait appliquer à la Médée de Sénèque les pages adorniennes du fragment « *l'homme et l'animal* » : « *Chaque animal fait penser à un désastre effroyable qui aurait eu lieu dans des temps immémoriaux.* » (DR p.270) « *L'animal répond à son nom et n'a pas de moi, il est renfermé sur lui-même et cependant exposé à l'extériorité, une contrainte succède à l'autre, aucune idée ne la transcende.* »(p.269) Médée aphasique, oublieuse d'elle-même, devenue mythique et abstraite, ne sait plus travailler dans l'ordre du concept. Inconsolée, inconsolable, elle n'a plus aucun sens d'un bonheur qui aurait été possible : « *Pour que le bonheur se matérialise, qu'il concède la mort à l'existence, il faut une mémoire susceptible d'identification, une connaissance apaisante, l'idée religieuse ou philosophique, bref le concept… Pour échapper au vide lancinant de l'existence, il faut une capacité de résistance à laquelle le langage est indispensable.* » (DR p.269-70) Médée devenue par orgueil sans médiation, sans critique et sans concept, est aussi sans origine, sans secours et sans patrie.

Elle n'a de place, ni dans son pays d'origine, ni dans son pays d'accueil, ni dans le cœur de Jason, ni dans celui de ses enfants, qu'elle doit renier. Pur éloignement, pure abstraction. Elle est devenue terroriste quand elle a pu tuer en elle ses fragilités et ses peurs, quand elle a pu se séparer de sa jeunesse pour la remémorer seulement sous la forme de la rupture violente et transgressive. Voici donc que « *la survivance de la nature dans le sujet* » revient sous la forme toute puissante de la destruction. Parce que Médée est femme, du côté sans médiation des dominés, et que par sa nature elle refuse cette place, elle fait exploser la logique : puisqu'elle ne peut être ni dominante ni dominée, ni homme ni femme, ni épouse ni vierge, il faut qu'elle soit ailleurs, ou nulle part, ou dans le retour spectaculaire de ce qui échappe aux ruses de l'intelligence. Nature sauvage et non domestiquée, elle a mis côte à côte et dans le même mouvement l'extrême puissance et l'extrême impuissance. Médée n'a pas changé les représentations de la nature qui ont déterminé la nécessité de la lutte à mort. Mythe sans pardon, sans retour, sans expiation. Sa puissance, savante et magique à la fois, l'identifie à la nature archaïque, elle amplifie le cri de terreur qu'elle arrache à ses victimes et s'interdit l'angoisse qui aurait pu empêcher l'extermination finale. Médée « *tête de mort.* » Quand manquent la nature et l'enfance l'humain ne peut s'atteindre que dans un catastrophique anéantissement, aurait rappelé Adorno.

CHAPITRE 5
ULYSSE, LES FEMMES ET LE LIT DE MEDEE

Nietzsche et les Sirènes

Dans l'Odyssée l'épisode des Sirènes confirme cette dialectique tragique des abandons du sensible et des tendresses maternelles. On ne sait pas, écrivent Horkheimer et Adorno, ce qu'il advient des Sirènes après que le bateau d'Ulysse est passé sans dommage devant leur île. Peut-être la même chose qu'à la Sphynx après la réponse d'Œdipe. La nature vaincue abandonne son droit, – qui est toujours le droit de faire mourir –, elle est domptée. Les mères et les femmes se soumettent aux hommes.

A quelles inexorables tentations ces bêtes mythiques soumettent-elles les navigateurs ? *« Viens ici ! Viens à nous ! Ulysse tant vanté l'honneur de l'Archaïe !... Arrête ton croiseur, viens écouter nos voix. Jamais un noir vaisseau n'a doublé notre cap, sans ouïr les doux airs qui sortent de nos lèvres ; puis on s'en va content et plus riche en savoir, car nous savons les maux, tous les maux que les dieux, dans les champs de Troade, ont infligé aux gens et d'Argos et de Troie, et nous savons aussi tout ce que voit passer la terre nourricière. »* (Odyssée, chant XII) La voix des Sirènes est la voix du savoir ; un savoir absolu venu du fond des âges et diffusé par des figures matriarcales. Savoir qui enveloppe les souvenirs des bonheurs et malheurs passés, puis ensorcelle les marins et les guerriers pour les sacrifier ; le rivage des Sirènes est *« tout blanchi d'ossements et de débris humains. »* Ulysse va se tirer d'affaire grâce à une terrible ruse, dont il faut souligner qu'elle est suggérée par Circé, une autre femme. Attaché au mât du navire, il pourra écouter le chant, – il sait que jamais rien d'autre ne pourra lui procurer autant de plaisir ni de douceur nostalgique –, alors que les matelots dont il a bouché les oreilles continueront à ramer. Il faut « *fuir les Sirènes, leur voix ensorcelante et leur prairie en fleurs* », ordonne-t-il aux matelots ; *« seul, je puis les entendre ; mais il faut que, chargé de robustes liens, je demeure immobile, debout sur l'emplâture, serré contre le mât, et si je vous priais, si je vous commandais de desserrer les nœuds, donnez un tour de plus.* » La verticalité patriarcale du maître va ainsi sauver l'humanité de ses pulsions suicidaires, autrement dit des désirs lancinants d'absolu, connaissance et réconciliation avec ce qui a été perdu. Pour autant le désir n'est pas supprimé. Il est ligoté. Ulysse sera tenté, et se sera débrouillé pour ne pas en mourir.

Nietzsche oppose Homère et Archiloque, poésie épique d'un côté, poésie lyrique et chanson populaire de l'autre. Homère le « naïf », l'« apollinien » est à l'écoute des images qu'il raconte, mais il s'en distancie, leur donne une succession temporelle logique qui les rend objectivables. Homère-Apollon ne pourrait pas exister sans la séduction des Sirènes. Car leurs poèmes garantit la permanence de la beauté du monde. Mais il ne succombe pas, et, dira Adorno, il confirme *» l'ordre patriarcal, qui ne restitue la vie de chacun qu'en échange de sa pleine mesure du temps.* »(DR p.49) Au contraire du lyrisme, du caractère strophique des chansons populaires, la tradition orale, l'art apollinien oriente et domine la force dionysiaque, la bigarrure, les métamorphoses, les fulgurations imitatives d'une terrible mère – nature, dont la voix est la manifestation du génie du monde « *qui exprime symboliquement sa douleur originaire.* »[84] L'extase dionysiaque « *détruit les limites et les frontières de l'existence, contient, aussi longtemps qu'elle dure, un élément léthargique où vient s'engloutir tout ce qui a été personnellement vécu dans le passé.* » (...) « *En ce sens l'homme dionysiaque s'apparente à Hamlet. L'un comme l'autre, en effet, ont, une fois, jeté un vrai regard au fond de l'essence des choses, tous deux ont vu, et ils n'ont plus désormais que dégoût pour l'action. C'est que leur action ne peut rien changer à l'essence immuable des choses, et ils trouvent ridicule ou avilissant qu'on leur demande de réordonner un monde sorti de ses gonds. La connaissance tue l'action, parce que l'action exige qu'on se voile dans l'illusion.* » Quelle image d'une maternité essentielle, engloutissante, absurde, immuable ! L'éternité de ses lois, le savoir qu'au fond aucune action ne peut rien changer, tout cela, dit

[84]Nietzsche *La naissance de la tragédie enfantée par le génie de la musique*, op.cit. ch. 7 p.69-70.

Nietzsche, a besoin de l'esprit apollinien « *comme un magicien qui guérit et qui sauve* ». Le pessimisme engendré par la connaissance de cet éternel retour des mêmes souffrances, deviendra supportable grâce au remède protecteur de l'art. *Or c'est ici, dans cet extrême danger qui menace la volonté, que survient l'art, tel un magicien qui sauve et qui guérit. Car lui seul est à même de plier ce dégoût pour l'horreur et l'absurdité de l'existence en représentations capables de rendre la vie possible.* » C'est du fond de l'épouvante devant l'indistinction de la vie, épouvante mêlée de désir et de jouissance, que naît le chant épique, et qu'il ira jusqu'à la tragédie. Face au génie de la nature se dresse celui de l'artiste, premier sujet, première conscience active qui transfigure la beauté du monde dans la « belle apparence » des figures de la culture. Ulysse le rusé, le maître de la mesure, de la maîtrise de soi représente en un sens ce pouvoir de l'artiste capable d'entendre le mugissement dionysiaque du monde originel, et de ne pas en mourir. Contre « *l'éternelle souffrance primitive, unique fondement du monde »* qui oblige régulièrement à l'ivresse dionysiaque, à l'abandon et à la pulsion de mort, Ulysse sauve sa vie. Il la sauve des murmures de la tendresse, des emportements de la folie, il fait passer la fascination imitative du chant dans les images et les concepts du récit de ses victoires. L'art d'Homère, par une cruauté nouvelle, construit la « *belle apparence* » des œuvres civilisées. La cruauté est devenue imagination, elle a découpé le corps du langage, des voix, des bruits, des sonorités, de l'expérience sensible. Le souvenir nostalgique du chant des Sirènes n'empêchera pas le travail ni l'action. La beauté artistique peut mettre en ordre le sublime de la nature, et associer à sa terreur la jouissance de la vie civilisée. Dionysos donne la démesure de la douleur humaine devant les terreurs et les pulsions de l'existence, Apollon construit la mesure de leur expression. Mesure qui se traduit dans l'art, dit encore Nietzsche, et dans la première architecture dorique du monde homérique. « *Je ne puis m'expliquer l'Etat et l'art dorique autrement que comme un camp retranché permanent de l'apollinien.* » Cet art dorique, farouche, arrogant, fermé dans ses bastions, corrélatif d'une éducation rude et guerrière, d'un régime politique cruel et brutal, représente la « *victoire toujours plus affermie d'Apollon sur Dionysos, de la belle apparence contre ce qui la fonde, des beautés de l'existence contre ce buisson d'épines dont elles sortent.* » Mise en bride des émotions et de l'enfance, refus volontariste de toutes les régressions, la vie de l'esprit va se subordonner aux tâches pratiques de transformation du monde.

En ce sens le couple Apollon-Dionysos pourrait démystifier le couple que forment Ulysse et les Sirènes. Car Nietzsche insiste sur le caractère inséparable des forces du premier. L'art apollinien sauve l'émotion, – terreur et jouissance à la fois –, en faisant passer le chant, de voix de nature qu'il était, bruit sans signification, à la culture et au travail. Il ne le fait pas disparaître. Que serait la culture sans la réserve de la nature ? Dionysos est nécessaire au panthéon olympien. Car son essence titanesque et barbare, irrationnelle dans son principe, en provoquant l'effroi, amène le principe apollinien comme sa conséquence, mais aussi sa cause : c'est la menace de la destruction de la subjectivité naissante qui crée quelque chose qui précéderait cette subjectivité ; c'est le malheur de la solitude de la conscience qui invente l'ivresse du démembrement. *« Apollon se dresse devant moi comme le génie transfigurateur du principe d'individuation par qui s'opère la rédemption de l'apparence, tandis que l'appel mystique de la jubilation dionysienne brise la geôle de l'individuation, ouvrant la voie qui conduit aux Mères de l'être, au cœur intime de la réalité. »*[85] Mères de l'être, cœur intime de la réalité, la figure féminine hante Dionysos, comme elle hante Homère dans le récit de l'Odyssée. « *Soyez comme moi ! Je suis la Mère primordiale qui crée éternellement sous le flux changeant des phénomènes, qui contrains sans cesse à l'existence, qui me réjouis sans fin de ces métamorphoses !* »[86] Mère primordiale capable de se diviser en infinité d'individus séparés, et de les réengloutir, comme la mer, au rivage, crée la multitude des gouttes de l'écume pour les ramener ensuite au repos de l'unité retrouvée. Cette Mère primordiale, cette archi-Mère que Nietzsche invoque pour magnifier les terribles violences de l'existence, celle de l'esprit dans sa relation à la naturalité, la sensibilité, la matière, l'animalité, c'est la mère perdue qui jette et qui rassemble dans un mouvement de flux et de reflux tous les enfants du monde. L'ivresse dionysiaque et le rêve apollinien sont associés dans une réconciliation impossible et cruelle de la nature et de la culture. Réconciliation sur fond

---

[85] Nietzsche ch.16 p 110.
[86] id. p.115.

d'infinie compassion, dit Nietzsche. Supériorité archaïque du chant des Sirènes.

Le chant, la musique et la voix

On peut imaginer combien est prégnant ce mythe nietzschéen d'un Dionysos féminin, maternel, terrifiant et séducteur, et on comprend bien les raisons qu'a Ulysse de le désensorceler. L'absurdité de l'existence, où la naissance n'aurait de sens que d'avoir à mourir, Adorno la retrouve sans doute dans le pouvoir d'émouvoir qui est celui de la nature, et que les hommes ont toujours voulu imiter, dans une blessure qui témoigne à la fois de leur séduction passée et de leur sauvetage. « *Tous les chants ont une blessure* », écrit-il : « *Depuis la rencontre heureusement manquée d'Ulysse et des Sirènes, tous les chants ont une blessure, et la musique occidentale tout entière souffre de l'absurdité que représente le chant dans la civilisation, ce chant qui proclame néanmoins le pouvoir de tout art musical, le pouvoir d'émouvoir.* » (DR p.73) Le chant c'est la voix, la voix c'est le corps, la matière, le sensible ; or le sensible passe, il n'est réductible à aucun texte, il meurt aussitôt exprimé, et reste dans le souvenir nostalgique et douloureux du refus de sa disparition ; douleur, mais aussi appel au bonheur, le sensible est l'irréductible de l'esprit ; c'est pourquoi Ulysse, qui ne veut pas de nostalgie, ne sera jamais heureux… Expression de la « nature », le bruit de la voix est contradictoire, d'autant plus dans nos civilisations techniciennes et conquérantes. Il est le non-sens de nos musiques, qui pourtant ne pourraient émouvoir sans son évocation : « *absurdité que représente le chant dans la civilisation, ce chant qui proclame néanmoins le pouvoir de tout art musical, le pouvoir d'émouvoir.* » Absurdité qu'un chant puisse dire quelque chose, et couvre ainsi le principe inarticulé de chaque son. Quand les Sirènes, femmes-oiseaux, naturalités matriarcales et dionysiaques se mettent à parler, pour séduire les matelots, que pourraient-ils entendre, sinon le chant de la souffrance et de la nostalgie ? Chant du passé, du malheur, des ruines de la guerre. Chant d'équilibre entre les morts, ceux d'Argos et ceux de Troie. Paroles de l'infinie déception devant l'éternelle répétition du mal, révélation de l'absurdité de l'histoire et des séparations : à quoi servent les créations, les transformations, les soi-disant progrès, si ce n'est pas à abolir les souffrances, et s'il s'agit seulement d'en transformer les figures ? Chant qui appelle à arrêter l'action, puisqu'il n'y a rien de nouveau sous le soleil, et qu'on peut tout savoir jusqu'à la fin des temps. C'est pourquoi le rivage des Sirènes est parsemé de cadavres guerriers : le héros meurt d'avoir reconnu le caractère illusoire de ses victoires et l'essence immuable des choses. Ulysse a besoin d'écouter le fond dionysiaque des musiques populaires, mais il sait aussi qu'il faut combattre ce désir délicieux du retourner à l'Unité Originaire. Les Sirènes sont comme les Lotophages : préhistoire de l'humanité et de l'inconscient où l'odeur des fleurs et le chant des oiseaux nous font oublier que nous ne sommes pas des bêtes. « *Pensées sauvages* », aurait pu dire Levi-Strauss, pensées mortelles. Ce bonheur est inadmissible pour Ulysse l'industrieux, qui s'est guéri, dans les épreuves qui ont construit son identité, de cette nostalgie d'un paradis où tout est facile, licite, sans risque, où le bien et le mal se mesurent aux seuls plaisirs des sens, et à l'innocence de l'amour. Il a cassé l'appel à l'indivision primordiale, il est resté vivant. Mais vivant, il garde la blessure de la séparation. Il est le *polumétos,* l'homme aux mille ruses, qui a appris que pour vivre libre, il faut être patient et obstiné, il faut séparer, diviser, renoncer, travailler et faire travailler. Il sait qu'on ne peut spontanément échapper au rêve de bonheur et de réconciliation. Il sait qu'il ne peut « *écouter librement les ensorceleuses, en s'imaginant que sa liberté* (naturelle, ou spontanée, faudrait-il ajouter) *serait une protection suffisante.* »(DR p.72) Sa folle curiosité, son désir de voyage et de vagabondage doivent être associés à une posture qui les bride : posture verticale de raison et de domination. Posture masculine, qui marque la subordination de l'émotion, car celui qui s'y complaît ne peut ni travailler ni créer. Même si rien n'existe sans elle, il faut que l'homme la relègue du côté féminin de la conscience. La voix, le sensible, le temps sans chronologie, sont mis du côté des femmes, de la naissance, de l'enfance, de l'impuissance. Le danger des Sirènes est surmonté, la culture prend acte de son éloignement. La rencontre a été « *heureusement manquée.* » Dans la musique occidentale, notent les auteurs, le chant est toujours nostalgie : la mélodie chantée évoque l'espoir d'une réconciliation impossible avec le monde. Car la voix, c'est le corps, et le corps est d'une certaine façon aussi le produit des images de la conscience ; dans chaque culture il oriente sa naturalité vers une esthétique particulière, religieuse ou maternelle : le refus de mourir, ou l'acceptation du fait d'être né. L'art de la voix serait donc, parmi les arts musicaux, celui qui manifeste le plus universellement cette nostalgie et cette contradiction, refus de la mort, angoisse d'être né, situation du temps. La voix comme instrument naturel de l'âme. C'est aussi bien ce que disait Nietzsche, en tirant à lui l'aspect patriarcal de toute sublimation : *« Mais si tu ne veux pas pleurer, pleurer jusqu'à l'épuisement ta mélancolie de pourpre, il faudra que tu chantes, ô mon âme ! – Vois-tu, je souris même, moi qui t'ai prédit cela : – chanter d'une voix mugissante, jusqu'à ce que toutes les mers deviennent silencieuses, pour écouter ton grand désir. »* [87]

Or le chant des Sirènes n'exprime pas l'âme virile d'une « *mélancolie de pourpre* », elle serait plutôt le « *miroir musical du monde, mélodie originelle à la recherche d'une manifestation onirique qui lui soit parallèle.* » [88] Et c'est en quoi il est mortel, confondant sans médiation possible régression et absolu. Ce désir terrible, qui signe l'illusion, – ou bien la désillusion ? – d'une terre promise, serait-il désir d'enfance, désir attribué au territoire féminin, fait de réceptivité heureuse, et irresponsable ? Ulysse a été séduit, mais a construit un stratagème pour ne pas succomber. Le plaisir féminin a trouvé un maître, la joie durable et masculine de dominer et d'agir. La pulsion refoulée dans le chant mythique se réveille et se plaint. Car elle est dominée, réprimée par une idéologie héroïque destinée à la détruire. En même temps peut succomber un autre imaginaire : celui d'un art porteur de vitalité et de transformation pratique, d'une nature réconciliée, d'un sensible thaumaturge.

Ni le corps ni l'esprit ne sont les maîtres l'un de l'autre, mais des moments dialectiques et historiques de la subjectivité. De même que le corps a été historiquement constitué par la culture, le travail, et l'oppression des dominations successives, qu'il exprime cette histoire et qu'il y résiste aussi dans ses impulsions, ses souffrances et ses plaisirs, de même l'esprit, qu'il soit art ou connaissance,

---

[87] Nietzsche, *Ainsi parlait Zarathoustra* livre III, in *Œuvres,* R. Laffont, éd. Bouquins, tome 2 trad. H. Albert, révisée par J. Lacoste p 461.
[88] Nietzsche, *Naissance de la tragédie*, op.cit., ch.6 p.62.

devrait *« être médiatisé en lui-même, comme esprit autant que comme non-esprit. »* (DN p.158) En ce sens, *« l'adieu à l'existence endurcie en elle-même est dans l'esprit l'origine de ce en quoi il se distingue du principe de domination de la nature en lui. »* (DN p. 306)

Art et technique, division du travail

La légende des Sirènes peut être lue aussi comme une allégorie de la division technique du travail. Les matelots accomplissent leur travail *« sans espoir, tous leurs sens obstrués de force.* » (DR p.51) Ulysse les empêche d'exercer le sens de ce qui est beau, gratuit, ludique, enfantin : « *alertes et concentrés, ceux qui travaillent doivent regarder droit devant eux et ignorer ce qui se trouve à leur côté. Ils doivent sublimer en efforts supplémentaires l'instinct qui les entraîne vers la diversion. »* (DR p.50) C'est pourquoi sans doute ils sont si peu revendicatifs, et ne le sont que par rapport à l'utilité économique de leur survie. « *La voie de la civilisation est celle de l'obéissance et du travail, sur laquelle l'accomplissement ne luit jamais que sous forme d'apparence, de beauté impuissante. Celui qui veut survivre ne doit pas prêter l'oreille à la tentation de l'irrévocable et ne peut survivre que s'il ne parvient plus à l'entendre.* » (DR p.49) Ulysse sauve sa vie en fuyant ce monde maternel qui, promettant l'hommage à tous les morts et le savoir du monde, empêche le réalisme de l'action. *« L'homme rusé ne survit qu'au prix de son propre rêve. »* (DR p.71)

Quand il raconte ses aventures à la cour d'Alkinoos, Ulysse est aussi un aède, il travaille, il construit le récit, il sait prendre distance. De même il agit cruellement sur lui-même, en s'attachant au mât, en serrant ses liens au fur et à mesure que son désir grandit, en refusant le bonheur suicidaire que lui procurerait l'appel de la régression. Il croit que le désir ne doit pas être père de la pensée. Il veut s'éloigner de l'émotion souveraine qui le ferait disparaître dans les rets d'une réconciliation prétendue avec une mère archaïque et assassine. Les Sirènes ont chanté, Ulysse en a été bouleversé, mais le gouffre délicieux et mortel disparaît comme un mirage avec les avancées du navire et le retour vers le souci technique de la survie en mer. Ainsi dans la division du travail, le patron est enchaîné aussi à son rôle ; il a trop peur du monde sensible, et d'autant plus qu'il en est séparé dans sa fonction de commandement, pour imaginer à son tour un monde où l'art trouverait, à côté de la philosophie, une place majeure dans l'accès à sa vérité. Il reste capable d'écouter, mais « *n'est plus en mesure de sortir de son rôle social. Les liens au moyen desquels il s'est irrévocablement enchaîné à la pratique, tiennent en même temps les Sirènes à l'écart de la pratique.* » (DR p.50) Adorno rajoute : « *leur charme est neutralisé et devient simple objet de contemplation, devient art. C'est ainsi que la jouissance de l'art et le travail manuel se scindent à la fin de l'ère préhistorique.* » (même page) Lorsque Marx affirmait qu'il s'agissait maintenant de transformer le monde, en refusant d'avoir à séparer théorie et pratique, peut-être avait-il en tête ce rêve où les Sirènes ne seraient plus aussi dangereuses que la mythologie le prétend, où leurs voix de femmes et de mères pourraient porter, en même temps que le malheur du monde, le découragement devant les échecs répétés, le désespoir face aux cruautés victorieuses du temps humain, une émotion radicale capable de relancer l'utopie et les efforts des patientes tentatives de réduction des injustices. Ulysse a vaincu les Sirènes, plus encore qu'Apollon bridant les folies de Dionysos. Mais son émancipation a un goût amer, car, corrélative de la subordination de la sensibilité au calcul logique, ou du corps à l'esprit, – on dira aussi du féminin au masculin –, elle sépare l'émotion esthétique des nécessités de la survie, et conduit à croire que l'art n'est plus qu'un simple divertissement. Adorno le dit, les ruses d'Ulysse sont des ruses de positiviste : il fait tout ce qu'il faut pour ne pas succomber aux sirènes du rêve, de l'imagination, il prône le réalisme, l'efficacité, la distance effective, l'expérimentation rigoureuse et contrôlée. Ruses qui lui paraissent nécessaires, certes, puisque la survie en est le prix.

Positiviste, oui, sans doute, mais pas tout à fait. Dialectique de la Raison : Ulysse comprend aussi ce qu'il pourrait perdre s'il se bouchait lui aussi les oreilles. Il ne veut supprimer ni l'aventure ni ses plaisirs, il va se débrouiller pour la vivre d'une façon telle qu'il prévoit d'en vaincre les dangers qu'il suppose mortels. Ce faisant, disent Adorno et Horkheimer, il se donne une subjectivité, sa volonté devient son identité. Dialectique de la rigidité et de la souplesse, d'une virilité confirmée par la sédentarité patriarcale et d'un nomadisme poétique à l'écoute de toutes les rumeurs du monde. Sa ruse lui permet de succomber, comme n'importe qui, à ces promesses utopiques, celles de la réconciliation de l'innocence et du savoir, de la nature et de la civilisation, et pourtant de n'en pas mourir. Ulysse déchaîné n'aurait pas pu se sauver. Les pièges de la beauté, celle qui nous amène à la limite des expériences de bonheur, celle qui pénètre l'intimité, et la fait exploser, celle qui fascine, celle qui nous entraîne vers les profondeurs mystérieuses et les vertiges de la jouissance, se referment sur celui qui en pénétrerait entièrement et seul la nostalgie, si tant est qu'il veuille rester dans le contexte de la croyance naturaliste à la nécessaire domination de l'esprit sur la nature. Ulysse construit son identité dans l'opposition à ce qui le met en danger. Qu'il y ait du danger, c'est sûr. La relation à l'autre, nature, étranger, compagnon même, est toujours dangereuse et risquée, d'autant que la disproportion des forces est quelquefois évidente ; mais l'autre est aussi indispensable et secourable. Cette ambivalence inévitable, Ulysse l'a transformée en affrontements victorieux. Son goût de l'aventure est corrélatif de ce qu'il apprend, et il apprend à devenir le maître. Voir l'autre, ou l'ailleurs, comme a priori dangereux ou hostile, et seulement cela, c'est nécessairement chercher à le dominer, le vaincre, et c'est alors reproduire dans ses actes l'attitude qu'on supposait être la sienne. Ulysse se sauve en construisant un monde de barbarie dont il pourra triompher grâce à son ingéniosité, sans voir que ce monde qu'il domine n'est barbare que dans la structure qu'il invente de son rapport à lui. Le mythe construit la figure légendaire, dieu, monstre, élément tout-puissant, comme figure de coercition, figure qui impose la domination. La rigidité d'un « soi » identique à lui-même se construit contre cette coercition, mais la reproduit dans sa volonté naissante, volonté séparatrice et hiérarchisante. *La dialectique de la Raison* pourrait le répéter sans arrêt : *« Toute tentative ayant pour but de briser la contrainte exercée par la nature en brisant cette nature n'aboutit qu'à une soumission plus grande au joug de celle-ci. C'est ainsi que la civilisation européenne s'est égarée.* » (DR p.30 déjà cité chapitre 1) La peur, la haine, et le besoin de dominer expriment cette passion primitive qui montre à quel point sous les habits de l'homme « civilisé » se cachent les mêmes soumissions aux contrats ancestraux : « tu obéis, et tu meurs. » « Tu travailles, tu te soumets, tu t'adaptes, et tu t'oublies. »

Jason, Orphée, Kafka et les Sirènes

La légende des Sirènes, après Homère, a eu de nouveaux rebondissements. Deux textes amplifient et confirment les hypothèses de *La dialectique de la Raison*, en accentuant dans un cynisme plus tragique l'impuissance de la beauté nostalgique. Effets historiques d'une division du travail de plus en plus impérieuse et anonymante ?

Un autre navire a passé devant leurs rochers, et en a réchappé, sans même en apparence avoir rien eu à sacrifier. Celui des Argonautes. Orphée a couvert de sa lyre le bruit du chant maléfique : les Sirènes ont été battues sur leur propre terrain, la musique des hommes a vaincu le chant des oiseaux. Voici comment, cinq siècles après Homère, dans *Les Argonautiques*, Apollonios de Rhodes transcrit l'épisode. Il s'agit là de reprendre, sur le ton épique, les aventures de Jason et de ses compagnons. Les quelques lignes consacrées aux Sirènes rassemblent tout le « progrès » effectué par la civilisation vis-à-vis des figures légendaires : *« Pour les héros aussi, sans vergogne, leur bouche* (celle des Sirènes) *faisait entendre une voix de cristal et, de la nef, ils s'apprêtaient déjà à jeter les amarres sur la grève, si le fils d'Oiagros, Orphée le Thrace, n'avait tendu de ses mains sa cithare bistonienne ; il entonna sur un rythme rapide un air allègre pour brouiller leur chant en assourdissant les oreilles sous les coups du plectre : la force de la cithare triompha de la voix virginale. »* [89] Les chants maléfiques sont ainsi conjurés. Ici, tous les matelots, et pas seulement Jason, en démocrates qu'ils agissent, entendent les Sirènes. Nuls bouchons de cire, nulle corde à lier. Ce n'est pas qu'il n'y ait pas de danger : un des marins, d'ailleurs, se jettera à l'eau. Mais Orphée est capable, en « *assourdissant les oreilles* », de couvrir leur voix. Sommes-nous déjà projetés au temps de l'amplification acoustique des instruments contemporains, et s'agit-il de la manifestation sonore du « *retrait de l'art* » comme Adorno aimait à le stigmatiser, dans sa critique féroce de la production musicale de masse ? Interprétation iconoclaste, mais cohérente avec ce retrait du mythe propre aux époques hellénistiques. C'est bien au prix de

[89] Apollonios de Rhodes, *Argonautiques IV*, 907-909, trad. Emile Delage, Paris, Les Belles Lettres,2009.

l'émotion que la raison technicienne peut progresser vers des lendemains plus sûrs. De sorte que le pauvre Orphée couvrant le bruit des Sirènes, éloigne pour toujours aussi les risques de l'amour, étant davantage préoccupé, comme Ulysse, de la conservation de sa vie, que du mouvement incertain de sa sensibilité. Au IIIème siècle on connaît les mythes pour ce qu'ils sont, dans le meilleur des cas une mémoire imaginaire collective, dans le pire, comme aurait dit Platon, des contes pour nourrices. L'aura de l'œuvre d'art a disparu ; la sorcellerie esthétique est déjà passée du côté du marché financier. Le plaisir n'est apparemment plus mortel, tant qu'il reste «*prude et pornographique*». *« L'industrie culturelle ne sublime pas, elle réprime. En exposant sans cesse l'objet du désir, le sein dans le sweater et le torse nu du héros athlétique, elle ne fait qu'exciter le plaisir préliminaire non sublimé que l'habitude de la privation a depuis longtemps réduit au masochisme… Les œuvres d'art sont ascétiques et sans pudeur, l'industrie culturelle est pornographique et prude.* »(DR p.149) D'« *ascétique et sans pudeur* », la lyre d'Orphée a rejoint la répression de l'élan amoureux, comme dans l'épisode de l'Odyssée où Ulysse empêche Circé de le transformer en pourceau. Faut-il voir dans cet épisode la fin heureuse des sacrifices ? N'y aurait-il pas au contraire sa dissémination ? Couvrir le chant des Sirènes, casser la nostalgie, n'est-ce pas installer des mécanismes coercitifs sur soi-même pires encore que ceux par lesquels on affronte le danger en prenant la mesure de sa puissance ? L'inconscience de « *la survivance de la nature dans le sujet* » n'induit-elle pas des conduites d'indifférence et de froideur qui rendraient la culpabilité et la mélancolie presque désirables ? La cithare d'Orphée, devenue plus violente que la peur de la nature qu'elle est destinée à couvrir, pourrait bien symboliser « *le pouvoir du système sur les hommes (qui) augmente à mesure qu'il les éloigne de l'emprise de la nature.* » (DR p.54) L'industrie du divertissement fait oublier que l'art véritable cherche l'émancipation, et n'a rien à voir avec les accents mensongers des fausses victoires ou la consommation de plaisirs ne servant en réalité qu'à respirer un peu pour reproduire plus tard sa force de travail. *« Chaque manifestation de l'industrie culturelle inflige aux victimes une fois de plus sans la moindre équivoque la démonstration de la frustration permanente imposée par la civilisation.* » (DR p.150) Ulysse savait qu'il frustrait une partie de sa passion amoureuse, Jason et ses compagnons n'en ont même plus conscience, puisque, les oreilles ouvertes, ils n'entendent presque plus le chant de la nature, recouvert par les bruits de la cithare.

Mais tout n'est pas désespéré. Les Sirènes, nature et histoire mêlées, ont plus d'un tour dans leur sac, et Kafka retrouve, dans le conte revisité, la dialectique de l'œuvre d'art véritable et de la fausse culture, de l'émancipation et de la domination.[90] Dans son histoire, les Sirènes se souviennent qu'un bateau a déjà échappé, avant Ulysse, à leurs sorcelleries, « *cet Argo, que partout vont chantant les aèdes.* » (chant 12 de l'Odyssée) Elles savent aussi quel homme industrieux est Ulysse. Alors elles aussi inventent une ruse, plus terrible, croient-elles, que les siennes : pour vaincre Ulysse, son désir d'entendre et d'écouter, elles imaginent de devenir silencieuses. Silence terrifiant, qui promet la disparition des mères. Mais elles ne savent pas qu'Ulysse a changé son projet : lui aussi se sera bouché les oreilles, passant volontairement et définitivement du côté de la culture, ignorante de ce qu'elle perd si elle n'entend plus. Il faut lire tout le texte, pour apprécier l'humour ravageur, austère et impudique, qui transforme les bêtes mythiques en amoureuses abandonnées : « *Elles ne voulaient plus séduire, elles ne voulaient que retenir le plus longtemps possible au vol le reflet des grands yeux d'Ulysse.* »

La fable commence par la morale de la fin, puisqu'aussi bien tout est cul par-dessus tête : *« Comme preuve que des moyens insuffisants, puérils même, peuvent servir de salut.* » Quelles que soient les forces du destin et du malheur, on peut espérer que les hasards imprévisibles et les ruses de l'intelligence joueuse pourront permettre de continuer à naviguer. Qu'importent les outils, ou même le désarroi technique, pourvu qu'on garde son âme d'enfant. « *Pour se préserver des Sirènes, Ulysse se boucha les oreilles avec de la cire et se fit enchaîner au mât. Tous les voyageurs, sauf ceux que les Sirènes attiraient de loin, auraient pu naturellement depuis longtemps faire de même, mais le monde entier savait que cela ne pouvait être d'aucun secours. La voix des Sirènes perçait tout et la passion des hommes séduits eût fait éclater des choses plus solides que des chaines et un mât.* » Ainsi domine pour nous pauvres adultes le

---

[90] Kafka, *Le silence des sirènes*, trad. Marthe Robert, in *Récits et fragments narratifs*, *Œuvres complètes*, Bibliothèque de la Pléiade, p 542-543.

pouvoir maléfique de la croyance au destin, ou aux répétitions des forces diaboliques des enchantements et aliénations. Le monde entier le sait, mais pas Ulysse. Car ses prétentions orgueilleuses, Kafka va les rabattre sur le génie inventif et indestructible de son enfance. « *Mais bien qu'il en eût peut-être entendu parler, Ulysse n'y pensait pas. Il se fiait absolument à sa poignée de cire et à son paquet de chaînes, et tout à la joie innocente que lui procuraient ses petits expédients, il alla au-devant des Sirènes.* » Ulysse Aufklärer et intrépide, dans cet état de dénuement extrême qui est le sien, seul au milieu des mers, croit, comme tous les enfants heureux, au caractère indestructible de sa vie. Car il est aimé de presque tous les dieux, – même si de fait ils ne sont plus là pour le protéger –, de sa mère, – morte de chagrin de l'avoir pensé mort –, et de Circé, – qui l'a prévenu des maléfices des Sirènes. Alors, entouré de sa certitude, de sa ficelle et de ses bouchons, s'imaginant vainqueur, il déjoue le destin.

« *Or, les Sirènes possèdent une arme plus terrible encore que leur chant, et c'est leur silence. Il est peut-être concevable, quoique cela ne soit pas arrivé, que quelqu'un ait pu échapper à leur chant, mais sûrement pas à leur silence. Au sentiment de les avoir vaincues par sa propre force et à l'orgueil violent qui en résulte, rien de terrestre* ne *saurait résister.* » La nature, éloignée jusqu'au silence et en apparence soumise ne dit jamais son dernier mot. Les hommes ne sont pas des dieux, le sensible en eux surgira à nouveau, sous la forme cette fois de l'autodestruction. La haine, dit Adorno, est la face négative de la réconciliation. L'orgueil de la puissance amplifie la haine et conduit à la mort. Le silence des Sirènes est plus terrible que le chant, car il fait croire à un impérialisme sans limites : « *haine d'une pensée débridée qui échappe à l'emprise de la nature et reconnaît qu'elle n'est que le frisson de terreur de cette nature devant elle-même,* » écrit *La dialectique de la Raison* (p. 56).

La ruse des sirènes est donc terrible : il s'agit de dérouter l'adversaire, de le dominer en lui faisant croire qu'il n'y aura plus jamais de poésie, de chant, de musique et de beauté, ce à quoi ne s'attend personne habitué aux répétitions du cycle du destin, accompagnées des chants nostalgiques de la réconciliation. Donc : amplifier la terreur. Kafka en est stupéfait, et va relever les nouvelles puissances de l'enfance, car dans son histoire ni Ulysse, ni les Sirènes ne disparaîtront. De même que le petit-fils de Freud joue avec la bobine, Ulysse s'amuse de ses chaînes et de ses bouchons d'oreille ; méprise et quiproquo sauveront le héros. « *Et de fait quand Ulysse arriva, les puissantes Sirènes cessèrent de chanter, soit qu'elles crussent que le silence seul pouvait encore venir à bout d'un pareil adversaire, soit que la vue de la félicité peinte sur le visage d'Ulysse (qui ne pensait à rien d'autre qu'à la cire et aux chaînes) leur fit oublier tout leur chant.* » Le héros polumétos et poète garde une confiance infinie, comme est celle des enfants, dans ses capacités à faire que le plus faible se transforme en plus fort. En ce sens, bien que tout son parcours lui apprenne à se modérer et à « *maîtriser son cœur* », il restera toujours petit garçon. C'est un intelligent optimiste, il aborde le danger en étant persuadé que cela le grandira et l'émancipera. Il utilise la ruse et le pouvoir du négatif pour rejoindre la pulsion qui dans l'inconscient nie la mort et la négation.

Et, comme le sorcier qui trace le cercle de ses incantations et fait venir le dieu qu'il invoque, il n'a aucun doute ; comme dans Homère, il sait que la puissance du masculin est nécessairement plus grande que celle du féminin, et qu'il est toujours possible de diriger son attention ailleurs que vers ce qui vous tente, dans le plaisir par exemple que vous procure votre propre volonté. De plus il sait que l'enfance est la preuve que des mères, il y en a ; toujours également dangereuses et séductrices, sans doute, même si elles sont devenues silencieuses ou si on ne les entend plus, mais toujours aussi vivantes et indestructibles.

Même chez Kafka, Ulysse reste persuadé que leur chant est mortel ; mais il lui suffit de croire qu'elles chantent, puisqu'il refuse de les entendre, voulant échapper au mimétisme terrifiant de leur magique appel. Thuriféraire de l'intelligence technicienne, il est prêt à sacrifier tout plaisir qu'il estime régressif donc dangereux. « *Mais Ulysse, si l'on peut s'exprimer ainsi, n'entendit pas leur silence ; il crut qu'elles chantaient et que lui seul était préservé de les entendre ; il vit d'abord distraitement la courbe de leur cou, leur souffle profond, leurs yeux pleins de larmes, leur bouche entrouverte, mais il crut que tout cela faisait partie des airs qui se perdaient autour de lui (sans qu'il les entendît).* » Ulysse a décidé qu'il ne serait pris au piège ni de l'émotion, ni de la compassion. Indifférence et distraction, au contraire de son attention à ruser. « *Mais bientôt tout glissa devant son regard fixé au loin ; les Sirènes disparurent littéralement devant sa fermeté et c'est précisément lorsqu'il fut le plus près d'elles qu'il ignora leur existence.* » « *Quand il passa le plus près d'elles, elles étaient déjà oubliées* », traduit Alexandre Vialatte. Ulysse l'Aufklärer, disent Horkheimer et Adorno, dont les « *grands yeux* » regardent toujours ailleurs, ne se détourne jamais de son île d'Ithaque. Il renoncera à l'immortalité promise par Calypso, car il sait que les femmes qui l'aiment lui seront toujours soumises ; les Sirènes, Circé, Calypso, verront leur pouvoir défait par sa nature industrieuse d'adulte décidé. Kafka amplifie les prédictions de *La dialectique de la Raison* : dans l'*Odyssée* Ulysse écoute les Sirènes et jouit de leur chant, même si c'est à la façon dont le bourgeois cultivé sort ému et oublieux de la salle de concert. Dans Kafka il ne s'autorise plus d'entendre le chant de la nature, il est aussi aliéné que les marins qu'il commande, et la nature à son tour s'est éloignée à un point tel qu'elle en est devenue muette. Adorno et Kafka : d'un côté une rencontre « *heureusement manquée* », rencontre qui garde en elle la nostalgie, de l'autre un néant de rencontre. Le danger venait du trop-plein, totalité sans distance ; par cette ruse du silence qui contrevient à leur nature, les Sirènes de Kafka expriment que le danger vient aussi du vide, distance néantisante. Elles anticipent cette cruauté de la culture scientifique à usage de domination ; le mythe devenu muet est une « *arme plus terrible que le chant.* »

Pour autant les Sirènes n'en meurent pas. Le récit n'est pas fini. « *Mais elles, plus belles que jamais, s'étirèrent, tournant sur elles-mêmes, laissèrent leur terrifiante chevelure flotter librement au vent et leurs griffes se détendirent sur le roc. Elles ne désiraient plus séduire, elles ne voulaient plus que retenir le plus longtemps possible au vol le reflet des grands yeux d'Ulysse. (Si les Sirènes avaient eu une conscience, elles se fussent alors anéanties. Mais, telles qu'elles étaient, elles restèrent ; seul Ulysse leur a échappé.)* » Inconscientes, elles ne sont plus des Mères primordiales et mugissantes, elles vont oublier leur fonction destructrice pour se transformer en hétaïres lascives elles-mêmes séduites. Ulysse n'entend plus rien de la beauté du monde : ni des mères, ni des femmes. Les Sirènes ne savent pas qu'il ne sait rien de leur silence. Alors les mères archaïques deviennent amoureuses de leurs enfants, du « *reflet de leurs grands yeux* » ; stupéfaites de leur impuissance, inconscientes des ruses inventées par lui pour se protéger, elles participent du déni et de l'interdit de l'inceste… De ces deux mythes lequel est le plus terrible ? Celui de l'enfant qui se croit dévoré par sa mère, ou celui de la mère qui se croit abandonnée et qui cherche à retrouver sa virginité, comme l'est la Médée de Sénèque ?

A la fin du texte, Kafka nominaliste réduit l'aventure au caractère unique de l'événement : personne d'autre qu'Ulysse ne peut être Ulysse. Qu'on se rassure donc ; pour longtemps encore le malheur des répétitions du destin séviront parmi les hommes. Ulysse restera l'exception. « *La tradition rapporte d'ailleurs un complément à cette version. Ulysse, dit-on, était si fertile en inventions, c'était un si rusé compère que la déesse de la Destinée elle-même ne pouvait lire dans son cœur. Il est possible, – encore que l'intelligence humaine ne puisse plus le concevoir – qu'il ait réellement remarqué que les Sirènes se taisaient et qu'il n'ait usé de la feinte décrite ci-dessus que pour leur opposer, à elles et aux dieux, une espèce de bouclier.* » Bouclier ou gentillesse ? Ulysse veut-il éviter aux Sirènes l'humiliation de leur défaite ? Veut-il leur faire croire que son appareillage technique est le plus fort, ce qui est moins cruel que de leur montrer que même sans cire ni cordes il peut résister autant à leur voix qu'à leur silence ? Le petit garçon est-il compatissant vis-à-vis des mères, des femmes et des filles ? Veut-il proposer d'autres stratagèmes, qui ne rentreraient plus dans la structure du seul rapport de force ? Kafka ne le dit pas, il dit seulement qu'Ulysse est extraordinaire, et laisse le lecteur dans l'inquiétude heureuse des interprétations ludiques ou inconfortables.

Ulysse mélancolique. Nicolas Abraham et le « creux de mère »

Des Sirènes incestueuses aux Sirènes femmes ou filles fatales on peut certainement encore naviguer vers d'autres ports. Les femmes réelles ne sont pas cet Autre inaccessible et mortel qui dévore ou soumet dans la terreur les héros de la virilité ; cette construction culturelle patriarcale, dont une des conséquences est la domination de la raison sur le sensible en chacun, et d'une partie de l'humanité sur l'autre, qui le lui rend bien, aurait besoin d'images dialectiques, où les rapports identité-altérité puissent être moins figés, où l'ennemi soit en même temps lui-même une victime, et où victimes et bourreaux puissent imaginer même sans espoir autre chose que la violence des rapports de force.

Dans son article sur Imre Hermann[91], Nicolas Abraham invente une merveilleuse et mélancolique histoire où une guenon, par un cataclysme sismique digne des grandes inventions de Rousseau, ou par les malheurs de sa propre enfance, aurait tout d'un coup perdu son pelage et serait devenue de facto humaine. Plus rien donc pour le bébé à quoi se cramponner, plus rien pour la mère pour l'accueillir chaleureusement.

« *Aussi la main de notre ancêtre, sa main vide, sa main avide saisissait-elle tout, pierres, lianes, ossements – les saisissait, les rejetait, les reprenait, les triturait, jusqu'à tant et si bien que tous ces substituts de la mère guenon fussent devenus des outils idoines et intelligents, prêts à fabriquer toutes sortes de mères : mère – nourriture, mère – chaleur, mère – protection. Et toute la mère – civilisation n'est-elle pas faite de cette "réalité" de manque, transformée en illusion de cramponnement ?* » (p. 339) Pas de domination première, mais de la perte, du désarroi, de la terreur : non pas face à la toute-puissance, mais au contraire face à l'absence. Techniques, sciences, civilisations, ruses, intelligence, progrès construisent une autre Mère velue que la Mère perdue. Une mère poilue probablement revancharde. La réalité du manque et la nostalgie peuvent prendre la figure de la cruauté vengeresse. Nature-histoire-civilisation contre nature-mythe-archaïsmes. Cette nouvelle fable installe une dialectique de la nature et de la culture, qui réinterprète autrement celle de l'émancipation et de la domination : deux faces du même désespoir et de la même construction mythique d'une nature abandonnante et abandonnée. Le malheur fatal est venu des femmes et des mères, pense l'enfant dans la frustration de la disparition des poils : frustration qui rend l'objet à la fois haïssable et désirable. C'est l'enfant qui crée la mère, insiste Nicolas Abraham : *« Or voyez-vous, le cramponnement c'est affaire d'enfant et non de mère et si elle refuse ses phanères – d'ailleurs inexistants –, c'est pour avoir été elle-même l'enfant frustré de quelque guenon perdue. La généalogie de l'"instinct*

[91] Nicolas Abraham, Maria Torok, *L'écorce et le noyau*, Flammarion, 1987, à partir de la page 334.

maternel" passe donc par l'instinct filial. » (p. 345) « *… Aussi bien dis-je : la mère, c'est la créature de l'enfant. L'enfant est la mère de toutes les mères, de toutes les mères perdues et recréées.* » (p. 346) Ulysse ainsi, à la place du cramponnement, installe la blessure et son chant. Chant d'avant la catastrophe, d'avant la nudité solitaire, chant du regret obsédant, qui drogue et ensommeille. Chant de l'émotion, à quoi s'adosse et s'oppose la musique civilisatrice. Le chant des Sirènes ce serait donc celui de la mère perdue, nostalgie impossible et mortelle. « *La mère de tout, c'est la mère perdue.* » Et Nicolas Abraham ajoute sans transition : « *Il y a en nous un creux de mère. Un creux de mère en nous avec un creux d'enfant.* (p. 343) Espace creux où la mère et l'enfant dialectisent leurs absences, écarts, tours et retours, aubes ou crépuscules, abandons et réveils, dans des changements de place indéfinis, sans que jamais il y ait d'identité, seulement des proximités et des affinités. Les ruses démystificatrices et civilisatrices ont permis à Ulysse de continuer son voyage, mais il n'a pas compris qu'il y a en lui un « *creux de mère* » dont l'existence ne mettrait pas en si grand danger vital sa posture verticale. Et si c'était ce creux qui l'avait fait chanter, d'une voix tellement tendre qu'il n'aurait pas pu la reconnaître comme sienne ? Et qu'il aurait commandé qu'on l'attache, et même qu'on lui bouche les oreilles, pour ne pas s'adoucir et vouloir s'allonger, en retrouvant l'enfant qu'il avait été ?

Les mères aussi sont orphelines, et la conscience du creux ne sait jamais si l'hôte qu'elle accueille sera désirable ou non, ou les deux à la fois ; dans ce sens l'identité est un recours pour se protéger de ces incertitudes. Depuis la fin des poils, on sait qu'aucun accueil n'est inconditionnel, et que rien ne peut assurer une sécurité vivante et libre. Pourtant ce serait la conscience, la sensation plutôt, de ce rien, négatif sans néant, creux et trou à la fois, qui pourrait assurer le principe dialectique de la critique et du sauvetage. Les propositions adorniennes sur l'affinité et la négation déterminée, sans reprendre jamais les métaphores du creux, ou plutôt en les orientant autrement, construisent une critique de la virilité dans nos sociétés patriarcales propre à sauver le masculin de ses rigidités phalliques et le féminin de l'exhibition de ses prétendus mystères.

Douleur et identité, l'expérience

Mais un creux peut se refermer sur lui-même. Et comme tout espace intime ou biologique, il est façonné par les malheurs de l'histoire, il peut se transformer en système clos, impénétrable, qui prend alors la figure magique de l'emprise, de la capture magique. « *Sous l'emprise, même ce qui est autre (et dont la plus petite addition serait assurément incompatible avec cette emprise) se métamorphose en poison.* » (DN p.271) En réalité, on ne peut pas savoir ce que pourrait être une société de paix dans laquelle identité et altérité se seraient transformées en échange de différences. La paix, définira Adorno, serait « *l'état de la différence sans domination dans lequel les différences communiquent.* »[92] Définition possible de l'amour. Modèle utopique d'une langue et d'une structure sociale dégagée des collusions raison-échange-oppression, identité-totalité. Pas moyen de dépasser ce monde, même si l'exigence d'un autre monde est la condition de toute expérience véritablement vécue. *« Pour tous les citoyens d'un monde faux, un monde juste serait vraisemblablement insupportable : ils seraient trop mutilés pour ce monde. Voilà qui devrait inspirer un soupçon de tolérance, au cœur même de sa résistance, à la conscience de l'intellectuel qui ne sympathise pas avec l'Esprit du Monde.* » (DN p.274) Pourtant, l'expérience d'un tel possible existe, fugitive, brutale, intempestive, et condition d'une connaissance véritable : *« La position clé du sujet dans la connaissance est l'expérience, pas la forme »*, dit-il dans l'article *Sujet et objet* publié en 1963[93].

Expérience en forme de trou et non de creux, pourrait-il encore ajouter, tout plein de sa virilité, puisque dans le trou l'effraction et la pénétration jouent un rôle plus important. Adorno affirme sans cesse que la position pénétrative et verticale est essentielle au mouvement du concept. La science et la philosophie sont dominatrices, cherchent la définition, la clarté, l'enchaînement, les causalités. Mais elles ne se réduisent pas à cet ensemble de mouvements, elles sont capables de retourner la réflexion et de pratiquer leur propre autocritique. Pour un sauvetage destiné à reconnaître ancrage social, sensibilité, mouvement, négation ou

---

92 *Modèles critiques*, op.cit. p 263.

93 id. p 270.

altérité. Sous chaque cuirasse subjective il y a du creux, puisque c'est la vulnérabilité qui installe la cuirasse comme moyen de la cacher.

Ce qui devrait donc être le plus pressant, c'est de savoir distinguer, pour chacun, dans ce monde faux qui administre les vies, ce qui est essentiel et ce qui ne l'est pas. Essence non comme origine, mais comme expérience souterraine et spirituelle qui serait en même temps « *choc de l'ouvert* » (DN p. 33), signe de soi, index sui. Par les trous, aller à des creux qui permettraient à la fois d'aimer à s'y lover, d'y voir la lumière du jour, de ne pas y être enfermé. En réalité un travail de Sisyphe. Toute expérience est produite par une histoire et une mémoire ; parce qu'il n'y a jamais de tabula rasa, ni de destruction heureuse d'aucune tradition, la métamorphose qu'elle opère est toujours incertaine. Une expérience, ce serait une pensée qui dialectise intériorité et extériorité : qui troue, pénètre, bouge, mime, ressort, dans la probable métaphore des alternances du masculin et du féminin, de la pénétration et de la réception. Le travail de Sisyphe, Adorno le décrit aussi en expliquant qu'une expérience véritable est mouvante et mobile, liée *« à un comportement libre comme sortant de la dialectique, non fixé. »* (DN p.32) Filant la métaphore, on peut fantasmer sur ce membre érectile, qui n'obéit pas nécessairement à la volonté de celui qui le possède. Spontanéité rime avec imprévisibilité, avec « impulsion corporelle » : sujet de chair et de sang, sujet historique, c'est le corps ici qui fait bouger l'esprit et exprime la liberté. Trous, creux, passages, porosités, échanges, pénétrations, imitations. Se souvenir ici de la prière de Franz Fanon, à la fin de *Peau noire, masques blancs* : « *Ô mon corps, fais de moi toujours un homme qui interroge !* » L'expérience individuelle, où quelque chose arrive qui nous donne l'impression de soudain mieux entendre ou mieux voir, est vitale. Cette impression immédiate peut être lue comme surprise, promesse de bonheur ; « *bonheur sans pouvoir* », c'est-à-dire aussi sans position ni affirmation possible. *« Y est-on vraiment, ce qui était promis se dérobe comme l'arc en ciel. Et pourtant on n'est pas déçu »*, dit Adorno à propos de l'expérience du temps retrouvé chez Proust. (DN p.292) Le bonheur, lit-on dans le même paragraphe, *« accorde l'intérieur des objets à ce qui en même temps leur est soustrait. »* Comprendre, accorder, sont des mouvements toujours inaccomplis, toujours sur fond d'inquiétude. Car la réaction mimétique, qui cherche « *l'intérieur de l'objet* », à la fois pour s'y loger et pour en sortir, et à laquelle l'impression spontanée, libre, individuelle et inattendue est associée, rencontre nécessairement la logique du concept, le travail de la langue, qui opère par abstraction, soustraction, mise en ordre, incarnation dans l'époque, et contredit cette immédiateté mythique. En réalité les deux mouvements se conjuguent dans une critique réciproque, qui constitue le travail de la pensée et de la recherche de vérité.

Ce modèle d'expérience n'est-il pas aussi celui de Socrate, tel qu'il se dit le fils d'une sage-femme, – co-naissance –, et d'un artisan, technicien des idées, le couple qui permet de dialectiser le rapport forme-matière. Et même aussi celui de Platon, tel qu'il définit l'arpentage et le découpage, comme outils de savoir ? Aucune expérience ne se réduit à du quantifiable, il y faut de l'imagination, de la passion, de l'incrustation dans sa propre époque, de la curiosité, et du goût de l'art. L'expérience vécue du négatif. *« Rien de purement logique ne saurait faire une expérience quelconque. »* [94] C'est bien ce que professait Platon. « *Que nul n'entre ici s'il n'est géomètre* », était-il écrit au fronton de l'Académie. Géomètre c'est-à-dire aussi arpenteur : autant que mathématicien, un marcheur et un dialecticien. Socrate, dans *Phèdre* compare le philosophe dialecticien à un bon sacrificateur, qui découpe la bête selon ses articulations naturelles. Or la connaissance des articulations n'appartient pas seulement à l'ordre de la mesure et de la quantité. Leur souplesse dépend de la vie de l'animal et de l'environnement. La complexité d'une articulation exige sans doute que le boucher ait un bon outil ; mais son art ne se réduit pas au maniement du couteau. Il faut aussi qu'il aime la viande, et qu'il connaisse bien les bêtes qui la lui fournissent. En un mot qu'il ait vis-à-vis d'eux un comportement mimétique. L'imagination du boucher conjuguée à son habileté permet de faire vivre un concept pratique de vérité, où l'attention à l'objet s'associe au désir du sujet, même s'il y a prise de ce dernier sur le premier.

Le modèle historique de la pénétration rend compte qu'on ne peut pas se séparer des situations de domination. A cette seule

[94] *Modèles Critiques*, p. 274.

image patriarcale l'œuvre d'Adorno ajoute cependant la possibilité d'expérimenter, d'aller de l'avant, de s'élancer, (c'est d'ailleurs la racine indo-européenne du mot expérience, *peira,* qui le signifie) sans que le creux, qu'il soit féminin ou masculin, ne soit ni sacralisé, ni comblé, ni oublié.

S'il y avait donc des métaphores propres à désigner le travail de connaissance, ce seraient, pour Adorno, si l'on reste dans le registre spatial, celles du passage, du couloir, du seuil, mais à travers des lieux où l'on n'est jamais vraiment chez soi, parce qu'il a été dévasté par des guerres successives. En 1966, dans *Dialectique négative*, le propos est aussi insistant qu'en 1944 sur les ravages de la domination, plus proche peut-être encore des affects existentiaux du malheur social. *« Ce que les concepts touchent de vérité par-delà leur extension abstraite ne peut avoir d'autre théâtre que ce qui est opprimé, méprisé, rejeté par les concepts. Ce serait l'utopie de la connaissance que de vouloir mettre à jour le non-conceptuel au moyen de concepts sans l'assimiler à eux. »* (DN p.16) L'expérience, dans ce sens, ce serait une nouvelle perception, dialectique, consciente et négative ; une nouvelle forme de jugement d'existence, de reconnaissance d'existence, qui dépasserait en qualités le jugement d'attribution, qui permettrait l'incessant aller-retour entre le moi et l'autre, pour *« rendre à l'objet plus que le moi a reçu de lui »* (DR p.197), pour *« désensorceler le concept »* (DN p.18) et *« rendre justice à ce qui a été opprimé. »* Cette perception serait « négative » au sens où elle est d'abord perception d'un manque, manque de *« quelque chose qui transcende la vie. »*(DN p.294), Mais négative aussi dans le passage impossible et nécessaire du particulier à l'universel : perception unique, immédiate, fugitive, étonnante, bien que persistante dans la conscience, de ce qu'il pourrait y avoir d'essentiel et manqué dans la relation à l'objet. Essentiel ne veut pas dire intemporel, car toute expérience réside, habite plutôt, dans un sujet de chair et de sang, un individu. Elle est du coup, dit Adorno, à la fois toujours émancipatrice et cependant toujours aliénée, comme tout événement dans son contexte historique. Emancipatrice par la surprise de l'espérance d'une nouvelle possibilité d'expression, qui attache et passionne sans jamais trouver de traduction adéquate, aliénée par l'enfermement dans les formes présentes de l'objectivité identifiante. « *En résistant à ce monde clos à quoi elle est reliée* », dit Adorno, « *la conscience exprime sa liberté.* » Une liberté incertaine, dans la crainte qu'il faille payer le prix de ces résistances, qu'elles restent inadéquates à une possible transformation politique du monde, et qu'elles s'enferment alors dans l'impuissance du désespoir ou le cynisme de la vengeance.

Adorno se tourne vers la musique et la philosophie, pour exprimer la résistance à ce monde clos et maintenir l'espoir d'une ouverture incertaine vers ce qui pourrait, dans la conscience de la terreur et du malheur présents, donner des signes de compassion et de compréhension. Que le chant des Sirènes soit moins terrible que leur silence, Adorno en serait d'accord avec Kafka. Sans doute le chant sublime menace-t-il l'ordre patriarcal ; sans doute l'oppresseur, tel Ulysse, qui se donne les moyens d'écouter « *n'est plus en mesure de sortir de son rôle social.* » (DR p.50) Sans doute le fait d'être exempté du travail est une mutilation comparable à celle des marins-ouvriers-employés-paysans-prolétaires. Sans doute personne ne peut ni ne doit céder à la « *tentation de s'abandonner.* » Mais l'expérience de la beauté est unique et irremplaçable, elle sauve du désespoir tout en le rendant objectif. « *Lorsqu'on dit aujourd'hui que les masses sont en régression, cela revient à dire qu'elles sont incapables d'entendre de leurs propres oreilles ce qui leur est inconnu, de toucher de leurs propres mains ce qu'elles n'ont jamais touché : c'est la nouvelle forme d'aveuglement qui a remplacé la forme mythique vaincue.* » (DR p.52) Ainsi le travail esthétique écrit l'histoire comme l'ange de Benjamin résiste au souffle du progrès, en refusant d'oublier la souffrance accumulée, les épouvantes présentes, et la dimension réconciliatrice de l'espérance. Ulysse ému accepte de succomber au chant des Sirènes : il ne veut plus rester debout, il pleure, il veut qu'on le détache pour rejoindre ce fond de malheur qui l'unit à ceux qu'il a aimés et qui ont disparu. Les Sirènes aussi, orphelines peut-être, chanteraient alors non plus pour attirer les marins, mais pour combler en elles la nostalgie de la réconciliation, leur propre creux de mère avec un creux d'enfant. Ainsi pourrait varier à l'infini la légende, si on l'écartait des images sociales destinées à conforter la domination des maîtres.

Dans un ouvrage publié à son retour en Allemagne[95], mais dont une partie est écrite en même temps que *La dialectique de la Raison*, Adorno explique que l'œuvre de Schönberg *« se montre contrepartie du langage verbal, parce qu'elle peut parler précisément en tant que privée de sens. »* Et il ajoute, dans les mêmes pages, à la fin du texte : *« La subjectivité, qui dans la musique traditionnelle véhicule l'expression, n'est pas le dernier substrat de celle-ci, aussi peu que le "sujet" substrat de tout art jusqu'à nos jours, est déjà l'homme. »*

Que le *« sujet »* ne soit pas *« l'homme »*, Adorno et Horkheimer n'ont eu de cesse de le répéter, autant pour insister sur le côté historique et construit de tout rapport à soi, que pour montrer la force d'une expression consciente qui cherche à se dégager des abstractions nivelantes de la communication, du langage verbal, ou de la magie mimétique de la peur. Nous en sommes encore aujourd'hui à la préhistoire, répètent les auteurs après Marx. De l'homme concret, celui qui peut porter le masque de l'inhumanité, aux figures subjectives possibles d'un monde meilleur, la musique pour Adorno suit la contradiction de ce mouvement alternatif, et sauve en même temps qu'elle la critique cette histoire faite de destructions, de douleurs et de résistances. Sauvetage et critique conjointes qui ne laissent jamais les choses en l'état, au moins pour dire qu'il y a du possible, que « *ce monde qui mérite la mort* » est le nôtre et qu'il n'y en a pas d'autre. Le texte continue : *« Musique et pleurs ouvrent les lèvres de l'homme crispé et le délivrent. La sentimentalité de la musique inférieure rappelle, sous une forme pervertie, ce que la musique supérieure, sous la vraie forme, au bord de la folie, est tout juste capable de concevoir : la conciliation. »* Ce monde est le nôtre, c'est pourquoi derrière ce qui y résiste on lit nostalgie puis espoir irréalisé de conciliation. La « *musique inférieure* », ce sont les Lotophages, les endormissements, les drogues, l'acceptation résignée et mortelle. « *Musique supérieure* » : levée des refoulements, pleurs, savoir que jamais Orphée ne pourra rappeler Eurydice à la vie. Le savoir, et cependant aller la chercher. Orphée chante et pénètre aux Enfers, pour rendre vivant le souvenir des morts, des injustices, des résistances. Par la torsion difficile et inventive du matériau sonore il

95 Adorno, *Philosophie de la nouvelle musique*, publié en 1958, chapitre sur Schönberg écrit en 1940-41, trad. H. Hildenbrand et A. Lindenberg, TEL Gallimard, 1979 p.136 sq.

autorise le pleurs, expression de la misère autant que sa protestation. Dans un monde qui mérite la mort, c'est encore l'amour de ce monde qui aura le dernier mot. *« L'homme se répandant en pleurs et en une musique qui ne lui ressemble plus en rien laisse en même temps refluer en lui le courant de ce qu'il n'est pas lui-même et qui était refoulé derrière le barrage du monde matériel. Par les pleurs et le chant, il pénètre dans la réalité aliénée. "Une larme a jailli, la terre m'a reconquis", la musique se tient à cela. Ainsi la terre reconquiert-elle Eurydice. Non pas le sentiment de celui qui attend, mais le geste de ceux qui rentrent décrit l'expression de toute musique et fut-ce dans un monde qui mérite la mort. »*

Musique et philosophie sont sœurs, parce qu'elles ne se plient pas à la domination de l'identité, et qu'une pensée critique aujourd'hui doit passer par un travail méthodique et réglé du négatif, allié à une expérimentation sauvage de ce qui est souffrant et quasi indicible. Qu'on dise l'indicible en sachant qu'on ne peut pas le dire, c'est ce sur quoi toute sa vie Adorno insistera. Dans la condamnation sans appel du positivisme il appellera à ce travail. Chercher par le concept à aller au-delà du concept, c'est dans la tension irréductible entre le mot et l'objet que peut s'effectuer une réforme des usages des langues. Sans qu'il y ait de sacralisation du mystère, ni non plus de balayage de sa profondeur d'un revers de main. Ce qu'on ne peut pas dire, il faut le taire, disait Wittgenstein. La dialectique négative affirme que c'est dans la structure de ce silence qu'on peut parler en vérité ; car ce qu'on sent qu'on ne peut pas dire des choses du monde est plus proche de nous que tout ce qu'on en dit. A le savoir on retrouve le mouvement fragile de toute pensée : *« Ce qui ne se laisse pas dicter sa loi par les données de fait, les transcende encore dans le contact le plus étroit avec les objets et dans le renoncement à la sacro-sainte transcendance. C'est là où la pensée est au-delà de ce à quoi elle se relie en y résistant, que réside sa liberté. Elle obéit au désir d'expression du sujet. Le besoin de faire s'exprimer la souffrance est la condition de toute vérité. »* (DN p.22) Et la souffrance, de même que toute expérience qui travaille dans l'ordre de la qualité et du désir, fait éclater l'immanence fermée du monde objectif, appelle un au-delà particulier, l'espoir d'un monde meilleur, l'indignation devant la réalité « objective ». Cet au-delà ne ressemble sans doute pas à l'au-delà promis par les religions monothéistes ; cet au-delà a renoncé depuis longtemps à la sacro-sainte transcendance. Pour autant il installe une autre forme de dépassement de la réalité : quelque chose qui manifeste une résistance à ses formes réifiées. *« Le monde noué objectivement en totalité ne libère pas la conscience. »* (DN p. 21) Au contraire.

Après le chant d'Homère, le recouvrement de la voix dans Apollonios de Rhodes, et le silence séducteur et mystérieux de Kafka, est-on sorti des sortilèges du mythe et du destin ? Plus de chant maternel, car on sait dans les siècles « à progrès » combien les mères sont dangereuses, mais des discours virils et raisonnables qui sanctifient le sacrifice au nom des lendemains qui chantent. Soyons adultes, chantent les nouvelles et fausses Sirènes du progrès, ne nous laissons plus bercer par les utopies, soyons réalistes. Cependant, n'est ce pas la même chose : dire qu'il n'y a rien de nouveau sous le soleil, et dire que l'avenir est radieux, mais qu'il y faut du renoncement à ce qui est essentiel pour soi ? La croyance aux progrès de l'humanité par la domination technique de la nature dessine a priori une figure dont la détermination projette le présent sur le passé, et y trouve seulement ce qu'elle veut y voir : une anticipation naïve de sa positivité. Le bonheur présent a eu besoin des malheurs passés, disent les Sirènes, et le bonheur futur exigera le sacrifice du présent. Il faut qu'Adorno et Horkheimer, nouveaux Ulysse, démystifient leurs discours d'illusions en faisant connaître l'infini désarroi de ceux qui cherchent, sans jamais la trouver, la réconciliation. Qu'il s'agisse de croyance au progrès ou de tentation régressive, ce qui est séducteur, c'est le « *désespoir objectif* » de ceux qui sont sacrifiés sur l'autel d'un esprit obsédé par la peur, la violence et le rapport de force. C'est pourquoi on ne peut pas détruire tout à fait les Sirènes sans détruire en même temps l'espoir qu'elles ont fait naître : qu'enfin les individus puissent vivre sans mutiler ce qui en eux appartient à une nature qui ne se réduirait pas au risque de mourir. Critiquer et sauver. Double effet du rêve : à y croire, on voit bien qu'il est mortel, car « *c'est là où la promesse de réconciliation est donnée de la façon la plus parfaite que le monde est en même temps muré de la manière la plus étanche qui soit par tout ce « sens »*. Mais à s'en souvenir, on voit bien aussi qu'un nouvel humanisme est requis pour secouer ce désespoir. Humanisme fait de dissonances, capables comme dit Nietzsche « *d'outrepasser l'audible.* »[96] Il ne dit pas vers quoi ?

Euripide, le théâtre et Dionysos

L'humanisme d'Ulysse permettrait de compléter et de démystifier le lyrisme tragique du Dionysos nietzschéen. Il n'y a jamais eu dans la nature autre chose que des individus séparés, comme les nominalistes le savent bien ; l'enfant dans le corps de la mère a toujours été un corps étranger, même si elle a cru l'accueillir dans une hospitalité inconditionnelle ou comme une partie d'elle-même. Adorno suppose, comme Nietzsche, qu'il a fallu croire à l'indivision première pour ensuite s'imaginer capable de la cruauté qui sépare et fait vivre, en hiérarchisant et opprimant. Le monde patriarcal de la domination a besoin de ces figures féminines d'un retour archaïque à un ventre dévoreur pour mieux justifier la mise à distance et l'inégalité des rôles. Nietzsche lui-même d'ailleurs cautionne cette affirmation puisqu'il reprend la tradition orphique : un Dionysos tué puis démembré par les Titans avant d'être rassemblé et né une deuxième fois. *« Nous devons par conséquent considérer l'état d'individuation comme la source et la cause originelle de toute souffrance, comme quelque chose de condamnable en soi. C'est du sourire de Dionysos que sont nés les dieux de l'Olympe, mais de ses larmes que sont faits les hommes.* »[97] Double (fausse) question, celle de savoir ce qui est premier, la totalité ou l'individu, et celle de savoir quel est le prix à payer de l'actualité de la conscience. A quoi Adorno pourrait répondre, en sociologue et philosophe, d'une part qu'il n'y a jamais l'un sans l'autre, puisqu'il n'y a que des médiations, mais que l'analyse des formes d'autorité et de domination que prennent ces médiations sont plus importantes que celles de savoir ce qui est premier ? Et d'autre part que les larmes humaines ne sont seulement pas celles d'une solitude désemparée et désespérée, mais aussi à la fois celles de l'oppression et de structures sociales qui vont jusqu'à la mutilation de soi et celles d'un espoir toujours présent de réconciliation.

---

[96] Nietzsche, *Naissance de la tragédie*, op.cit. ch. 24 p 154.

[97] Id., ch.10 p 84.

Dionysos a une place à part dans la culture religieuse : dieu des contradictions et des différences. Seul olympien à être né d'un dieu et d'une mortelle, il vient de l'Orient pour imposer sa loi ; il est honoré pourtant comme représentant essentiel de la culture, puisque la vigne et le blé sont les manifestations de la soumission de la nature ; il est le dieu de l'irrationnel, des excès licencieux et bruyants, de la fête du vin et du théâtre, et même des confusions entre le masculin et le féminin. Nous n'en connaissons pas seulement les larmes, mais aussi, grâce à Euripide, la figure impérative et cruelle. *Les Bacchantes* sont un nouvel appel à l'honorer et une allégorie de l'art théâtral dans sa capacité à dire la vérité. Nietzsche est étonné de ce texte. Car il a représenté Euripide comme celui qui fait apparaître au théâtre la tendance « socratique » contre la tendance « dionysiaque », celui qui fait disparaître le rôle prioritaire du choeur, du chant, de la musique, pour le remplacer par la mise en scène des questions de la vie quotidienne. Pourtant, dit-il, *« au soir de sa vie, Euripide lui-même, recourant au mythe, a soumis à ses contemporains de la façon la plus explicite la question de la valeur et de la signification de cette tendance. Somme toute, le dionysiaque a-t-il encore le droit à l'existence ? Ne faut-il pas l'extirper violemment du sol grec ? A coup sûr, répond le poète, si seulement la chose était possible. Mais le dieu Dionysos est trop puissant. »*[98] Euripide ferait son autocritique : il reconnaîtrait la force du dieu, il serait comme Penthée, le roi de Thèbes, ensorcelé à l'improviste, possédé à nouveau par la musique et la nostalgie métaphysique du chœur tragique. *« Voilà ce que nous dit un poète qui, durant une longue vie, a résisté de tout son héroïsme à Dionysos – pour achever sa carrière par la glorification de son adversaire et par le suicide, tel un homme qui, pris de vertige, se jette du haut de la tour à seule fin de se soustraire à l'horrible et insupportable tournoiement. »* Euripide dans *Les Bacchantes*, poursuit Nietzsche, *« conteste la possibilité d'accomplir jusqu'au bout sa propre tendance »*, la tendance socratique, l'aplatissement de la souffrance. Mais comment pourtant considérer comme exceptionnelle cette tragédie, alors qu'elle exprime encore une fois une grande partie des préoccupations du poète, concernant l'accueil de l'étranger, l'exil, l'hostilité envers ce qui est différent, la morgue des

[98] Nietzsche, *Naissance de la tragédie*, op. cité ch. 12 p 92 sq.

comportements autoritaires et identitaires, le meurtre, les collusions de la raison et de la domination, les aveuglements de la foi dans des identités sociales bien dessinées… Ces thèmes sont aussi ceux de Médée, et de la plupart de ses oeuvres. Le roi Penthée, positiviste comme Jason, rationaliste et borné, se fie à une perception toute plate de la réalité et ne voit pas que l'étranger qu'il a devant son nez est le dieu lui-même. Il sera assassiné par sa mère et les servantes du dieu, pour n'avoir pas compris que le même a besoin de l'autre, le proche du lointain, et le grec du barbare. Dans l'analyse que Jean-Pierre Vernant consacre au « Dionysos masqué » des *Bacchantes* d'Euripide [99] la figure de Dionysos apparaît comme l'image indispensable de la réalité des relations du Même et de l'Autre : « *La tragédie des Bacchantes montre les dangers d'un repli de la cité sur ses propres frontières.* » D'après l'auteur, *les Bacchantes* auraient pu avoir un double objectif : dénoncer un climat politique identitaire et répressif, mais aussi définir la place du théâtre comme résistance à ces dénis d'altérité : « *Si l'univers du Même n'accepte pas d'intégrer à soi cet élément d'altérité que tout groupe, tout être humain porte en lui sans le savoir,* (…) *alors le stable, le régulier, l'identique basculent et s'effondrent, c'est l'Autre dans sa forme hideuse, l'altérité absolue, le retour au chaos qui apparaissent comme la vérité sinistre, la face authentique et terrifiante du Même.* » Le rituel théâtral, fête institutionnalisée, est le lieu où « *l'Autre devient une des dimensions de la vie collective et de l'existence quotidienne de chacun. L'irruption victorieuse de Dionysos signifie que l'altérité s'installe, avec tous les honneurs, au centre du dispositif social.* » Il ne faudrait peut-être pas être si optimiste. Et ce n'est sans doute pas si simple. Euripide est à la fois Dionysos et Penthée. Il sait que le temps où l'altérité peut devenir une dimension existentielle, même occasionnelle, n'est pas encore arrivé. Dans *Les Bacchantes*, les menaces que le théâtre profère à l'encontre d'une ville qui chasse Anaxagore, le savant étranger, Dionysos, le dieu hybride, ou Médée, la Colchidienne, transforment le destin en faute sans réparation : Penthée est assassiné, Dionysos est vengé, la cruauté sociale est inversée en cruauté de la nature. La vengeance ne trouve

[99] Jean-Pierre Vernant, Pierre Vidal-Naquet, *Mythe et tragédie en Grèce ancienne*, tome 2, La Découverte-Poche, Paris, 2001, p 237 à 269. Citation p. 259.

pas sa réconciliation en justice. Les voix de l'hospitalité restent subordonnées aux terreurs amenées par l'exclusion de l'étranger.

Dionysos, dieu olympien et vénéré, n'est pas solidaire de la détresse des femmes réelles, même s'il oblige à reconnaître avec humilité que la paix et la sécurité de tous sont opposées aux ambitions orgueilleuses, impériales et identitaires d'une humanité conquérante. Car le théâtre n'a qu'un temps, et qu'un lieu, on peut l'oublier le reste de l'année. Euripide est pessimiste : le cercle magique des cérémonies n'est pas là pour transformer la réalité. C'est d'ailleurs ce que déplore la nourrice devant les malheurs de la maison de Médée : « *On dit sages les hommes d'autrefois/ On se tromperait moins en les disant fort sots. Ils ont su trouver des chants pour les fêtes/pour les banquets, pour les festins, musique qui orne la vie. /,Mais pour un chagrin qui vous met en enfer,/ traînant derrière soi les morts et les revers affreux qui sont la ruine des maisons,/ nul n'a su découvrir les mélodies et les concerts qui puissent l'apaiser. / Voilà cependant où l'on gagnerait/ à prendre le chant pour remède.* » (vers194-201)

Autant qu'un avertissement sur le danger de la xénophobie, *Les Bacchantes* pourraient bien être aussi une mise en abyme du théâtre dans le théâtre : une présentation, un découpage de la réalité tel qu'on peut, si on veut, y découvrir quelque chose d'essentiel, à la fois métaphysique et politique : les questions sur les positions des relations identité-altérité, masculin-féminin, lointain et proche, grec et barbare, fou et sage, sauvage et civilisé, sont aussi des questions sur la place du théâtre dans la Cité, et son statut de vérité. Le théâtre n'est pas la vie, les personnages de théâtre ne sont pas des personnages vivants ; et l'art n'est pas la philosophie, il ne travaille pas le concept, comme elle. Mais il est capable de montrer ce que le concept a d'insuffisant pour s'approcher de la réalité concrète, et ce que la réalité concrète a d'insuffisant pour s'approcher d'elle-même. En ce sens il peut être émancipateur.

On a qualifié Euripide de misogyne. Médée l'affirme : les femmes sont davantage douées pour le mal que pour le bien. Comme Dionysos, et comme les rituels du théâtre, elles incarnent une nature vaincue et prête à la revanche. La culpabilité sociale baisse les armes, et le spectacle tragique éclaire par ses dissonances et discordances la vérité historique d'une lumière plus crue.

Euripide ne détruit pas l'appel métaphysique dionysiaque de la réconciliation impossible, il associe cet appel à la vie politique, c'est sans doute pourquoi Socrate n'oubliait jamais d'assister à aucune de ses pièces. *Les Bacchantes* sont une allégorie de l'art et du théâtre, plus encore qu'un nouvel épisode de la folie des femmes. Le théâtre dénonce, exprime et revendique à la fois la barbarie sociale. Il est aussi cruel que la philosophie, à cette différence près qu'il ne travaille pas seulement le concept, mais aussi la forme sensible. *« La laideur et la cruauté en art ne sont pas seulement un représenté. Le gestus même de l'art a, – comme le savait Nietzsche –, quelque chose de cruel. Dans les formes, la cruauté devient imagination : découper quelque chose dans le vivant, dans le corps du langage, dans les sons, dans l'expérience visible. »*[100] Ainsi des mythes et du théâtre tragique se dégage une métaphysique des mœurs, une anthropologie pragmatique. Mais à la différence du mythe, le théâtre ne justifie plus les règles et les pratiques traditionnelles, il est capable de les mettre en question, sachant tout ce que l'histoire peut comporter de nouveauté. Dans un pas de côté qui laisse en l'état la situation concrète, mais la dénonce en même temps ?

Or la position de l'altérité ne peut pas être séparée de la dénonciation de la domination, donc de la souffrance et du non-conceptuel. Adorno nomme autre non pas l'autre du même, mais ce que l'identité fait souffrir, à l'intérieur de soi. Ainsi le féminin, ce n'est pas l'autre du masculin, mais ce qui à l'intérieur du masculin, – ou de chacun, homme aussi bien que femme –, résiste à cette verticalité héroïque qui s'oppose au sensible. Les femmes dans le théâtre d'Euripide sont exactement dans cette position interne. Davantage que le sexe, c'est le genre qui est interrogé, c'est-à-dire cet usage social et hiérarchisé des différences biologiques. Euripide a traité majoritairement de ces questions. Alceste, Médée, Andromaque, Hécube, Les Troyennes, Les Suppliantes, Iphigénie en Tauride, Electre, Hélène, Les Phéniciennes, Les Bacchantes, Iphigénie à Aulis, tous ces noms de femmes désignent une partie essentielle du Dionysos démembré. Et c'est sur la question de savoir quelle place leur donner dans la totalité sociale qu'il laisse le spectateur.

---

[100] Adorno, *Théorie esthétique*, op.cit. p. 74.

Les Sirènes chantaient la nostalgie du retour tragique vers l'indifférencié, les femmes d'Euripide témoignent du malheur fait à leur condition. La tragédie de Médée commence par une longue plainte sur les vicissitudes du mariage. Elle éclaire la violence du mythe, la permanence et la dureté des civilisations. Dans le chapitre sur Ulysse, mais aussi dans celui sur Sade, et dans les derniers fragments sur « *l'homme et l'animal* », Adorno et Horkheimer ont insisté sur les ravages que les dominations patriarcales exercent sur les corps et les caractères des femmes : « *Comme naguère, la femme opprimée a survécu et exhibe la grimace de la nature mutilée… Dans sa rage impuissante, elle veut renchérir sur l'homme et son organisation… Dans les progromes, la soif sanguinaire des femmes dépasse celle de l'homme.* » (DR p.273) Misogynie ou constat tragique ? Les femmes, plus que les hommes, défendent l'appropriation de leurs corps et la fidélité mythique dans le mariage comme le rocher inébranlable de leur sécurité. Pénélope, Circé, les Lemniennes et à son tour Médée, figurent cette nature humiliée, exploitée, exilée, dominée, aliénée, auto-mutilée, dont « *l'oppression est le titre de gloire de cette civilisation.* » (DR p.271). Les analyses de *La dialectique de la Raison*, à propos de Circé et de Pénélope, de la courtisane et de l'épouse, offrent, à travers le prisme du mariage et de la fidélité, un point de vue plus précis encore des relations dialectiques entre Raison et domination.

Le mariage. Egalité, réciprocité, fidélité

Le mariage, affirme Adorno dans le chapitre sur Ulysse, « *fait partie de la roche primitive du mythe qui est à la base de la civilisation. Mais sa dureté et sa stabilité mythique émergent du mythe comme le petit archipel émerge de la mer infinie.* » (DR p.87) Moment de rencontre de la nature et de la culture, le mariage, par l'institution de la famille et le code des alliances, est une des premières structures des civilisations. La Raison et le droit se sont associés pour lui trouver sa forme conceptuelle. Ainsi dans le monde monogamique des Lumières Kant le détermine comme « *la liaison de deux personnes de sexe différent en vue de la possession réciproque, pour toute la durée de la vie, de leurs qualités sexuelles propres.* »[101] De cette définition Adorno tire deux

[101] Kant *Métaphysique des mœurs*, doctrine du droit 1ère partie, deuxième section, chapitre 3, §24.

analyses, critiques-sauvetages : celle de la « *possession réciproque* », celle de la fidélité *« pour toute la durée de la vie* ». Critique du mythe, levée d'une utopie. Le mariage est mythique, parce qu'il cache sous les prétendues règles de droit et d'égalité la réalité de la guerre inégale des sexes, et l'appropriation du féminin par le masculin. « *Le contrat entre les partenaires ne fait que racheter péniblement une hostilité immémoriale.* » (DR p.87) Malgré tout, il peut s'accorder à autre chose. Ni sacrifice ni impulsion libre, la fidélité est une suite mystérieuse de l'amour et encore ressemblante, sans qu'il y ait d'unité ni d'identité, à une réconciliation possible ; c'est ce que dit Adorno : terre émergeant de la furie des mers, « *barbarie enveloppée d'humanité* » (DR p.86), « *l'une des dernières possibilités que l'on ait encore de constituer des cellules d'humanité au sein de l'universel inhumain.* »[102]

Mythe et réalité. Que ce soit à l'époque d'Homère ou celle d'Euripide, si le mariage est le lieu d'un échange équitable, c'est que cela se passe entre hommes : accord formel passé entre le marié et le père de la marié, qui doit donner sa fille et une dot. « *Du IX au IVème siècle, une femme est toujours donnée par un homme à son mari et l'homme habilité à la donner donne toujours en plus des richesses... En échange le prétendant donne du bétail.* (…) *La signification de la grande parade des troupeaux est claire. Le prétendant offre une richesse virile, qu'il a fait se reproduire, pour acquérir une femme qui lui permettra de se reproduire… Les présents mettent le mâle preneur en possession d'un sexe fécond* », raconte Claudine Leduc dans son analyse du mariage en Grèce ancienne. [103] Ce qui va distinguer l'épouse légitime des autres concubines, ce sont les présents donnés par le père de la mariée. « *Ces objets précieux signifient que la mariée n'est pas un rebut.* » Elle est précieuse, et même si elle est inféodée d'abord à son mari, ensuite à son fils, elle conserve la dignité du bien auquel on tient. C'est pourquoi Pénélope est capable d'attendre Ulysse, et c'est pourquoi aussi elle apparaît dans l'Odyssée comme aussi rusée que lui. *« L'épouse monogame n'a de cesse qu'elle ne soit devenue égale au caractère masculin. C'et ainsi que dans le mariage, les partenaires finissent par s'entendre. »* (DR p. 86) Pénélope est devenue aussi froide et déterminée que son mari, dans la ruse

102 Adorno, *Minima Moralia*, op. cité §11p.28.

103 Sous la direction de Georges Duby, Michelle Perrot, *Histoire des femmes en Occident*, tome 1, *L'Antiquité*, Plon, 1991 ; article de Claudine Leduc "*La mariée en pays grec*" p 270-271.

qu'elle utilise pour vérifier son identité : elle sait comment il a construit leur lit nuptial, – une des montants est le tronc encore vif d'un olivier enraciné en terre profonde. L'indignation d'Ulysse, quand par ruse elle affirme que ce lit est déplaçable, devient la preuve irréfutable de sa véracité, et Pénélope reconnaît enfin son époux. Dans la dignité de sa situation d'épouse, elle a acquis les qualités de maîtrise de soi et d'intelligence qui sont celles de la place sociale qu'elle occupe. Combien différente est cette attitude si on la compare à celles de la nourrice ou du chien, qui n'ont pas besoin de ruses pour sentir dans leur cœur la présence du maître ! Elle est devenue inaccessible à la spontanéité de l'élan amoureux. « *L'épouse trahit le plaisir au nom de l'organisation stable de la vie et de la propriété.* » (DR p. 86)

Dans le même article, Claudine Leduc distingue en Grèce antique deux sortes d'échange : celui, façon Pénélope, qu'elle appelle « *mariage en bru* », la fille va habiter chez son mari, et celui qu'elle appelle le « *mariage en gendre* », où cette fois c'est le beau-père qui cherche à garder un gendre auprès de lui. On pourrait croire que dans *Médée* l'union projetée à Corinthe est un « *mariage en gendre* » : Créon offre sa fille et sa maison à Jason, qui est en lui-même précieux ; il a conquis la Toison d'Or, on chante ses exploits dans toute la Grèce. Et puis Médée comme épouse n'a aucune valeur sociale, elle est étrangère, ni esclave ni métèque, elle a trahi sa famille, elle a transgressé les lois religieuses : elle n'a pas été donnée par son père, elle n'a pas été acceptée dans les règles par son mari. Mariage d'amour, non pas mariage social. En fuite tous les deux, il n'y avait pas d'issue. Jason l'explique, et dans un sens il a raison. « *Pouvais-je trouver plus heureuse aubaine/ qu'une princesse à épouser, moi un banni ?* « (Euripide, vers 553-4)

La fidélité monogamique a comme objectif économique le non-partage des biens. Succession simplifiée pour les fils légitimes. A la femme toujours soumise et subordonnée la fidélité est imposée, et aussi au mari, du moins en principe : « *S'il accepte la vie commune en portant de bon cœur le joug avec elle/ elle vivra digne d'envie* », (vers 242-243) se lamente Médée, à l'unisson des femmes grecques, qui savent combien cette situation n'est pas nécessairement courante. Fausse fidélité, fausse conciliation. Lorsque Kant affirme la nécessité de l'égale réciprocité de l'échange dans le mariage, – « *l'usage naturel qu'un sexe fait des organes sexuels de l'autre est une jouissance pour laquelle chacune des deux parties se donne à l'autre. Dans cet acte, un être humain fait de lui-même une chose, ce qui entre en contradiction avec le droit de l'humanité dans sa propre personne. Cela n'est possible qu'à l'unique condition que, quand une personne est acquise par l'autre comme chose, elle fasse à son tour l'acquisition réciproque de cette dernière ; car ainsi elle se reconquiert elle-même et rétablit sa dimension de personne* »[104] – , il réussit un tour magistral de passe-passe. L'aliénation égale et réciproque des époux confirme le droit dans la justice, au nom de l'équivalence des échanges, et de l'obligation de se traiter toujours comme personne, même quand en même temps on s'utilise comme chose ou marchandise. Mais ce « *rapport d'égalité dans la possession réciproque* » est mythique : que l'usage égal et réciproque des corps soit une façon de se conserver comme personnes, capables de respecter à l'intérieur des consciences la dignité de la loi morale, est une illusion, fondée cependant sur une précieuse utopie de réconciliation. Mais dans un monde social fait pour que les sensibilités soient dominées, utilisées, travaillées, sans souci d'aucune affinité, la permanence dans l'amour est sans doute de l'ordre d'une expérience plus exceptionnelle qu'ordinaire.

Dans *La dialectique de la Raison*, Adorno évoque la légende de Philémon et Baucis, *« ordre de la réciprocité pour le temps de la vie », « solidarité face à la mort. »* (DR p.87) Les dieux accepteront de faire mourir ensemble les deux époux, transformant l'un en chêne, l'autre en tilleul, pour honorer leur fidélité. De même Hésiode propose une fin sereine à la geste des Argonautes : *« Quand le fils d'Aéson eut achevé les douloureux travaux que lui avait infligés, en grand nombre, un roi puissant et arrogant, l'orgueilleux, le brutal Pélias, il s'en vint trouver Aiétès, roi nourrisson de Zeus, et emmena sa fille pour en faire son épouse. Ses travaux achevés, après bien des souffrances il revint à Iolcos, emmenant, sur son vaisseau rapide, la jeune fille aux yeux vifs dont il fit sa tendre et belle épouse. Celle-ci se soumit à l'amour de Jason, pasteur de son peuple. Ainsi s'accomplissait le dessein du grand Zeus. »*[105] Médée n'a pas toujours été la femme trahie et infanticide, elle ne le devient que

---

[104] Kant *op. cit.* § 25 et § 26.

[105] Hésiode, *La théogonie*, *Les travaux et les jours*, trad. Cl. Terreaux, Arléa, 1995 p. 80.

lorsque sa situation d'épouse bafouée lui apparaît insupportable. On peut imaginer, derrière la mère meurtrière, la femme jalouse que les tragédies ont immortalisées, une jeune fille amoureuse dont la beauté solaire respire l'innocence et le bonheur.

La jouissance réelle, pénétrée d'injustices et de violences, est souvent dionysiaque, démembrée, sans famille et sans morale, sans responsabilité, enveloppée dans le temps du mythe et du destin. Dans l'élément dionysiaque du mythe, dit encore Nietzsche[106], « *nous nous identifions à la réalité primitive pour éprouver nous-mêmes son indomptable avidité d'être, en même temps que sa volupté d'être. La lutte, les tourments, les destructions que subit le monde des phénomènes nous apparaissent alors nécessaires, vu le nombre infini de formes d'existence qui se précipitent et se bousculent dans la vie, la fécondité surabondante du vouloir universel. Le furieux aiguillon de ces tourments nous transperce, en même temps que nous nous confondons avec l'insondable et originelle volupté d'être et que nous pressentons l'éternité indestructible de cette joie dans l'extase dionysienne.* » La Médée tragique d'Euripide est cohérente avec la perspective nietzschéenne. Le bonheur enfantin du mariage d'amour s'accorde avec la fureur des violences d'un couple devenu sans illusions. Médée endormie paisiblement aux côtés de Jason, comme le chante Hésiode, est-elle le résultat inconscient du trop de douleur accumulé dans son histoire ? Les femmes mariées et soumises ne figurent-elles pas, au lieu de l'espoir mythique d'union dionysiaque avec la vie, une insensibilité salvatrice, dont Médée exilée ne peut même pas bénéficier, puisqu'étant soumise, elle est rejetée, et étant femme, elle reste savante ?

« Le mariage fait croître la réconciliation autour de la soumission, tout comme dans l'histoire l'humain n'a fleuri qu'autour de la barbarie enveloppée d'humanité. » (DR p. 87) La relation du mythe et de l'utopie est dialectique, comme l'est dans les exercices de la rationalité celle de la domination et de l'émancipation. « *Barbarie enveloppée d'humanité* », le mariage est à la fois le signe de l'inhumanité de la domination de l'homme sur la femme, et le témoignage de cet archipel rédempteur où l'image du couple retrouve un creux de mère avec un creux d'enfant capable de paix et de partage des différences. Archipel

---

106 Nietzsche, *La naissance de la tragédie* op. cit. ch. 17 p. 109.

qu'il ne faut pas sacraliser, mais dont il faudrait conserver néanmoins le rêve salvateur.

La légende des Lemniennes

La réalité de la civilisation, c'est la souffrance des femmes, qui sont soumises à l'inversion des valeurs : « *La femme opprimée a survécu et exhibe la grimace de la nature mutilée. … Sa défaite se transforme en soumission, son désespoir fait d'elle une belle âme, son cœur outragé devient sein aimant.* » (DR p. 273) Fragilité, douceur, tendresse et bienveillance sont souvent l'envers terrifiant de l'humiliation, du découragement, de la résignation ou de la haine. Alors, poursuit Adorno, à cause de ces mutilations, défaites et soumissions, « *le désastre l'attire* ». Le cœur outragé peut brutalement renverser la domination dans la plus cruelle exhibition de son impuissance. La haine tourbillonnante que les femmes éprouvent sans nécessairement en connaître la raison est à l'image de cette oppression de la nature, dont la civilisation occidentale a fait son titre de gloire. Médée et les Lemniennes en sont quelques-uns des modèles.

Lorsque Dante évoque la légende des Argonautes, il se réfère à la première trahison de Jason. Dans le huitième cercle de l'Enfer, Virgile montre à son compagnon la figure d'un fraudeur particulier, Jason *: « Regarde ce grand-là qui vient/ et par douleur ne semble pas verser de larmes : / quel aspect royal il conserve encore ! / C'est Jason, qui par ruse et par courage/ Priva les Colchidiens de la toison./ Il passa par l'île de Lemnos,/ après que les femmes hardies et sans pitié/ avaient mis à mort tous leurs mâles./ Là, par astuce et paroles ornées,/ Il trompa Hypsipylè, la jeune fille/ qui avait d'abord trompé toutes les autres./ Là il l'abandonna, enceinte et seule ; / Cette faute le condamne au martyre ; / Et Médée y trouve sa vengeance. »*[107] Ovide aussi fera allusion au crime des Lemniennes, en évoquant la lettre que Hypsipylè aurait adressée à son amant pour lui rappeler ses promesses, la naissance de leur enfant, et sa trahison.

L'île de Lemnos a trouvé son intérêt ethnographique dans la rencontre à la fois d'un rite et d'un mythe. Dans un de ses premiers travaux, *Le crime des Lemniennes*, Georges Dumézil se pose la question de savoir qui du mythe ou du rite est premier, question

[107] Dante, *La divine comédie*, *L'enfer*, trad. Jacqueline Risset, XVIII 82-96.

qu'il dénoncera par la suite comme impossible à résoudre. Voici le rite : une fois par an, les maris et les fils s'éloignent des épouses et mères. On éteint pendant neuf jours tous les feux de l'île, un vaisseau va chercher à Délos un feu nouveau ; au retour, on distribue le feu, une vie nouvelle commence. La légende justifie le rite en racontant qu'Aphrodite, furieuse que les femmes de l'île ne lui aient pas rendu de culte, les avait aspergées d'odeurs désagréables. Leurs maris les auraient délaissées pour aller vers de jeunes captives. Les épouses auraient alors tué tous les mâles de l'île, maris, enfants et vieillards. Seule Hypsipylè, la reine, aurait pu protéger son père. Cette légende était notoirement connue dans la Grèce archaïque. Homère y fait allusion, Eschyle, Sophocle et Euripide en ont fait le thème de tragédies, aujourd'hui perdues. Apollodore raconte que les Argonautes accostant à Lemnos auraient été accueillis par ces femmes solitaires et brutales en manque d'engendrement. Avant de repartir, ils auraient permis le repeuplement de l'île ; mais Jason, en outre, aurait promis fidélité à Hypsipylè avant de l'abandonner pour toujours. Médée en ce sens reprend la guerre ouverte, immémoriale, des femmes trompées et de leur jalousie.

Ce qui est intéressant, autant dans le rite que dans la légende, c'est la rencontre du thème de l'odeur, – sexe et nature –, avec celui du mariage, – genre et culture. Nature dévalorisée et soumise aux règles de la culture. Cette conjonction trouve encore ici les analyses de *La dialectique de la Raison.* Dans sa lecture de l'Odyssée, Adorno s'approche du thème de l'odorat et traite à un double point de vue la figure de Circé : « *essence de la promiscuité* », elle mêle l'homme à l'animal et l'organe du nez à la répression de l'odeur dans la pratique de la station debout. Il insiste d'abord sur sa nature hybride, fille d'Hélios, petite-fille d'Okeanos, mélange dissonant d'eau et de feu propre à séduire, métamorphoser, perdre les identités. Circé est moins terrible que les Sirènes ; ce n'est pas une figure matriarcale, elle est plutôt en couple avec Pénélope : d'un côté la prostituée ou la courtisane, de l'autre l'épouse légitime. Elle ne fait pas mourir, elle transforme les hommes en animaux pacifiques et les domine. Caractère terrible de cette transformation. La relation à l'animal, dans nos civilisations, est une relation complexe de domination et de mimétisme, de nostalgie, de pitié, d'effroi, et de construction de frontières. Circé sera vaincue par Ulysse, dont le caractère viril sait se préserver des illusions de la réconciliation entre les contraires ou de la prétendue innocence des ébats sexuels. La magicienne se soumettra au caractère raisonnable et modéré d'un plaisir maîtrisé. Elle accepte les conditions imposées par le héros, la froideur et l'obstination, et lui offre alors un plaisir objectif, réaliste, mesuré et sans risque. Elle ne pourra faire profiter Ulysse de son odeur de femme qu'après lui avoir promis de ne pas l'affoler. Interdit du vertige de l'amour dans le mariage, dit Adorno, où la femme se transforme en mère de famille et où sa faiblesse physique, détournée en beauté féminine, – « *cette exhibition de la blessure dans laquelle la nature dominée se reconnaît* » (DR p.274) –, invite tout autant à la violence qu'à la peur d'être blessé à son tour. « *Elle met en pratique l'interdit de l'amour qui, plus tard s'est imposé d'autant plus énergiquement que l'amour, comme idéologie, devait masquer la haine entre les concurrents.* » (DR p. 85)

Dans le plaisir sexuel, il y a de l'animalité, de la sensualité, de la promiscuité, du toucher, de l'odeur, plus encore que de la vue ou de l'écoute. Les hommes de Lemnos le savent et les matelots d'Ulysse aussi. Il y a donc, dans la construction de l'identité du sujet occidental, une double hiérarchie : entre raison et sensibilité d'abord, à l'intérieur du sensible ensuite. L'odorat, répète Adorno à la suite de Freud, est le sens qui a été le plus opprimé et délaissé, sans doute en relation avec ce caractère, exceptionnel dans le monde animal, de la station debout. Dans une note du chapitre quatre de *Malaise dans la civilisation*, Freud dans un raccourci assez sidérant analyse l'origine de l'institution des familles, principe des civilisations : se tenir et rester debout est concomitant du dénigrement de l'odorat. On passe de la priorité de l'odorat à celle de la vue. Cette « *prépondérance des perceptions visuelles* », liée à la position verticale qui rend visibles les organes génitaux conduit « *à la continuité de l'excitation sexuelle, à la fondation de la famille, et de la sorte au seuil de la culture humaine.* » [108] La permanence des stimuli esthétiques remplace dans la culture la variation et la discontinuité des odeurs. Elle permet ainsi d'insister sur la fidélité, sur la

[108] Freud, *Malaise dans la civilisation,* trad. Ch. et J. Odier, PUF, Bibliothèque de psychanalyse, 1971, p. 50, note 1.

promesse de possession mutuelle, pour la durée de la vie, des propriétés sexuelles de chacun, pour reprendre les termes de Kant. Le caractère évanescent et éphémère, sans loi, des odeurs cède la place à des structures formelles plus stables. La vue, l'intelligence et la ruse forment constellation ; l'odorat, le goût et le toucher, servent la folie et la blessure. Le mariage est une façon de faire passer l'excitation de l'odeur au niveau du symbolique de la loi et de la politique. Freud poursuivra dans d'autres textes la logique ainsi proposée. La dépréciation de la sensibilité olfactive se terminera par la dépréciation de toute sensibilité, même visuelle, puisque le Dieu monothéiste sera d'abord interdit de représentation.

Dédaignant les charmes de Circé, Ulysse préfigure cette froideur bourgeoise dont Adorno fera le centre de l'indifférence au malheur d'une identité cuirassée et fermée sur elle-même. *« Les multiples nuances du sens de l'odorat sont la survivance de l'antique nostalgie pour les formes inférieures de l'existence, pour l'union directe avec la nature ambiante, avec la terre et la boue. De tous les sens, l'odorat… est le témoignage le plus évident du désir de se perdre dans l'autre, de devenir autre… La vue nous laisse tels que nous sommes, l'odorat nous fait nous fondre avec d'autres. »* (DR p.192) Les hommes volages dans la légende des Lemniennes sont comme les matelots d'Ulysse, affolés par la double polarité des odeurs féminines, désagréables et agréables ; ils se conduisent comme de petits cochons domestiques, dont on sait à quel point ils sont proches des êtres humains. Nu et sans poils, le porc, dont la chair est proche de la nôtre, indique Adorno (DR p. 83-84), ne sait pas respirer autrement qu'en reniflant, comme s'il caricaturait et calomniait déjà sa propre vitalité naturelle. De même les femmes sont capables de se dénigrer et de se détester, ayant repris à leur compte tout le mépris que les hommes adressent aux objets de la nature. Circé transforme les hommes en porcs, c'est-à-dire en êtres féminisés. *Choiros* en grec signifie à la fois la vulve et le petit cochon, de même que *porcus* en latin.

Les Lemniennes ont sacralisé les promesses du mariage, non celles de l'amour. Si par vengeance elles ont tué leurs maris, leurs pères et leurs garçons, c'est qu'elles ont cautionné en fait le contrat mythique qui faisait d'elles des victimes de la domination masculine. Elles se sont vengées pour restituer sa valeur à une institution qui les assujettit et les méprise. Triple dialectique : le mariage comme mythe de la spiritualisation des sens ; l'infidélité ou le mythe de la révolte de la nature ; la vengeance du mariage, et la victoire tragique de la culture sur la nature. La sensibilité spiritualisée, mais emprisonnée se libère de la contrainte de la promesse et aboutit à l'impossibilité pour l'espèce humaine de se perpétuer. Le mariage aurait-il été une mauvaise solution dans la marche vers la réalisation de l'esprit ? Les Lemniennes seraient kantiennes : « *La fidélité à ses promesses*, dit Kant, *a une valeur intrinsèque. Ni la nature ni l'art ne contiennent rien qui puisse être mis à la place de cette qualité, si elle vient à manquer.* »[109] Mais si le contrat est un contrat de dupes, un contrat où il n'y a pas de réelle égalité ? Promesse et fidélité ont-elles du sens lorsque les dés sont pipés ? Ulysse sait bien que non, puisqu'il trompe le cyclope pour pouvoir survivre. Les Lemniennes dénoncent malgré elles « *tout ce qu'il peut y avoir de ténébreux dans l'institution du mariage* », reprend Adorno (M.M. p.30), et il ajoute : « *Le pouvoir barbare qu'a l'homme de disposer des biens et du travail de sa femme, et la non moins barbare oppression sexuelle qui tend à obliger l'homme à prendre en charge toute sa vie durant celle avec laquelle il a pris plaisir à coucher momentanément, – tout cela remonte des caves et des fondations et vient à l'air libre quand on démolit la maison.* »

L'âme de Médée est-elle un corps de femme ?[110]

En réalité, Médée ne ressemble pas aux Lemniennes. Car dans Euripide, ce n'est pas tant à cause d'un mariage bafoué qu'elle se venge, mais d'un amour blessé à mort. Sa douleur d'abandon est plus forte que celle de la trahison sociale : *« Elle reste étendue, refusant de manger, toute livrée à la douleur/ et consumée par d'éternelles larmes/ depuis le jour où elle apprit qu'elle était rejetée./ Les yeux baissés obstinément, la face contre terre,/ pas plus qu'un roc, qu'une vague marine,/ elle n'entend ceux qui voudraient la consoler.* »(vers 24-29) Médée se minéralise, dans le

[109] Kant, *Fondements de la métaphysique des mœurs*, 2ème section, trad. V. Delbos, Vrin, p. 161.

[110] Expressioje empruntée au titre d'un livre de Giulia Sissa, *l'âme est un corps de femme*, Paris, Odile Jacob, 2000.

parfum salé d'une mer solitaire. Or, quand l'odorat et le toucher sont évoqués par Jason, il le fait dans des termes dont la brutalité dénonce la misogynie et la phallocratie les plus cyniques. A la fin de la longue légitimation de son comportement, content de ses sophismes, il assène : « *N'est-ce pas bien raisonné ? Tu le reconnaîtrais, si le souci du lit ne t'irritait. / Vous autres femmes, vous finissez par estimer que tout va bien si seulement vos nuits sont assurées.* » (vers 566-570) Le verbe *Knitzô*, en grec, dans le fragment de phrase « *si le souci du lit ne t'irritait* » veut dire gratter, chatouiller. Le « *souci du lit* », l'assurance des nuits, n'insistent pas tant ici sur l'aspect social du mariage que sur son intimité. Les femmes, se moque Jason, veulent une « *union droite* », « *eunè orthoumenè* », féconde et fondée en droit. Mais cette « *union droite* » ne sépare pas les odeurs et les caresses, – l'odorat et le toucher –, des conséquences légitimées par la société. Le terme « *eunè* », que Marie Delcourt traduit joliment par « *nuit* », signifie à la fois le lit, la couche nuptiale, et l'épouse. En prenant une autre épouse, Jason expulse Médée de son lit, de sa protection, d'un enveloppement nocturne et amoureux capable de restaurer et de multiplier les forces de la vie. Dans l'Odyssée, et précisément à l'occasion du récit de la rencontre entre Circé et Ulysse, ce terme est employé pour désigner la bauge, l'étable à cochon et ses âcres odeurs. Sécrétions fortes et odorantes que celles de l'amour, qui rappellent à l'esprit ses origines florales, maritimes et animales. Même mot donc pour désigner l'épouse, le lit, et les naturelles pulsions odorantes des tendances amoureuses. Le caractère culturel et éthique de la fidélité est une façon de soumettre la fragilité du monde des sentiments, mais aussi de rappeler leur insistance, de les rappeler et de s'en séparer. *« Le lit conjugal est le symbole de l'unité du sexe et de la propriété.* » (DR p.86) Rien n'est plus dangereux ; surtout, comme c'est le cas pour Médée, quand on se trouve dans une situation où le mariage n'est pas un vrai mariage, où il n'y a pas eu échange des femmes, mais rapt et trahison, où la femme est une étrangère, de surcroît savante, de noble naissance et prête à prendre, pour se venger, la place des hommes.

Dans *Le vocabulaire des institutions indo-européennes* Emile Benveniste attribue le nom de Médée à une racine très ancienne « *med* ». Au début du chapitre 4, il résume : « *A date historique la racine med — désigne des notions très diverses : "gouverner", "penser", "soigner", "mesurer". La signification originelle… peut se définir comme "mesure", non de mensuration, mais de modération. »* Se servant du latin et du grec homérique, il montre que « med » *« relève du même registre que jus et dikè : c'est la règle établie, non de justice, mais d'ordre, que le magistrat modérateur a pour fonction de formuler.* » Et il poursuit, dans le cours de l'article : *« pour donner une définition approximative de « mai — "on pourra dire que c'est 'prendre avec autorité les mesures qui sont appropriées à une difficulté actuelle ; ramener à la norme — par un moyen consacré – un trouble défini.'*[111]

Que Médée appartienne à l'ordre des chamans, à la fois guérisseurs, sorciers, savants et conseillers, personne n'en doute dans la tragédie d'Euripide : *'Nul Grec n'ignore plus combien tu es savante »* (vers 539) ; et que ce savoir ne soit pas dans l'ordre de la mesure sociale, personne n'en doute non plus : « *Jamais un homme de bon sens/ ne devrait élever ses enfants dans un savoir qui passe l'ordinaire./… Apporte au vulgaire ignorant des pensées neuves et savantes,/ ils ne diront pas que tu es un sage, mais que tu es un inutile* » (vers 294-99), rétorque-t-elle à Créon qui veut l'exiler sur l'heure, dans la crainte du mal irréparable qu'elle peut commettre. Non seulement Médée est habile, mais elle est femme, une femme qui a perdu les attributs divins que son nom évoquait dans les pays barbares, comme déesse agricole. L'ordre naturel qu'elle préservait là-bas s'est transformé en désordre ici : « *l'ordre du monde est renversé ainsi que la justice.* » (vers 411) D'où la logique de cette inversion. Le bien-le mal, le jour-la nuit, l'homme-la femme, l'autochtone-l'étranger. Les femmes sont des hommes à l'envers, essentiellement quand elles tombent amoureuses, et malveillantes, quand la situation qui leur est faite ne leur convient plus, ou quand ce sont des exilées sans espoir de retour. « *Que la mort, oui la mort/ vienne avant le jour de l'exil. /Nul malheur n'est plus grand/ Que d'être loin du sol natal* »/, chante le chœur à l'unisson de ses gémissements (vers 648-52). Médée transforme son pouvoir de réordonner le monde en puissances de destruction, la mesure de ses remèdes en poisons mortels.

La dernière page de la digression sur Ulysse analyse la constellation produite entre les concepts de nostalgie, de mythe et

---

[111] E. Benveniste, *Le vocabulaire des institutions indo-européennes* tome 2, *pouvoir, droit, religion*, Minuit, Le sens commun, 1969, p 130.

de patrie. Pour ces exilés que sont Horkheimer et Adorno, et dans le contexte exacerbé des nationalismes, la valeur de vérité du concept de patrie réside dans « *la nature elle-même comme quelque chose qui a été arrachée au mythe.* » (DR p.90) Une nature réconciliée, une politique utopique de négation des violences, loi de fuite dont paradoxalement Homère chante les nécessités, tant qu'Ulysse reste loin de son pays. Ce n'est pas quand, au retour, il exerce sur les servantes déloyales la plus cruelle des vengeances qu'il retrouve l'idée de patrie, c'est pendant son voyage, ou chez Calypso, quand la nostalgie le poigne et qu'il refuse l'immortalité que la déesse lui offre. « *L'idée de patrie implique celle d'une fuite* », répète Adorno (DR p. 90). L'idée, l'idéal. C'est le rêve de l'origine et de la nature réconciliées avec la conscience ; mais ces images sont trahies par celles de la stabilité et de la propriété, – « *nature aveugle et endurcie* » (DR p. 89) –, et le mot, dont le sens est devenu celui de la sédentarité propriétaire, garde malgré tout la puissance nostalgique des malheurs de l'amour.

Médée a trahi sa famille et son pays, mais ce n'est pas depuis ce mal qu'elle ressent la beauté nostalgique des origines. Amoureuse, elle est devenue « *la plus heureuse des femmes de la Grèce* » (vers 511) Ni père, ni mère, ni frère, ni sœur, sa passion pour Jason a été sa nouvelle naissance, son espoir, son bonheur. Elle a tout donné, elle a sacrifié sa vie sédentaire, ses origines royales. Rien ne lui a été impossible pour sauver et conduire celui qu'elle aime : elle a pris avec autorité, comme dit Benveniste, les mesures qui s'imposaient dans les situations particulièrement piégées qui s'offraient à leur couple. Nouvelle nomination de son nom, non plus dans la mesure, ni dans le renoncement, mais dans l'apologie heureuse des forces amoureuses. Eros, d'emblée actif, puissance dont la terre a besoin pour se mettre en mouvement, « *le plus beau des dieux immortels, qui défait les membres et, dans la poitrine de tous, dieux et humains, dompte l'esprit et le sage vouloir* » (Hésiode, Théogonie), Eros se conjugue avec cette femme impossible pour justifier la cruauté et sauver leur passion. Et puis elle a perdu. C'est alors seulement qu'elle se souvient. Et que l'idée de patrie lui (re) vient. Loi de fuite qui la mènera à l'exacerbation des crimes. Dans un monde dominé par la domination, « *l'amour même donne tort à l'amant et le punit. Son incapacité à se dominer lui-même et à dominer autrui, témoignage de son amour, est un motif suffisant pour lui dénier tout accomplissement.* » (DR p. 85) La patrie n'existe que dans l'exil malheureux, elle est le mot qui signe la nostalgie du pouvoir et de l'amour.

Dans son pays Médée était la reine. Rôle majeur. Mais un personnage comme elle peut-il assumer sans contradiction la domination ? Médée ressemble à Circé. Fille d'une Néréide, petite-fille d'Océan, et, par son père, petite-fille du Soleil. L'eau et le feu, mixte non différencié destiné à soulager la souffrance du désir en anesthésiant la conscience. Mais, dans la logique d'identité qui exclut l'étranger au bénéfice de l'autochtone, le mixte ne produit plus l'illusion de la réconciliation, mais au contraire la rage de la séparation. Les compagnons d'Ulysse, raconte l'*Odyssée*, pleurent quand ils retrouvent grâce à Ulysse leur apparence humaine. Le rêve de réconciliation avec la nature est intact, mais c'est parce qu'il est interdit de le réaliser. Circé s'est soumise. Pas Médée. Ses contradictions ne sont plus destinées à mixer les relations nature-culture, mais à être relevées dans les plus cruelles des hiérarchisations : on ne peut en même temps être mère et puissante, femme et savante, étrangère et heureuse. Pourtant elle aurait voulu assumer ensemble ces extrêmes sans rien sacrifier. Parce que ce n'est pas possible, elle choisit le pire. En quoi elle n'est ni dans la mesure « bourgeoise » que prône Ulysse, ni dans les revendications sacrificielles de sanction coupable qui font la vertu des héros tragiques ? Tout dans Euripide en témoigne : Médée ne refuse pas d'être mère, elle refuse le sort fait aux mères. Parce que la société considère que rien n'est héroïque dans les dangers mortels de l'accouchement, et que tout l'est dans les affrontements patriotiques du soldat en bataille, elle s'écrie qu'elle préférerait être soldat. « *Des dames de harem doivent avoir d'étranges refoulements* », suggère Marie Delcourt quand elle écrit la vie d'Euripide en 1930. Euripide est le premier à mettre en scène des femmes qui brûlent de passion, qui meurent d'amour ou tuent par amour, qui réfléchissent leur condition et calculent, rusent, argumentent et décident des orientations de leurs passions.

A la soumission Médée préfère l'orgueil et la vengeance. Pour triompher, elle se plie comme Ulysse aux stratégies de la logique : d'abord gagner du temps, utiliser les opportunités et les rencontres, trouver le moyen qui lui permettra de se venger sans être humiliée, ruser, mettre en place les machines de mort, puis enfin tuer les enfants, comme un homme aurait pu le faire. « *Que nul ne s'avise de me dire chétive, ou débile / ou résignée ! Tout au rebours: / lourde à mes ennemis, et secourable à ceux que j'aime ! / car il faut être tel pour vivre une vie glorieuse.* » (vers 807-12) Elle refuse les sentiments spontanés de tendresse qui pourraient déviriliser sa volonté : « *Honte à ma lâcheté / qui fait entrer dans mon esprit ces pensées de faiblesse.* » (vers 1051-52) Cette femme malade d'amour, – ce que pourrait être la raison si elle reconnaissait sa nostalgie –, va doser dans le calcul tactique le plus rationnel la force des crimes et les adapter aux victimes : à Créuse et son père une mort lente et extraordinaire, témoin de son statut d'étrangère. Affreux spectacle des « *chairs qui coulent des os comme de la résine sous les dents invisibles du poison* », du père attaché à sa fille dans la terreur des efforts pour s'en détacher : « *Lui cherchait à se mettre debout / Elle le retenait à terre. S'il tirait plus fort / sa chair sénile cédait, se détachait des os.* » (vers 1215-17) Aux enfants aimés le couteau du sacrifice, sa rapidité et son efficience. « *Je ne puis pas livrer mes fils / pour que mes ennemis à leur gré les outragent. / Puisqu' à tous prix il faut qu'ils meurent, / C'est moi qui vais les tuer, moi qui leur ai donné la vie.* » Médée dépasse le malheur et en triomphe, par un malheur plus grand encore. A Jason enfin quelque chose de pire que la mort, le désespoir sans postérité : « *C'est trop tôt pour te lamenter : attends la vieillesse.* »(vers1496) Non-sens, dit-elle, de la vie seulement biologique et factuelle.

Ce qui sauve la Raison, écrit Adorno, c'est que « *ses adversaires ne lui permettent pas de céder à l'horreur qu'elle s'inspire elle-même.* » (DR p.126) Médée revendique cette horreur parce que ses ennemis la condamnent et parce que le chœur affirme qu'elle ne l'osera pas. Mais elle n'y cède pas. Médée impitoyable résiste à sa tentation d'autodestruction, elle enterrera ses enfants et condamnera les Corinthiens à leur rendre hommage. *La dialectique de la Raison* pourrait bien commenter la tragédie d'Euripide quand, à la fin du chapitre sur Kant, Sade et Nietzsche, elle affirme : « *Seule l'exagération est vraie… En proclamant l'identité de la domination et de la raison, les doctrines impitoyables sont plus accessibles à la pitié que celles des moralistes, laquais de la bourgeoisie.* » Dans les soubresauts féroces de son impuissance à changer le monde autrement que par la terreur,

Médée, inconsolable et calculatrice éclaire les scandales de l'indifférence, de l'oppression des femmes dans une cité normée pour la domination exclusive du pouvoir masculin. La souffrance, de même que toute expérience qui travaille dans l'ordre de la qualité et du désir, fait éclater l'immanence fermée du monde objectif, appelle un au-delà particulier, l'espoir d'un monde meilleur, l'indignation devant la réalité « objective ». Médée révoltée est en affinité élective avec une nature qui serait dégagée de l'emprise du poison de la domination.

Qui que soit Médée, pourtant, elle appartient par son corps au monde des femmes. En tant que telle, elle est cette matière aristotélicienne qui reçoit la forme, et à quoi le mariage l'a destinée. Mariage, matrimonium, dont le but est de transformer la femme en mère, mater. Mais elle est, comme toutes les femmes, exceptionnelle, et rétive à toutes les généralisations qui font d'elle un exemplaire anonyme d'un concept générique.

L'analyse des difficultés que rencontre Aristote pour traiter à la fois du corps des femmes et de leur capacité d'engendrement est éclairante à ce niveau. C'est en termes quantitatifs de plus et de moins qu'il les décrit d'abord, dans le texte sur la génération des animaux, pour justifier les pouvoirs naturels du mâle : la femelle est plus petite, plus faible, plus fragile, elle a moins de dents, moins de sutures crâniennes, moins de voix, elle n'a pas la même chaleur vitale que le mâle, son cerveau aussi est plus petit… Même nature que le mâle, mais nature altérée et dégradée, pour tout dire mutilée[112]. De plus, dit-il, « *la femelle est bien, en tant que femelle, un élément passif, et le mâle en tant que mâle, un élément actif, et c'est de lui que part le principe du mouvement. En sorte que si l'on prend chacun de ces termes dans leur sens extrême, l'un dans celui d'agent et de moteur, l'autre dans celui de patient et de mobile, le produit unique qui en est formé ne peut l'être qu'à la façon du lit qui vient de l'ouvrier et du bois, ou de la boule qui sort de la cire et de la forme.* » (*De la génération des animaux* 716 a) Femme-bois ou femme-cire, la matière dont est faite chacune résiste plus ou moins au travail de la forme. Le texte de la *Métaphysique* rend plus complexe la métaphore. Adorno, dans ses cours, insiste

[112] Cité par G. Sissa, article *Philosophie du genre*, in G. Duby, M. Perrot, *Histoire des femmes en Occident* tome 1 *L'Antiquité*, Plon, 1991, p 90.

longuement sur les difficultés et les contradictions des rapports forme-matière[113] : pas de matière sans forme et pas de forme sans matière ; les extrêmes n'existent que dans leur médiation réciproque ; il n'y a jamais d'immédiateté. Bien que l'une soit supérieure à l'autre, les deux ont besoin l'une de l'autre.

Comment alors définir ce qui est concret ? Aristote, explique Adorno, le fait de trois façons. C'est d'abord ce qui est désigné par un geste, et non pensé. Unique donc, et sensible, donc indifférent pour l'esprit, qui subordonne toujours le particulier à l'universel. Mais c'est aussi un résultat : celui d'une force, la forme, – causalité finale –, qui s'exerce sur une matière, matière dont le caractère est a priori indéterminé et aveugle. La matière est chez Aristote une simple possibilité qui prendra figure et identité grâce à la forme. Enfin, et c'est ici le plus intéressant, en tant qu'il est résultat, le concret reste toujours imparfait, car jamais la forme ne peut imprimer sa pure finalité dans ce qui lui résiste. La matière est donc en même temps un principe d'individuation, un principe d'imperfection, et un principe de résistance. Une chose n'étant jamais pure correspondance à sa forme, c'est sa matérialité qui est responsable des différences individuelles. *« On peut dire sans exagération que c'est la matière qui est le principium individuationis chez Aristote et non, comme nous sommes enclins à le penser, la forme, qui est ce qui détermine une chose particulière en tant que chose particulière. »* La forme sépare les individus, mais ne fait pas qu'ils ne sont pas semblables. C'est la résistance de la matière qui donne à chaque chose son caractère différent et unique. *« C'est cette particularisation – le fait qu'un étant ne soit pas identique ou pas totalement identique à sa forme – qui est le fondement de l'individuation. L'individuation devient quelque chose de négatif chez Aristote. Voilà encore une thèse fondamentale de l'ensemble de la métaphysique… S'il y a un lieu où la prétendue grande tradition de la philosophie s'est faite idéologie, c'est bien ici. »* [114]

Si l'on associe, – d'une façon pas tout à fait intempestive –, la matière au féminin et la forme au masculin, on peut en conclure que « femme » est à la fois le nom de ce qui est le plus individuel de chaque individualité, le plus sensible, le plus concret, et le plus

---

113 Voir aussi le chapitre 1, où je traite du cours d'Adorno sur la *Métaphysique* d'Aristote.

114 Adorno, *Métaphysique*, p. 126.

négatif de chaque rapport d'identité. Non conceptualisable dans le vocabulaire de la contradiction et de l'identité, elle est de l'ordre de la résistance par rapport à l'image que la virilité se fait de l'humanité : debout, volontaire, rationnelle, dominante, technicienne et savante.

Or, poursuit Adorno, « *étant donné la tournure que l'ensemble de la tradition philosophique a prise à la suite du dualisme aristotélicien, le concept général de "matière" a pris subrepticement la place de la matière et cette dernière a été transformée en quelque chose qu'elle ne doit pas être, à savoir quelque chose de conceptuel.* » (p. 127) Traduit en termes de féminin-masculin, cela pourrait donner : Etant donné la tournure que l'ensemble de la tradition philosophique a prise à la suite du dualisme aristotélicien, les concepts généraux de « féminité », ou « maternité », ou « sexe », ont pris subrepticement la place des femmes et ces dernières ont été transformées en quelque chose qu'elles ne doivent pas être, à savoir quelque chose de conceptuel. Ainsi se crée une opposition et une hiérarchisation. « *L'homme en tant que dominateur refuse à la femme l'honneur d'exister comme individu. La femme prise individuellement est un exemple social de l'espèce, représentante de son sexe et c'est pourquoi, entièrement conquise par la logique masculine, elle représente la nature.* » (DR p. 120)

Mais y a-t-il vraiment des femmes qui seraient « représentantes » de leur sexe ? Le bois dont est fait Médée ressemble-t-il au bois dont est fait Pénélope ? D'un certain point de vue, oui. Consentantes aux modèles sociaux du mariage, résistantes à tout ce qui peut les en détourner. « *Eunè orthouménè* », « *une couche légitime* », c'est ce à quoi toutes les deux ont aspiré. Mais la femme Médée sait bien qu'à ce modèle, parce qu'elle est étrangère, elle ne pourra jamais ressembler. Le bois dont elle est faite est si tordu qu'aucune forme ne pourra la travailler sans défauts, ni même risquer l'accident. C'est alors que la dialectique de la soumission et de l'émancipation devient tourbillonnante : Médée matériau, pur aveuglement, s'efforce en les caricaturant, et dans les plus grandes confusions, de rejoindre les positions courageuses, viriles et inhumaines de ceux qui la mutilent. Car ce n'est pas en soi la mort des enfants qui terrifie les spectateurs. C'est que c'est une femme qui la donne, et ce n'est pas pour raison d'Etat ! La transgression ne vient pas de l'assassinat lui-même, mais du fait qu'il est perpétré par une femme, et aussi que les enfants sont des garçons.

Médée tue ses fils. A éloigner son regard, on peut apercevoir une chaîne mimétique et logique entre les images de sépulture, de grotte, de fécondité, de vulve, de blessure, et de sacrifice d'enfants. L'inquiétude liée à la fragilité, et à la force aussi, de la transmission de la vie est sans doute universelle. Mais elle se décline toujours différemment, et la terreur mystique devant le meurtre d'un enfant cache sans doute mal les violences réelles qui peuvent être décuplées, quand l'époque excite les plaisirs de la destruction sans risque. Les imaginaires de la cruauté, dit Adorno, ne sont pas à renvoyer à un fond biologique mythique, mais au côté historique et politique des sociétés. Que des hommes assassinent des enfants, c'est-à-dire des êtres physiquement moins forts, ce peut être dans l'ordre des choses, si l'intérêt le demande. Les massacres contemporains ont amplifié et généralisé le processus : « *La main qui caresse négligemment les cheveux d'un enfant ou la fourrure d'un animal signifie que cette main peut détruire. Elle flatte affectueusement l'une des victimes avant d'abattre l'autre et son choix n'a rien à voir avec la culpabilité de celle-ci. Cette caresse a pour but de démontrer que tous sont égaux devant le pouvoir, qu'ils n'ont aucune essence, aucune nature spécifique. Une créature n'est qu'un matériau pour les objectifs sanglants du pouvoir… Pour les fascistes la nature n'est qu'ordure.* » (DR p.276)

Ni les enfants ni Médée ne sont encore des « ordures ». Car si elle les tue, c'est qu'elle les aime d'amour, et qu'elle s'aime encore à travers eux. Aristotélicienne avant la lettre, elle montre que ce principe d'individuation, qui en fait un être unique et exceptionnel, permet d'espérer autre chose que de simples « *liquidations du moi* ». Médée est unique, aucune femme réelle ne lui ressemblera jamais. Mais aucune femme non plus ne sera moins riche ni moins complexe. Si elle peut les éclairer toutes de son étrangeté tragique, c'est que sur ce terme banal de différence des sexes, dans son apparente et lisse évidence descriptive, elle montre l'humiliation, la douleur, la terreur, l'amour, la haine, et ce qu'il en advient quand les pièges du pouvoir et de la domination se referment.

Le caractère unique de toute œuvre d'art fait jouer cette résistance que la matière oppose à la forme, sens et concept.

Euripide en témoigne, dans les jeux qu'il commande aux postures de l'étrangère. Son corps, tantôt vertical, tantôt affaissé, joue cette guerre des sexes, concept contre concept, masculin contre féminin. Le féminin, par sa matérialité, sera du côté des vaincus tant que la « nature », – destin puis causalité, puis déterminisme, puis objet de sciences soumises à des pouvoirs démiurgiques –, restera marchandise abstraite. Mais, comme pure possibilité non encore informée, comme ce qui est le plus concret dans le concret, le plus « esthétique », il peut, dans la mémoire des souffrances, laisser espérer autre chose qu'une reconduite indéfinie des rapports de force.

Ainsi, des mères mugissantes aux mères silencieuses, des femmes obéissantes aux femmes révoltées, à travers les figures des œuvres d'art, on peut espérer une logique qui s'inverse. Non pas celle qui va de » *la fronde à la bombe atomique* » (DR p. 22), mais au contraire : de la terreur indifférenciée vers la précision des ripostes. La tragédie d'Euripide utilise la dissonance, – horreur, pitié –, pour exprimer et tuer en même temps l'altérité qui pourrait sauver la souffrance de la particularité muette de ses formes sensibles. De même qu'Adorno critique et sauve les Lumières d'Ulysse, de même Euripide critique et sauve les résistances des individualités réprimées.

A travers la permanence de la question : comment soustraire le droit à la fatalité de la vengeance ? Adorno réhabilite et invente le concept d'affinité, qu'il considère comme le sommet de toute dialectique négative. Le but, dit-il, c'est de trouver des opérations de pensée qui puissent transformer l'identification, le mimétisme identitaire, en affinité : dégager en partie la causalité, dans les liens de particulier à particulier qu'elle est capable de mettre à jour, de la loi trop générale, s'attacher à des formes, non seulement d'explication, mais de compréhension. Une science du singulier est-elle possible ? Une intrusion des modes opératoires de la pratique artistique dans les mondes critiques des connaissances abstraites, qui insisterait sur ces objectifs, – de séparation intime et de réconciliation impossible –, avec le caractère unique de chaque réalité, pourrait-elle dégager mieux la recherche des causes des prétentions systématisantes et unificatrices du sujet connaissant ? Freud disait que la partie théorique de la psychanalyse, la métapsychologie, n'était pas autre chose qu'une « sorcière », un ensemble de lois générales qui pouvaient « marcher » dans une démarche explicative générale, mais qui ne permettaient sans doute ni de comprendre ni de guérir. Connaître le refoulé, et ses « causes », ne permet pas à soi seul de s'en émanciper. Le concept d'affinité, que *Dialectique négative* propose pour se dégager de l'emprise idéaliste du schème de la causalité, aurait bien quelque chose à voir avec cette pratique si particulière, entre invention imaginaire, conceptualisation abstraite, art, expérimentation méthodique, idéologie mensongère, relations complexes de pouvoirs et contre-pouvoirs, que Freud construit sous le nom de science de l'inconscient. Affinité élective avec l'expérience active de la douleur et le souvenir de la réaction passée à la douleur, le sujet devenu savant comprend que l'altérité à soi-même est une condition essentielle au travail de reconnaissance, que sincérité ne vaut pas vérité, que désir n'est ni mesure, ni démesure, mais quelque chose à la recherche d'un « contenu de vérité », pensée refusant l'injustice. « *L'affinité n'est pas un reste que la connaissance garderait entre ses mains après avoir éliminé les schémas d'identification de l'appareil catégorial, elle en est plutôt la négation déterminée. Cette critique réfléchit sur la causalité. En elle, la pensée imite l'emprise qu'elle fait peser sur les choses, elle est sur le seuil de la sympathie qui ferait disparaître cette emprise. La subjectivité de la causalité entretient une affinité élective avec les objets, elle est le pressentiment de ce que le sujet leur fait subir.* » (DN p. 211)

Les femmes d'Ulysse et le lit de Médée racontent des humiliations millénaires. Mais leurs résistances, leurs nostalgiques et terribles beautés, leurs fascinations des terreurs de la mort et de la magnificence de la vie, en dépit de leurs défaites laissent intact le désir d'une autre vie possible. A la fin de *Dialectique Négative* Adorno, se souvenant de son travail avec Horkheimer, écrit : « *Le cours du monde n'est pas absolument fermé, ni le désespoir absolu ; c'est plutôt ce désespoir qui constitue sa fermeture. Si fragile que soit en lui toute trace de l'autre, si défiguré que soit tout bonheur parce que révocable, l'étant est néanmoins dans les fragments qui s'inscrivent en faux contre l'identité, traversé par les promesses de cet Autre constamment trahies.* » (DN p. 314) Même le pire peut être pensé, et ce n'est pas pour désespérer qu'il faut le faire, mais bien dans l'optique lumineuse d'un matérialisme non violent, décidé à chercher à réparer par la raison ce qui a été démoli par la raison.

... ET POUR FINIR

Ulysse, Médée, Adorno. Constellation des Voyageurs Contraints. Contraints par le destin, par l'amour, par la guerre, par l'extermination programmée. Trois étoiles qui pourraient dessiner une des souffrantes figures de nos malheurs contemporains. Souffrante et clairvoyante ; critique et sensible ; enragée et pitoyable. Dessinée pour prémunir contre le sacrifice et la fatalité. Dans des situations piégées, comme l'ont été et le sont encore toutes celles où la domination paraît sans fin, Ulysse montre que les ruses de l'intelligence et la volonté d'émancipation peuvent s'allier au bonheur de vivre, et de goûter aux joies poétiques de l'imagination. Médée rabat cet espoir dans une radicalité sauvage. Adorno pourrait chercher à les critiquer et les sauver, tous les deux. Critiquer Ulysse pour le sauver, car lui aussi est piégé ; il n'est resté vivant qu'en sacrifiant toute une part de lui-même, les impulsions de l'enfance, les plaisirs promis par les gouffres de l'aventure, le bonheur sans pouvoir. Dans sa survie triomphale il a trouvé la solitude, une vengeance différée, et la conception d'un monde où l'autre est toujours dangereux, puissant et prompt à faire mourir. C'est « *une victime sacrifiée pour l'abolition du sacrifice.* » Aurait-il pu exister d'autres façons de s'opposer à la domination que ces renversements de vaincu en vainqueur ? Sans doute, mais notre imagination ne va pas, n'a pu jamais encore aller jusque-là, jusqu'à inventer ces stratégies qui ne reconduiraient plus à la terreur d'altérités mortifères. Cependant rien n'est jamais définitif. Car les imaginaires de la destruction ne sont pas à renvoyer à un fond biologique mythique, mais au côté patriarcal et hiérarchisé des cultures humaines. Si Médée est à ce point violente, c'est que femme, étrangère, savante, elle n'a aucune place dans la société qui l'accueille.

Homère, ont dit Horkheimer et Adorno, a signé ce balancement génial de l'esprit entre espoir de progrès d'un côté, cruautés installées et répétitions des dominations de l'autre. Premier à séparer mythe et Raison, il a fait de l'Odyssée un roman et un conte, que toutes les générations futures répéteront dans le plaisir magique des histoires qui finissent bien. Ulysse est poursuivi par la vengeance de Poséidon, aidé au retour par Athéna, mais c'est tout seul qu'il s'est débrouillé dans ces étranges contrées maritimes où vivent des êtres dont le monde de l'Olympe ne s'occupe guère… La poésie et la littérature comme seules alternatives à la douleur du monde ?

La catastrophe initiale, explique *La dialectique de la Raison*, est celle de la collusion raison – domination, celle des jouissances de la conquête et de la puissance rationnelle sur la nature, les autres, et soi-même. Catastrophe projetée au commencement par les terreurs de nos temps présents, terreurs politiques, les fascismes, terreurs techniques, la bombe atomique.

L'humanisme d'Ulysse a une face noire. La violence de Médée lui répond.

Face à lui pourrait-elle être sauvée ? Des deux côtés, la même foi aveugle dans les vertus du pouvoir, du mariage, dans les plaisirs sans nuance de la vengeance, ceux du triomphe des faibles sur les forts, des renversements du pouvoir. Des deux côtés, l'honneur et la survie. Mais d'un côté la raison qui triomphe du mythe, de l'autre la tragédie. Et puis des mises en abyme. Ulysse aime sa Pénélope de l'amour du propriétaire, elle a la docilité des marchandises choisies ; Médée exprime celui de la passion et du désespoir, et revendique l'égalité. L'amour installé n'a pas les mêmes sublimes terreurs. Médée cosmopolite est sans patrie ; réfugiée politique, elle sera bannie ; son pouvoir a été celui des damnés de la terre, des révoltés, des colonisés, des cultures magiques contre les cultures savantes. Ulysse a le cosmopolitisme des vainqueurs : partout la domination de l'intelligence technicienne, partout les certitudes qu'on peut connaître, utiliser, orienter vers notre puissance les lois de la nature, partout la certitude que dominer c'est assurer sa sécurité.

Comment pourrait-elle lui répondre ? Que pourrait-elle dire à cet homme habile, rusé, maître de lui, et ainsi triomphant des forces du malheur ? Elle est femme, donc pas du côté des maîtres ;

elle est la nature, l'émotion, la passion, l'amour fou. Elle est du côté des exilés, de leur puissance vitale, de leur regard éloigné qui permet de percevoir mieux que d'autres les violences du pays qui les reçoit. Elle est du côté des savoirs et pratiques ignorés et contestés, de ceux et celles qu'on appelle irrationnels parce qu'on ne s'intéresse pas à ce qu'ils ont d'intelligence concrète ou d'empirisme local, ou parce qu'on les craint. Pourtant elle reste logique, et si elle est conduite au meurtre, c'est qu'elle est contrainte, au moins dans Euripide, par la force des déductions et des causalités. En effet : elle ne peut pas tuer Jason, – impossibilité naturelle à l'amour, le tuer ce serait aussi se tuer – ; il faut donc supprimer ce qui l'éloigne définitivement de son bonheur passé, la nouvelle épouse, et la ville tout entière. Le moyen ? Impossible de se servir des armes les plus nobles, armes viriles, le couteau par exemple. Alors le poison, l'arme des faibles, des traîtres et des femmes. Qui portera le voile à la jeune épousée ? Quels meilleurs messagers que ses propres enfants, témoins vivants de l'amour fou et porteurs innocents du cataclysme à venir ? Médée se défend auprès d'Ulysse. Elle aussi a voulu triompher, elle aussi a voulu se garder, elle aussi a rusé, a calculé. Mais dans sa folie et son impatience elle n'a pas tout prévu : qu'après la mort de Créuse les enfants seraient eux aussi en danger de mort ! Alors autant les tuer de sa main. Ulysse aussi a accepté de perdre ses compagnons. Alors ? Qu'a-t-il à reprocher ? La conscience morale d'Ulysse, celle de l'Aufklärung qui accuse Médée criminelle et terroriste, n'est-elle pas l'expression de sociétés qui ont accepté et acceptent des massacres bien plus grandioses ? Médée pourrait, de plus, reprocher à Ulysse ses séductions calculées, ses stratégies dont l'efficacité redoutable est fondée sur l'absence de sympathie, d'élan vers ce qui n'est pas de lui et de son monde. Il aime l'aventure, soit. Mais il n'est pas prêt pour la recevoir. Elle, Médée, en a payé le prix. Prix fort, un autre prix peut-être aurait été possible. Mais c'est ainsi. Ce qui est fait est fait. Ulysse ne se perd jamais, il a trop peur, il se méfie trop, de lui, des autres. Il a raison. Il s'est construit dans sa carapace défensive comme un homme nouveau. Sacrifié malgré tout.

La question reste entière : Adorno pourrait-il sauver Médée ? La sauver de l'infanticide, de son sacrifice, de sa haine ? Non, bien sûr ; mais oui, un peu. Il pourrait travailler son corps souffrant, ses entrailles, blessures, cicatrices, trahisons, exil, humiliations. Retrouver la jeune fille, et plus loin, elle, enfant, traversée par les hésitations du mythe : deux mères, Idye, Océanide « aux belles joues », ou Hécate, déesse de la lune et de l'ombre. Et puis son énergie pour partir et quitter son pays. Un corps qui ne se réduit pas à l'infanticide, et qui est empoisonné par l'histoire des vainqueurs. E si Médée avait eu des filles ? Au nom de cette souffrance elle aurait pu à son tour devenir personne, c'est à dire quelqu'un d'autre ou n'importe qui, une universalité de désir non satisfait, de frustration, d'espoir par son désespoir même. Mais dans un monde d'identité Médée ne peut avoir le pouvoir. Même libre, même PDG, même reconnue et honorée comme un homme, si elle était resté femme, elle n'aurait pas pu oublier en elle ce refus fondateur, refus d'un monde qui néglige et peut tuer l'amour. Refus qui signe son altérité. Ulysse en revanche aurait pu lui enseigner ce qu'il savait, et qu'il n'a pas pu lui-même accomplir, l'admiration de l'existence. De l'existence, des naissances, des nouveautés imprévues, des ruses et des bonheurs de la beauté. Rester vivant. Le philosophe, nouvel Ulysse, nouvelles Lumières, aurait pu insister.

Je l'ai dit matérialiste et non violent. Matérialisme : pas du tout celui qui oppose âme et corps, matière et esprit pour supprimer un des termes et garder l'autre. Ni la matière ni l'esprit ne sont des invariants et des absolus. C'est pourquoi Ulysse, Médée, Les Lumières, à la fois ont passé et ne passent pas. Le souffle de l'histoire se retourne, les restaure, et les transforme.

La dialectique de la Raison a bien fait de choisir les aventures d'Ulysse contre celles des Argonautes. Elles sont bien plus dialectiques et salvatrices. Le pays d'Aiétès ne connaît pas la grandeur des actions conduites par la seule raison, et les expériences de Jason n'ont pas la dimension onirique de celles de l'Odyssée, même s'il s'agit de guerriers qui sortent de terre, ou de semer des dents de dragon. C'est trop frontal. Homère s'éloigne du mythe, il ne le détruit pas, l'imagination populaire y garde ses pouvoirs fantastiques, et les fatalités du destin sont mises à mal. Dialectique de la Raison. Cette dialectique est aussi présente dans

Euripide. Humaines, trop humaines, ses héroïnes explosent le sacrifice en lui donnant sa dimension sociale et politique. L'explosent, l'annulent, l'amplifient, le reconduisent, le dispersent en multitudes.

Le matérialisme adornien est un matérialisme de la dissonance et de la douleur. Un matérialisme moral. Il dit la force, la valeur, le caractère fondateur des corps. Mettre la pensée à l'épreuve du corps, ce sont ses ambitions. Le corps vivant jamais ne s'en tient à la biologie, ni à sa propre mort. Il cherche l'éternité, dans une permanente mobilité. Sa douleur dit : « passe » ; et la pensée fait, à travers lui, l'épreuve de l'inadéquation, des imperfections, de la fragilité, des difficultés à parler correctement du concret. Elle sait combien il faut aller, par le concept, au-delà du concept, pour dire tout ce que les mots sentent sans arriver à le formuler. Ce matérialisme donne dans la liberté de l'impulsion et de la sensation, lesquelles sont nécessairement historiques et enchâssées dans les troubles de l'époque, le point de départ de la réflexion.

Adorno a cherché à casser le cycle oppression-vengeance, puisqu'il ne suffit pas d'inverser une situation pour la rendre vivable. Son matérialisme moral est donc non-violent, pourtant ni pacifique ni pacifié. Dans des situations piégées, la violence est inévitable. Ulysse l'a dit. Mais Adorno affirme, au nom des désespérés, qu'elle n'aura jamais le dernier mot. Il y a alors des affinités possibles avec cette Médée cruelle et mutilée, comme avec des moments historiques où l'on est en même temps victime et assassin, sans avoir perdu la sensibilité à la douleur du monde. Affinités critiques qui n'oublieront jamais les cris des enfants, les terreurs de Créuse, qui ne pourront ressusciter personne, ni défaire ce qui a été fait, mais qui ne sacraliseront rien, et qui ne réduiront pas cette femme au fait qu'elle a tué son frère et ses enfants. Affinités dialectiques qui pourraient lui donner d'autres corps que le sien, enfant, jeune fille amoureuse, épouse heureuse et mère aimante. Affinités de solidarité pour disloquer sa rage en la suivant dans l'histoire. Adorno n'aurait pas rencontré frontalement Médée. Quand la mort menace, il n'y a pas de position de face à face qui ne reconduise à elle. Il ne lui aurait jamais dit : « c'est ta faute ». Son matérialisme évite les positions de surplomb ou celles de jugement moral. Il cherche le petit, le fragile, l'unique, il dit qu'il émigre dans la micrologie, celle qu'il tourne vers l'analyse des œuvres d'art, littérature, musique ou poésie.

Car, non, Médée n'a pas existé, ni de chair ni d'os, pas plus qu'Ulysse. Aucune femme n'est Médée, ou alors toutes les femmes. Elle éclaire tous les vivants humains de son tragique étranger, mais pourtant ne vaut aucune femme vivante dans sa complexité, son histoire et sa richesse. Les Médée, les Ulysse, seront des œuvres d'art, utilisant la dissonance pour exprimer et tuer en même temps les altérités qui auraient pu les sauver. Mais l'œuvre d'art peut devenir politique et émancipatrice, si elle aide individuellement à vivre le moins mal possible, à vivre autrement dans un monde qui tisse violemment sa propre totalité, à vivre dans ce contre-la-mort qui définirait bien ce qu'est et ce que peut un corps. Contre la sujétion identitaire de la mort, et, juste avant, contre les souffrances, les naufrages, les violences, Ulysse, Médée, Homère, Euripide, Sénèque, et tous les autres, et puis ensemble la musique, la littérature, la poésie, tous les arts, proposent un plaisir très intéressé aux mystères du beau dont Adorno dit dans *Théorie esthétique* qu'il est comme une « *racine aérienne* » (TE p. 301) ; nous ancrant dans le sol, mais nous permettant de nous élancer vers le bleu du ciel.

Dans ce dernier ouvrage, le philosophe écrit : « *Il ne convient pas d'esquisser même la forme de l'art dans une société transformée… Mais il vaudrait mieux souhaiter qu'un jour meilleur l'art disparaisse plutôt qu'il oublie la souffrance qui est son expression et dans laquelle la forme puise sa substance. Cette souffrance est le contenu humain que la non-liberté fausse en positivité… Que deviendrait l'art, en tant qu'écriture de l'histoire, s'il se débarrassait du souvenir de la souffrance accumulée ?* » (TE p. 330) Ce sont ses derniers mots. Sans doute aussi la destination de toute raison, et pas seulement philosophique.

TABLE DES MATIERES

Philosophie aux éditions L'Harmattan

Dernières parutions

CRITIQUE ET ÉMANCIPATION
Recherches foucaldiennes sur la culture arabe contemporaine
Beghoura Zouaoui - Préface de Jacques Poulain
Cet ouvrage utilise les pensées de Michel Foucault dans la culture arabe. Il joint à une histoire socio-politique de cette culture une critique qui vise à y établir les conditions d'une émancipation réelle, indépendante de l'actualité brûlante qui semble la rendre aujourd'hui impossible. Cette expérience de critique socio-politique développe en effet les critères d'une émancipation intellectuelle qui conditionne toute émancipation sociale.
(Coll. La philosophie en commun, 17.00 euros, 176 p.)
ISBN : 978-2-343-04092-9, ISBN EBOOK : 978-2-336-36304-2

DU FÉMINISME DANS L'ŒUVRE DE MICHEL FOUCAULT
A demain le bon sexe – Essai
Sastre Danièle
«Le sexe, disait Foucault, ça s'administre, la sexualité, ça se subit ; quant à la sensualité, elle est chaque jour à inventer.» L'auteur a voulu rouvrir le dossier, emprunter les chemins qu'il a tracés en 1976 en écrivant son Histoire de la sexualité, qui est l'histoire des discours sur la sexualité, eux-mêmes histoire des corps investis par le pouvoir.
(27.00 euros, 268 p.)
ISBN : 978-2-343-04763-8, ISBN EBOOK : 978-2-336-36305-9

GASTON BACHELARD, UNE POÉTIQUE DE LA LECTURE
Buse Ionel
L'éthique bachelardienne est une éthique simple, mais pas du tout simpliste : l'homme du théorème est complété par l'homme du poème. Mais, si l'éthique est une direction de la pensée qui doit maîtriser notre avenir, la poétique est la source ontologique de cette pensée. C'est-à-dire la liberté de rêver doit être à l'origine de la liberté créatrice de la pensée ou de l'homme des théorèmes. En fait, il ne s'agit pas d'une éthique fermée dans les modèles artificiels d'une pensée techniciste, mais toujours d'une éthique soutenue, à l'origine, par une poétique de la pensée ouverte.
(Coll. Ouverture Philosophique, 16.50 euros, 160 p.)
ISBN : 978-2-343-04292-3, ISBN EBOOK : 978-2-336-36292-2

HOMME (L') EST-IL UN ANIMAL POLITIQUE ?
Physique de la misanthropie, entre littérature et philosophie
Ainseba Tayeb
Le compartimentage disciplinaire hérité du XIXe siècle pousse à opposer les intentions esthétiques de la littérature au chemin vers la vérité que serait la philosophie. Cette opposition nie la possibilité d'une philosophie littéraire tant que, réduite à un dogme, elle n'est pas critiquée. Ce livre, plutôt que d'opposer la littérature et la philosophie, raconte ce qui les rapproche en prenant un thème qui leur est commun, celui de la misanthropie.
(30.00 euros, 298 p.)
ISBN : 978-2-343-04870-3, ISBN EBOOK : 978-2-336-36346-2

LOGIQUE ET RHÉTORIQUE SELON CHAÏM PERELMAN
ou le jugement partagé – L'éloquence de la raison
Melcer Jean-François
Des trois volets de l'oeuvre de Chaïm Perelman – la philosophie du droit, l'éthique et la logique – le troisième est le moins connu. Les précédents tomes de *L'éloquence de la raison* ont mis l'accent sur les deux premiers. Il s'agit, à présent, d'expliciter les conditions épistémologiques de possibilité de la nouvelle rhétorique, conçue comme logique argumentative, non comme technologie persuasive.
(Coll. Ouverture Philosophique, 31.00 euros, 304 p.)
ISBN : 978-2-343-04209-1, ISBN EBOOK : 978-2-336-36286-1

MERLEAU-PONTY - FREUD ET LES PSYCHANALYSTES
Le Baut Hervé
Le parcours de Maurice Merleau-Ponty ne peut se comprendre sans le fil rouge de la Psychanalyse : dès sa thèse, il restaure le primat de la perception et du corps sexué à la lumière de Freud et de Binswanger. A la Sorbonne, il renouvelle la Psychologie de l'enfant en y intégrant M. Klein, J. Lacan et F. Dolto. Au Collège de France plusieurs cours font des rêves et de la libido une dimension inéluctable de l'humain. De nombreux psychanalystes et psychiatres se sont « laissés interroger par lui « : citons : H. Ey, A. Hesnard, P. Fédida, A. Green, J. Laplanche, J.-B. Pontalis, Luce Irigaray…
(Coll. Ouverture Philosophique, 24.00 euros, 296 p.)
ISBN : 978-2-343-04080-6, ISBN EBOOK : 978-2-336-36381-3

NAÎTRE MÈRE
Essai philosophique d'une sage-femme
de Gunzbourg Hélène
Cet essai est la réflexion d'une sage-femme qui, depuis trente ans, a accompagné des femmes pendant leur grossesse et après la naissance de leur enfant, écoutant leur questionnement sur l'arrivée au monde d'un enfant désormais « désiré ». La révolution dans la procréation et la transformation de la famille concerne chacun d'entre nous. Faut-il redouter que les forces aveugles de la nature ou du destin soient remplacées par la rigueur glaciale et anonyme de la technoscience et de son « expertise » ?
(Coll. Ouverture Philosophique, 28.00 euros, 274 p.)
ISBN : 978-2-343-04437-8, ISBN EBOOK : 978-2-336-36405-6

PENSÉE DIALOGIQUE, LANGAGE ET INTERSUBJECTIVITÉ DANS LA PHILOSOPHIE DE FRANZ ROSENZWEIG
Muller Alain - Préface de Bernard Forthomme
L'originalité de cet ouvrage, c'est de tenter d'éclairer le « retour » de Franz Rosenzweig au judaïsme, - et le concept de « révélation » qui s'y rattache -, à partir de l'itinéraire intellectuel et de la philosophie de celui-ci, et en s'appuyant sur les philosophies d'Hermann Cohen et d'Eugen Rosenstock, et cela en plaçant le premier dans le contexte historique de la « symbiose judéo-allemande », le second dans le cadre du dialogue interreligieux entre le christianisme et le judaïsme.
(Coll. Ouverture Philosophique, 28.00 euros, 270 p.)
ISBN : 978-2-336-00746-5, ISBN EBOOK : 978-2-336-36432-2

PENSÉE (LA) POSITIVISTE SOUS LE SECOND EMPIRE
Charlton Donald Geoffrey - Traduction : René Boissel
Le Second Empire fut l'époque charnière dans la construction de la France moderne : développement exponentiel de la science qui repousse les frontières de l'inconnaissable, culte du 'Progrès' sans limite qui atteindra son apogée à la veille de la Première Guerre mondiale. Parallèlement, une nouvelle philosophie se construit avec pour base la science et remet en cause les profondes certitudes préalablement acquises : le positivisme, esquissé par Saint-Simon et structuré par Auguste Comte. Le professeur Donald Geoffrey Charlton (1925 – 1995) présenta sa thèse à l'Université de Londres.
(Coll. Ouverture Philosophique, 26.00 euros, 260 p.)
ISBN : 978-2-343-01340-4, ISBN EBOOK : 978-2-336-36430-8

PHILOSOPHIE ET SPÉCIFICITÉ AFRICAINE DANS LA REVUE PHILOSOPHIQUE DE KINSHASA
Massamba-Makoumbou Jean-Serge
La revendication d'une rationalité purement africaine par les milieux scientifiques ou universitaires africains, depuis des décennies, dérive de la minorisation de l'Afrique. Cette étude s'interroge sur le sens et la signification de la notion d'africanité attachée à sa philosophie. Elle tente de répondre à la question de l'identité africaine de cette philosophie et partant de celle du philosophe africain, telle qu'elle se donne à lire dans la Revue philosophique de Kinshasa.
(Coll. Ouverture Philosophique, 16.50 euros, 168 p.)
ISBN : 978-2-343-05119-2, ISBN EBOOK : 978-2-336-36416-2

RECUEILLEMENT DE SOCRATE
Sur l'âme, source et principe d'existence
Guigues Gilles
Dans sa prison, condamnée à mort, Socrate se coupe de toute préoccupation terrestre pour se concentrer sur la vie de l'esprit. Sans faiblir devant la venue de la mort ni se défaire de son exigence morale, il révèle, dans le dialogue avec ses fidèles, sa force d'âme. Socrate veut rassurer les siens, les consoler de sa disparition. Il révèle ce qui guide son esprit de la façon la plus digne qui soit.
(Coll. Ouverture Philosophique, 21.00 euros, 208 p.)
ISBN : 978-2-343-04651-8, ISBN EBOOK : 978-2-336-36350-9

SECRET (LE) D'AMOUR
Opération athéologique dans l'esprit de Georges Bataille
Présentation et postface de Laurent Cherlonneix
Ce livre mêle une initiation au Secret d'Amour et une restauration de la théorie de l'amour et de la mort dans la pensée de Georges Bataille. Certains lecteurs se réjouiront alors un peu vite et d'autres s'attristeront de façon, non moins erronée de découvrir, au travers d'une opération athéologique censé les projeter au-delà du ciel platonicien et du «spiritisme», le séjour d'un Dieu ultime, lequel n'est autre qu'une nouvel Esprit ayant renoncé au salut.
(Coll. Épistémologie et philosophie des sciences, 28.00 euros, 272 p.)
ISBN : 978-2-343-04393-7, ISBN EBOOK : 978-2-336-36449-0

VÉRITÉ (LA) DE L'OPINION
Réflexions sur la liberté de juger
Penali Danny Daniel
L'auteur montre que l'opinion est le levier de la conscience que les hommes ont du savoir objectif, des rapports aux droits humains, et surtout, la pierre angulaire de la liberté. L'opinion est, dans tous les processus affectant la vie des hommes, incontournable. Car c'est elle qui mesure l'intensité de notre rapport au monde historique. L'opinion est aujourd'hui un réel pouvoir et pèse inévitablement sur le développement de la conscience sociale.
(32.00 euros, 308 p.)
ISBN : 978-2-343-04345-6, ISBN EBOOK : 978-2-336-36385-1

CORPS (LE) DU SOCIAL
Esquisse pour une sociologie existentielle
Tognonato Claudio - Traduit de l'italien par Benjamin Gadé
Dans une société fragmentée et individualiste la sociologie reproduit ce qu'elle observe, donnant vie à une myriade d'études le plus souvent insignifiantes. La science du social a perdu ce regard d'ensemble qui en faisait une conscience critique. Le livre de Claudio Tognonato, professeur à l'université de Roma Tre, est une tentative de réconciliation entre sociologie et philosophie, proposant pour cela un point de rencontre existentiel, un pivot lié à l'œuvre de Jean-Paul Sartre.
(Harmattan Italia, Coll. Harmattan Italia, 34.00 euros, 268 p.)
ISBN : 978-2-336-30719-0, ISBN EBOOK : 978-2-336-36322-6

ARISTOTE LA PHYSIQUE, LIVRE VI
(Tome 1 : Introduction et traduction)
Dufour Mylène
Le livre VI est majeur pour l'histoire de la philosophie ancienne et pour la philosophie moderne. Il est l'unique témoin des quatre apories de Zénon sur le mouvement, qui n'auraient été résolues selon Russell qu'au tournant du XXe siècle avec les mathématiques modernes. On trouvera dans ce premier tome une traduction du livre VI attentive au travail opéré par Aristote sur le langage, et précédée d'une introduction aux grands axes exégétiques qui le traversent.
(Coll. Ouverture Philosophique, 23.50 euros, 226 p.)
ISBN : 978-2-343-03815-5, ISBN EBOOK : 978-2-336-36216-8

ARISTOTE LA PHYSIQUE, LIVRE VI
(Tome II : Commentaire)
Dufour Mylène
Le livre VI est majeur pour l'histoire de la philosophie ancienne et pour la philosophie moderne. Il est l'unique témoin des quatre apories de Zénon sur le mouvement, qui n'auraient été résolues selon Russell qu'au tournant du XXe siècle avec les mathématiques modernes. On trouvera dans ce second tome un commentaire analytique soucieux d'éclairer les enjeux et les grands axes exégétiques qui traversent le livre VI.
(26.00 euros, 254 p.)
ISBN : 978-2-336-30712-1, ISBN EBOOK : 978-2-336-36215-1

UNE BRÈVE HISTOIRE DE L'ESPRIT
Steiwer Jacques
D'Esprit, il est question dans ce livre. Du pneuma grec au Geist hégélien, tant de significations ont été coulées dans ce concept qu'on finit par ne plus s'y retrouver. Ce livre se propose de tracer l'évolution du mot et de ses significations. Ce sont des péripéties passionnantes à suivre, car elles évoquent un mythème central de la culture occidentale.
(Coll. Ouverture Philosophique, 21.00 euros, 218 p.)
ISBN : 978-2-343-04626-6, ISBN EBOOK : 978-2-336-36131-4

D'UNE VOIX DISCORDANTE
Regards obliques sur notre monde – Essais
Chopin Hervé
Par des regards obliques sur notre monde contemporain, l'auteur nous offre une critique originale, à la fois décapante et stimulante, de l'enseignement, de la politique, du sport, de nos traditions, où se mêlent comique et tragique, légèreté et gravité, actualité et universalité. Dans des chapitres provocateurs et jubilatoires, que l'on peut lire sans ordre, il nous invite à rompre des silences et des évidences, et nous ouvre à un optimisme nettoyé par une lucidité sans concession.
(18.00 euros, 184 p.)
ISBN : 978-2-343-04127-8, ISBN EBOOK : 978-2-336-36040-9

EFFET (L') GUYAU
De Nietzsche aux anarchistes
Riba Jordi, Walther-Dulk Ilse, Ragghianti Renzo, Fillière Carole, Pereira Vallebona Isabel, Martin Jorge, Contini Annamaria, Savorelli Alessandro, Riba Jordi, Berisso Lia, Mellado Gómez Diego - Sous la direction de Jordi Riba
On souhaiterait aborder dans ce livre la question souvent oubliée des effets que l'œuvre de Jean-Marie Guyau a continué à produire après sa mort prématurée, en 1888. Certains penseurs se sont présentés eux-mêmes comme des continuateurs de son œuvre, mais, la plupart du temps, l'influence de Guyau s'est exercée dans de telles conditions que ceux qui l'ont reçue n'ont pas assumé le statut de disciples.
(Coll. La philosophie en commun, 27.00 euros, 264 p.)
ISBN : 978-2-343-02112-6, ISBN EBOOK : 978-2-336-36083-6

L'HARMATTAN ITALIA
Via Degli Artisti 15; 10124 Torino

L'HARMATTAN HONGRIE
Könyvesbolt ; Kossuth L. u. 14-16
1053 Budapest

L'HARMATTAN KINSHASA
185, avenue Nyangwe
Commune de Lingwala
Kinshasa, R.D. Congo
(00243) 998697603 ou (00243) 999229662

L'HARMATTAN CONGO
67, av. E. P. Lumumba
Bât. – Congo Pharmacie (Bib. Nat.)
BP2874 Brazzaville
harmattan.congo@yahoo.fr

L'HARMATTAN GUINÉE
Almamya Rue KA 028, en face
du restaurant Le Cèdre
OKB agency BP 3470 Conakry
(00224) 657 20 85 08 / 664 28 91 96
harmattanguinee@yahoo.fr

L'HARMATTAN MALI
Rue 73, Porte 536, Niamakoro,
Cité Unicef, Bamako
Tél. 00 (223) 20205724 / +(223) 76378082
poudiougopaul@yahoo.fr
pp.harmattan@gmail.com

L'HARMATTAN CAMEROUN
BP 11486
Face à la SNI, immeuble Don Bosco
Yaoundé
(00237) 99 76 61 66
harmattancam@yahoo.fr

L'HARMATTAN CÔTE D'IVOIRE
Résidence Karl / cité des arts
Abidjan-Cocody 03 BP 1588 Abidjan 03
(00225) 05 77 87 31
etien_nda@yahoo.fr

L'HARMATTAN BURKINA
Penou Achille Some
Ouagadougou
(+226) 70 26 88 27

L'HARMATTAN SÉNÉGAL
10 VDN en face Mermoz, après le pont de Fann
BP 45034 Dakar Fann
33 825 98 58 / 33 860 9858
senharmattan@gmail.com / senlibraire@gmail.com
www.harmattansenegal.com

L'HARMATTAN BÉNIN
ISOR-BENIN
01 BP 359 COTONOU-RP
Quartier Gbèdjromèdé,
Rue Agbélenco, Lot 1247 I
Tél : 00 229 21 32 53 79
christian_dablaka123@yahoo.fr

615731 - Août 2015
Achevé d'imprimer par

1livre.com
du rêve à la réalité !